Lynn Payer

Andere Länder, andere Leiden

Ärzte und Patienten in England, Frankreich,
den USA und hierzulande

Aus dem Englischen von Bettina Abarbanell

Campus Verlag
Frankfurt/New York

Die Originalausgabe *Medicine and Culture. Varieties of Treatment in the United States, England, West Germany, and France* erschien 1988 bei Henry Holt and Company, Inc., New York, N.Y.

© 1988 by Lynn Payer

CIP-Titelaufnahme der Deutschen Bibliothek

Payer, Lynn:
Andere Länder, andere Leiden : Ärzte und Patienten in
England, Frankreich, den USA und hierzulande / Lynn Payer.
Aus d. Engl. von Bettina Abarbanell. – Frankfurt/Main; New
York : Campus Verl., 1989
    Einheitssacht.: Medicine and culture ⟨dt.⟩
    ISBN 3-593-34136-0

Umschlaggestaltung: Atelier Warminski, Büdingen
Satz: Typo Forum Gröger, Büdingen
Druck und Bindung: Fuldaer Verlagsanstalt, Fulda
Printed in Germany

Dieses Buch ist dem Andenken meiner Mutter gewidmet, deren englische Vorfahren eine Erklärung für ihre Tendenz sein mögen, neue wissenschaftliche Entwicklungen mit einem skeptischen »Woher wissen sie das?« zu begrüßen. Es ist ebenfalls meinem Vater gewidmet, dessen französische Vorfahren seine Vorliebe erklären mögen, die Dosis der ihm verschriebenen Medikamente zu halbieren.

Inhalt

Ist Medizin eine internationale Wissenschaft?

»Es stimmt wohl, daß der Leser in seinem sanctum sanctorum – jenem geheimen Ort in seinem Herzen, an dem er seine heiligsten Vorurteile aufbewahrt – den uneingestandenen Glauben hegen mag, daß ein Amerikaner etwas Besseres sei als ein Italiener. Das ist sein gutes Recht. Und ich respektiere dieses Vorurteil. Ich denke sogar, es könnte nützlich sein, als Gegengewicht zu jenem Vorurteil, welches der Italiener seinerseits ohne jeden Zweifel hegt und das besagt, er sei etwas Besseres als der Amerikaner. All diese Dinge gehören zum Lauf der Welt, und sie sind nicht allzu gefährlich, solange man Vorurteile – wie Hunde – zu gutem Benehmen erzieht.«

Salvadore de Madariaga, *Americans* (1930)

Als ich in Europa lebte und dort als Medizin-Journalistin arbeitete, fiel mir sehr bald auf, daß zwischen der US-amerikanischen und der mitteleuropäischen Medizin deutliche Unterschiede bestanden. Warum sprachen zum Beispiel die Franzosen dauernd von ihrer Leber? Warum machten die Deutschen ihr Herz für Erschöpfung und Abgespanntheit verantwortlich, selbst wenn sie gar nicht ernsthaft krank zu sein schienen? Warum operierten die Engländer so viel seltener als die Amerikaner? Und warum regten sich meine französischen Freunde auf, wenn ich sagte, ich hätte einen Virus?

Zunächst neigte ich dazu, alle Abweichungen von der amerikanischen Norm darauf zurückzuführen, daß europäische Ärzte nicht so gut ausgebildet seien wie amerikanische, daß ihre Medizin »primitiver« sei. Nach meinem in den Vereinigten Staaten abgeschlossenen Studium der Biochemie glaubte ich, Medizin sei eine Wissenschaft, für jede Krankheit gebe es also »richtige« und »falsche« Behandlungsweisen und jede Abweichung von der amerikanischen Norm sei »falsch«.

Dieser Sichtweise widersprachen jedoch nicht nur Statistiken, aus denen hervorging, daß Europäer eine in etwa ebenso hohe Lebenserwartung haben wie Amerikaner – im Falle einiger europäischer Länder sogar eine höhere[1] –, sondern auch die Tatsache, daß eine ganze Reihe von Diagnose- und Therapie-Verfahren, die mir in Europa zum ersten Mal begegnet waren, mittlerweile Eingang in die amerikanische Medizin gefunden haben.

Als Journalistin schrieb ich über Medizin in Europa für *The Medical Post* (Kanada), *International Herald Tribune, Journal of the Addiction Research Foundation* (Ontario), *Medical Tribune, Medical World News, Rheumatology News, Oncology News* und eine Reihe anderer Zeitschriften und hatte so einigermaßen gute Voraussetzungen, um den Unterschieden zwischen der amerikanischen und der europäischen Medizin auf den Grund zu gehen. Wann immer ich auf einen Unterschied stieß, fragte ich nach den Gründen. Dieses Buch basiert auf den Antworten, die ich von Ärzten, Medizinhistorikern und Menschen, die sich für Medizin interessieren, erhalten habe.

Die Vorurteile, die ich zunächst gegenüber der europäischen Medizin gehegt hatte, lernte ich sehr bald abzulegen. Betrachtungs- und Behandlungsweisen einer Krankheit, die mir zunächst »primitiv« vorgekommen waren, erschienen mir nach und nach immer vernünftiger und zum Teil sogar nachahmenswert. Gleichzeitig begann ich, die amerikanische Medizin mit anderen Augen zu sehen. Mir wurde immer stärker bewußt, daß viele Verfahren, die ich bis dahin mit größter Selbstverständlichkeit für »richtig« gehalten hatte, nicht in erster Linie als das Ergebnis wissenschaftlichen Fortschritts zu betrachten waren, sondern aus bestimmten kulturgeprägten Wertvorstellungen resultierten und in manchen Fällen unserer Gesundheit oder unserem Wohlbefinden eher schadeten als nützten. Nachdem ich hatte beobachten können, wie stark die Medizin in anderen Ländern von solchen kulturbedingten Vorstellungen geprägt ist, war ich auch in der Lage zu erkennen, daß dies für die Medizin in meinem eigenen Land ebenso zutrifft.

Die unterschiedlichen medizinischen Verfahren zu dokumentieren und, mehr noch, in ihrer Bedeutung zu erfassen, war nicht annähernd so einfach, wie ich mir das zunächst vorgestellt hatte. In vielen Fällen gibt es keine Daten darüber, wie gebräuchlich bestimmte Verfahrensweisen innerhalb eines Landes, geschweige denn im internationalen Vergleich, sind. Während beispielsweise in den Vereinigten Staaten alle chirurgischen Eingriffe statistisch erfaßt sind, findet man in Frankreich nur Statistiken mit Daten, die an einem bestimmten Tag alle vier Jahre erhoben werden, dem sogenannten *Journée du K*.[2] In der Bundesrepublik Deutschland wiederum wird zwar über Eingriffe und Behandlungen in Arztpraxen Buch geführt, nicht jedoch über die Vorgänge in Krankenhäusern. In Großbritannien erleichtert der *National Health Service* den Ärzten die Arbeit insofern, als diese nicht für alles, was sie tun, Formulare ausfüllen müssen; das hat jedoch zur Folge, daß es dort kein Datenmaterial gibt, das mit dem anderer Länder vergleichbar wäre.

Selbst die wenigen vergleichenden Studien, die es gibt, helfen vielfach nicht weiter, weil ihre Autoren mit grundlegenden medizinischen Praktiken und Überzeugungen im untersuchten Land nicht vertraut und daher kaum in der Lage sind, die Ergebnisse angemessen zu interpretieren. Ein Autor z. B., der Intensivstationen in Frankreich und den Vereinigten Staaten miteinander verglichen und herausgefunden hatte, daß in Frankreich im Verhältnis mehr Todesfälle auf Magen-Darm-Krankheiten zurückgeführt wurden, wußte offenbar nicht, daß die Franzosen für viele Krankheiten die Leber verantwortlich machen und zumindest bis vor kurzem einen starken Verbrauch von Magen-Darm-Medikamenten verzeichneten – eine Tatsache, die jedem, der einmal in Frankreich gelebt oder auch nur französische Romane gelesen hat, eigentlich bekannt sein müßte. (Knaus et al. 1982) Ein anderer, der untersucht hatte, wie Krankenschwestern verschiedener Länder bei bestimmten Befunden und unterschiedlichen Behandlungen auf Schmerz reagieren, hatte nicht berücksichtigt, daß diese Behandlungen in einigen Ländern mit und in anderen ohne Narkose durchgeführt wurden. (Davitz/Davitz / Higuchi 1977a u. b) Selbst Ärzte, die in internationalen Organisationen arbeiten, scheinen

3

zuweilen von größeren Unterschieden zwischen medizinischen Verfahren in den verschiedenen Mitgliedsländern nichts zu wissen. Einer der Ärzte der Weltgesundheitsorganisation WHO z. B. glaubte, die Kürettage* – der dritthäufigste medizinische Eingriff in den Vereinigten Staaten[3] – sei nur eine euphemistische Bezeichnung für die Abtreibung; diese falsche Einschätzung lag darin begründet, daß er seine medizinische Ausbildung in Frankreich erhalten hatte, wo Kürettagen zu Diagnosezwecken bei jungen Frauen nur äußerst selten vorgenommen werden. Das US-amerikanische *Center for Health Statistics* verfügt über einen großen Bestand an amerikanischen Statistiken, aber wer sich über medizinische Verfahren in Europa informieren will, wird dort nur wenig statistisches Material finden, und dies, obwohl es sich hier immerhin um das amerikanische Zentrum für die »Internationale Klassifizierung von Krankheiten« (International Classification of Diseases) handelt.

Von den Fakten, die mir aufgrund vergleichender wie nationaler Studien zugänglich waren, habe ich zwar ausgiebig Gebrauch gemacht; am aufschlußreichsten jedoch waren zweifellos die Interviews mit Medizinern und Nicht-Medizinern verschiedener Länder, die Erklärungen für jene Fakten zu geben versuchten. Denn die Fakten für sich genommen können – was häufig genug auch geschieht – als manipuliert hingestellt und damit entwertet werden. Erst das Nachdenken über sie macht hinreichend deutlich, daß die Unterschiede real sind, klärt, warum sie existieren – und sollte Voraussagen darüber ermöglichen, welche Unterschiede in Zukunft bestehen werden.

Ursprünglich hatte ich Informationen über medizinische Verfahren in einer ganzen Reihe europäischer Länder gesammelt. Letztlich beschloß ich jedoch, mich auf drei europäische Länder und ein nordamerikanisches Land – Frankreich, die Bundesrepublik Deutschland, Großbritannien und die Vereinigten Staaten – zu konzentrieren, und zwar aus mehreren Gründen. Erstens sind mit diesen Ländern die vier vorherrschenden Traditionen west-

---

* Die mit einem * versehenen medizinischen Fachausdrücke werden im Glossar erklärt.

4

licher Medizin repräsentiert, deren Einfluß weit über die jeweiligen Landesgrenzen hinausreicht. Die französische Medizin z. B. ist richtungsweisend in den romanischen Ländern Spanien und Italien und übt daher indirekt auch auf die lateinamerikanische Medizin beträchtlichen Einfluß aus. Die westdeutsche Medizin steht stellvertretend für die Medizin ganz Mitteleuropas, vom Elsaß bis nach Rußland, die auch die Entwicklung der Medizin in den Vereinigten Staaten und Japan entscheidend geprägt hat. Westliche Medizin auf dem afrikanischen Kontinent geht entweder auf die englische oder auf die französische Medizin zurück. In den skandinavischen Ländern haben sich vor allem die Traditionen der englischen und der deutschen Medizin durchgesetzt. Und in den letzten Jahren hat die Medizin der Vereinigten Staaten, die selbst ebenfalls überwiegend in der englischen und der deutschen Tradition steht, ihrerseits erheblich an Einfluß gewonnen.

Meine Wahl fiel darüber hinaus deshalb auf diese vier Länder, weil bestimmte Schlüsselstatistiken – Säuglings- und Müttersterblichkeit, Lebenserwartung – sich dort in etwa entsprechen und mir daher die Annahme gerechtfertigt schien, daß die medizinischen Praktiken in diesen Ländern, zumindest im Hinblick auf ihre Meßbarkeit, als vergleichbar angesehen werden können. Ein zusätzlicher Vorteil ist der, daß die drei europäischen Länder ähnliche Bevölkerungszahlen und eine ähnliche Altersstruktur aufweisen, wobei das Durchschnittsalter in allen drei Ländern etwas höher liegt als in den Vereinigten Staaten.

Schließlich spielte auch eine Rolle, daß ich selbst als gebürtige Amerikanerin französische, deutsche und englische Vorfahren habe und mir allgemeine Kenntnisse der französischen und deutschen Sprache und Kultur angeeignet hatte; ich ging davon aus, daß mir diese Voraussetzungen bei meinen Nachforschungen zugute kommen würden.

Im großen und ganzen habe ich meine Untersuchungen auf die sogenannte Schulmedizin beschränkt, d. h. auf jene Medizin, die von Leuten mit einem abgeschlossenen Medizinstudium praktiziert wird. Einige Ärzte mögen etwas dagegen haben, wenn ich dennoch ab und zu über Homöopathie und andere alternative

Heilverfahren schreibe, die in den Vereinigten Staaten als »unseriös« gelten. Tatsache ist jedoch, daß die meisten homöopathischen Ärzte in Europa ein Medizinstudium abgeschlossen haben, bevor sie sich der Homöopathie zuwenden, und es ist unmöglich, über europäische Medizin zu berichten, ohne sie in die Betrachtung einzubeziehen.[4] Viele Ärzte sind der Ansicht, die einzige Medizin, über die es sich zu schreiben lohne, sei jene hochwissenschaftliche Medizin, wie sie vor allem in Universitätskliniken praktiziert wird; diese stellt jedoch eher die Ausnahme als die Regel dar. Am häufigsten werden Ärzte wegen ganz alltäglicher Probleme wie Erschöpfung, Angstzuständen, hohen Blutdrucks, Vaginalinfektionen und Empfängnisverhütung aufgesucht, für die es nicht immer »wissenschaftliche« Lösungen gibt. Die Art und Weise, wie ein Arzt mit diesen Problemen umgeht, ist für uns in unserem täglichen Leben zumeist wichtiger als die Behandlungsmethoden seltener Krankheiten, auch wenn diese vielleicht stärker an der Wissenschaft und am internationalen Standard orientiert sind.

Meine Vorgehensweise ist die einer Journalistin, nicht die einer Sozialwissenschaftlerin. Das bedeutet, daß ich mich zwar bemüht habe, in jedem der vier untersuchten Länder in etwa die gleiche Anzahl von Ärzten zu befragen, die numerische Äquivalenz für mich jedoch keine Priorität hatte. Als Journalistin war ich grundsätzlich mißtrauisch gegenüber Informationen, die nur aus einer Quelle stammten, wenn sie sich nicht entweder mit dem ergänzten, was ich von anderen erfahren hatte, oder durch glaubhafte statistische Daten gestützt waren. Auch den Informationsgehalt von Anekdoten, die man mir erzählte, berücksichtigte ich nur, wenn sie eine Statistik oder eine einigermaßen weitverbreitete Überzeugung oder Praxis erhellten.

Während die Teile meiner Ausführungen, in denen ich die großen Unterschiede in der Medizin der vier Länder aufzeige, auf Fakten beruhen, können die Begründungen für diese Unterschiede letztlich nur spekulativer Natur sein. »In den Sozialwissenschaften kann man nie etwas beweisen«, wurde mir zu Beginn meiner Recherchen für dieses Buch gesagt. So kann ich also einerseits anhand von eindeutigem Datenmaterial zeigen, daß die

Deutschen ungeheure Mengen von Medikamenten für das Herz einnehmen und daß deutsche Ärzte Herzinsuffizienz aufgrund von Indizien diagnostizieren, bei denen kein Arzt in Frankreich, England und Amerika auch nur an das Herz denken würde; andererseits aber bleibt meine Erklärung, daß dies mit der romantischen Veranlagung der Deutschen zusammenhänge, Spekulation, die sich auf entsprechende Überlegungen von deutschen Ärzten stützt. Nach neun Jahren des Recherchierens bin ich allerdings davon überzeugt, daß es keine einleuchtendere Erklärung gibt als diese; der Leser mag aus den vorliegenden Fakten seine eigenen Schlüsse ziehen.

Bei meiner Suche nach Erklärungen stieß ich unweigerlich auf das Problem des »Nationalcharakters«. Ich bin mir darüber im klaren, daß dies ein sehr heikler Begriff ist, und ich weiß, daß klischeehafte Vorstellungen über das Wesen einer Nation oft mehr über denjenigen aussagen, der sie sich zueigen macht, als über die Menschen, auf die sie sich beziehen. Die Annahme jedoch, es gebe so etwas wie einen Nationalcharakter gar nicht, ist ebenfalls nicht unproblematisch. Die meisten Amerikaner, und wahrscheinlich auch die meisten Menschen anderer Nationalitäten, neigen dazu zu glauben – genau wie ich es anfänglich tat –, daß jedwede Abweichung von dem, was sie als die medizinische Norm betrachten, nur damit zu erklären sei, daß andere Länder nicht über die Mittel, den Apparat oder den Willen verfügen, so zu handeln wie wir. Wer so denkt, geht davon aus, daß die Menschen aller Länder bei ihrer Arbeit dieselben Ziele vor Augen haben und einige diesen näher kommen als andere. Es mag zwar sein, daß die Ziele dieselben wären, wenn allen unbeschränkte Mittel zur Verfügung stünden; in der Realität müssen jedoch meist Prioritäten gesetzt werden, und diese sind keineswegs immer und überall dieselben. Das britische Gesundheitswesen z. B. muß mit weniger Geld auskommen als das amerikanische, aber es verwendet das, was es hat, auf ganz andere Weise, als wir es in Amerika tun. Es gibt in ganz England nur einhundert Kardiologen – aber es gibt ebenfalls einhundert Gerontopsychiater. (Department of Health and Social Security 1980) Wenn die Engländer mehr Geld hätten, würden sie es möglicherweise für die Ausbildung weiterer solcher Psychiater ausgeben, denn für sie hat die Lebensqualität im Alter Priorität vor der Vorbeugung von Herzinfarkten.

Zuweilen mag dieses Buch übertrieben kritisch erscheinen und sich zu einseitig mit denjenigen Verfahren beschäftigen, die von Land zu Land variieren, ohne jene Methoden zu berücksichtigen, deren Wert unbestritten ist und die weltweit praktiziert werden. Selbstverständlich ähneln sich die medizinischen Verfahren in den vier untersuchten Ländern in vielerlei Hinsicht, wenn auch bei weitem nicht so stark, wie es uns viele Autoren glauben machen wollen. Die Untersuchung der Ähnlichkeiten aber bringt uns wenig, während wir von der Erforschung der Unterschiede, wie ich glaube, vieles lernen können. Der Leser sollte jedoch durchaus im Auge behalten, daß meine Vorgehensweise das Bild bis zu einem gewissen Grad verzerrt und daß ich nicht vorhabe, eine umfassende Untersuchung aller Aspekte der Medizin jedes der vier Länder zu liefern, was die Lektüre ohnehin sehr erschweren würde. Es ist mir klar, daß von den Ärzten und der Medizin der verschiedenen Länder in gewisser Weise karikierende Beschreibungen entstanden sind – nicht alle französischen Ärzte sind Cartesianer, nicht alle deutschen Ärzte autoritäre Romantiker, nicht alle englischen Ärzte freundlich und zugleich paternalistisch und nicht alle amerikanischen Ärzte aggressiv. Was die meisten Karikaturen auszeichnet, gilt jedoch auch hier: Die Bilder mögen verzerrt sein, aber sie beruhen auf bestimmten Kernwahrheiten, die sich aus den in jedem Land beobachteten Phänomenen herausschälen lassen.

Ich glaube zwar, daß es so etwas wie einen Nationalcharakter gibt, nicht jedoch, daß dieser sich auf bestimmte unveränderliche Merkmale reduzieren läßt, die ein für allemal in unsere Gene eingeschrieben sind. Vielmehr handelt es sich meiner Ansicht nach um eine Mischung aus Wertvorstellungen, Prioritäten, die ein Land setzt, und Handlungsmustern, die sich alle, wenn auch nur langsam, mit der Zeit verändern. Jemand, dem von Kindesbeinen an beigebracht worden ist, cartesianisch zu denken, wird eine andere Denkweise entwickeln als jemand, der gelernt hat, Theorien zu mißtrauen und sich an die »Fakten« zu halten. Jemand, der in seiner Kindheit jeden Samstag morgen die Sendung über die kleine Maschine gehört hat, die alles konnte (*The Little Engine That Could*), wird eine andere Einstellung dazu entwickeln, was möglich ist und was nicht, als jemand, dem beigebracht wurde, um jeden Preis zu gehorchen. Wie Robert Darnton in seiner Einleitung zu *The Great Cat Massacre and Other Episodes in French Cultural History* schreibt: »Eines wird jedem, der Feldstudien betreibt, deutlich: andere Menschen sind anders. Sie denken nicht so, wie wir denken.« (Darnton 1984, 4)

Diese Andersartigkeit sollte respektiert und nicht geleugnet werden. In der Medizin wie auf anderen Gebieten kann sie uns neue Möglichkeiten für uns selbst aufzeigen. Dies entdeckte ich spätestens, als bei mir selbst ein Befund festgestellt wurde, der geeignet war, eine Reihe kulturbedingter Unterschiede in der Diagnostik und Behandlung ans Licht zu bringen.

Ursprünglich war mein Interesse an Unterschieden in der Medizin verschiedener Länder ein rein intellektuelles gewesen. Kurz nachdem ich meine Nachforschungen aufgenommen hatte, stellte man jedoch bei einer gynäkologischen Routine-Untersuchung in Frankreich in meiner Gebärmutter ein Myom* von der Größe einer Pampelmuse fest – ein sehr häufiger Befund bei Frauen. Den Vorschlag eines Kollegen, eine Art »reisender Tumor« zu werden und Ärzte in verschiedenen Ländern aufzusuchen, um herauszufinden, welche Therapie sie empfehlen würden, lehnte ich zwar ab (ich gehe ebenso ungern zum Arzt wie die meisten Menschen, und ich hätte auf jeden Fall mehrere Ärzte in jedem Land konsultieren müssen, damit meine Erfahrungen überhaupt aussagekräftig gewesen wären); da aber die Bindegewebswucherungen, die beim ersten Mal durch Myomektomie* entfernt worden waren, nach meiner Rückkehr in die Vereinigten Staaten wiederkehrten, hatte ich immerhin Gelegenheit, die Vorgehensweisen dieser beider Länder miteinander zu vergleichen. In Frankreich, wo großer Wert auf die Gebärfähigkeit der Frau gelegt wird, wurde die Hysterektomie* noch nicht einmal als Option in Erwägung gezogen. Statt dessen sagte mir der französische Chirurg, es *müsse* bei mir eine Myomektomie vorgenommen werden, eine

größere Operation, bei der das Myom entfernt wird, die Gebärfähigkeit der Frau jedoch erhalten bleibt. Man erklärte mir, es
könnten sechs solcher Operationen durchgeführt werden, ohne
daß ich, sollte ich schwanger werden, mit einer Kaiserschnittentbindung rechnen müßte. In den Vereinigten Staaten dagegen
versuchte man mich mit Nachdruck zu einer Hysterektomie zu
bewegen und erzählte mir, eine zweite Myomektomie sei unmöglich. Keiner der beiden Ärzte schien sich darüber im klaren
zu sein, daß seine Empfehlungen weniger von den tatsächlichen
Gegebenheiten meines Falles als vielmehr davon beeinflußt waren, welchen Wert die Gesellschaft, in der sie lebten, der Fähigkeit der Frau beimaß, Kinder zu bekommen.

Dank meiner Recherchen für dieses Buch und all der Gedanken, die ich mir dazu gemacht hatte, konnte ich diesen Ärzten gegenüber jedoch eine eigene Position einnehmen. Wenn sie schon
nicht dazu in der Lage waren, zwischen Fakten und kulturell geprägten Vorstellungen zu unterscheiden – ich war es. Und obwohl
ich ihre Fakten und ihre Kompetenz respektierte, hatte ich doch
das Gefühl, daß ihre Meinungen nicht per definitionem »richtiger« waren als meine. Da es sich um meinen Körper handelte, waren meine Meinungen in gewisser Weise sogar »richtiger«. Ich
sprach dies auch aus, und beide stimmten mir schließlich zu. Die
Folge war, daß ich sowohl in Frankreich als auch in den Vereinigten Staaten die Behandlung, die für mich die beste war – die
Myomektomie –, selbst auswählen konnte.

Vielleicht sollte ich die Leser noch davor warnen, anzunehmen,
ich hätte etwa geheime »Wunderheilmittel« für irgendwelche
Krankheiten gefunden. Dagegen glaube ich, entdeckt zu haben,
daß die Bandbreite »akzeptabler« Behandlungen für die meisten
Krankheiten viel größer ist, als dies in irgendeinem Land zugege-
ben wird, und daß eine größere Aufgeschlossenheit gegenüber
solchen akzeptablen Behandlungen sowohl Ärzten als auch Patienten einen wertvollen Dienst erweisen würde. Darüber hinaus
hoffe ich, deutlich machen zu können, wie kulturbedingte Vorstellungen uns dazu bringen, bestimmte Behandlungsweisen zu
akzeptieren und andere abzulehnen oder einige zu schnell und

andere nicht schnell genug zu akzeptieren. Ein besseres Verständnis dieser Prozesse sollte dazu beitragen können, Fehler der Vergangenheit aufzuklären und vielleicht sogar zukünftige zu vermeiden.

Kulturbedingte Vorstellungen in der Medizin

»Sie werden feststellen, daß Zellulitis in einem Land Muskelrheumatismus und im Nachbarland eine eitrige Entzündung des subkutanen Gewebes bedeutet; wieder hundert Kilometer weiter ist es eine euphemistische Bezeichnung für Fettsucht bei übergewichtigen jungen Frauen. «

M. N. G. Dukes (1973, 496)

»Aus der Literatur geht deutlich hervor, daß es noch nicht einmal einheitliche Kriterien für die Bestimmung von Körpergröße und -gewicht gibt . . . Das Messen des Blutdrucks ist zwar standardisierten Kriterien unterworfen, aber jedes Land hat seine eigenen Standards entwickelt, und selbst die technischen Voraussetzungen für diese Art Messungen sind unterschiedlich. «

Manfred Pflanz (1976)

o Eine amerikanische Opernsängerin suchte in Wien einen österreichischen Arzt auf, weil sie unter starken Kopfschmerzen litt. Der Arzt verschrieb ihr Zäpfchen – und da sie von Zäpfchen als Mittel gegen Kopfschmerzen noch nie etwas gehört hatte, schluckte sie eines.

o Ein Allgemeinarzt aus Großbritannien, der vorübergehend in einer Praxis im nordamerikanischen Bundesstaat North Carolina arbeitete, wollte seiner Frau zeigen, welche Stellung amerikanische Frauen üblicherweise bei Unterleibsuntersuchungen einnehmen. Ihr Urteil: »Das ist ja barbarisch!« Die Frauen lagen bei der Untersuchung, die ihr Mann durchführte, auf der Seite, und während sich andere Ärzte in North Carolina deswegen über ihn lustig machten, bemerkte er bald, daß die Frauen draußen vor seiner Praxis Schlange standen, weil sie gehört hatten, er untersuche »auf englische Weise«.

o Ein französischer Professor erlitt während eines Forschungssemesters in Kalifornien einen Anfall von Angina pectoris; seine

Ärzte empfahlen ihm, sofort eine koronare Bypass-Operation*
vornehmen zu lassen. Der Professor willigte ein, ohne zu ahnen,
daß zu jener Zeit in Amerika koronare Bypass-Operationen
28mal so häufig durchgeführt wurden wie in Europa und daß in
späteren Studien die Notwendigkeit nicht nur von sofortigen,
sondern von koronaren Bypass-Operationen überhaupt in Frage
gestellt werden würde. (Preston 1977, 173)

o Ein deutscher Gynäkologe empfahl einer jungen Amerikanerin, die in der Bundesrepublik arbeitete, ihre Vaginalinfektion
statt mit Antibiotika mit Schlammbädern zu behandeln. »Ich will
nicht im Schlamm herumsitzen«, beklagte sich die junge Frau später bei einer Kollegin. »Alles, was ich will, sind ein paar Tabletten!«

Die Medizin wird von den Fachleuten selbst gerne als internationale Wissenschaft hingestellt. Doch nahezu jeder, der schon einmal in einem fremden Land einen Arzt aufsuchen mußte, wird
festgestellt haben, daß die Realität etwas anders aussieht. Nicht
nur die Art der ärztlichen Versorgung ist von Land zu Land verschieden; die Medizin selbst ist es auch. Die Unterschiede sind so
groß, daß eine Behandlungsmethode, die in einem Land bevorzugt und häufig verwendet wird, im Nachbarland womöglich als
Behandlungsfehler gilt.

Eines der gängigsten Arzneimittel in Frankreich, ein Medikament zur Erweiterung der zerebralen Blutgefäße, wird in England
und Amerika für wirkungslos gehalten. Eine Immunisierung gegen Tuberkulose, die in Frankreich obligatorisch ist (BCG), kann
man in den Vereinigten Staaten so gut wie überhaupt nicht durchführen lassen. (O'Brien 1984) Deutsche Ärzte verschreiben sechs-
bis siebenmal so häufig Digitalis wie ihre Kollegen in England
und Frankreich, dafür aber weniger Antibiotika; einige deutsche
Ärzte sind sogar der Ansicht, Antibiotika sollten nur verschrieben
werden, wenn der Patient so krank ist, daß er im Krankenhaus liegen muß.[5] Auch die Dosierung ein und desselben Medikaments
kann stark variieren; es kommt vor, daß in einem Land eine zehn-
bis zwanzigmal höhere Dosis verschrieben wird als in anderen
Ländern.[6] Franzosen bekommen Medikamente siebenmal so häu-

fig in Form von Zäpfchen verabreicht wie Amerikaner. (Lenoir/Sandier 1976, 95) Schon in den späten sechziger Jahren wurden in Amerika prozentual doppelt so viele chirurgische Eingriffe vorgenommen wie in England, und in den Jahren danach entwickelten sich die Zahlen immer weiter auseinander. Noch gravierender sind die Unterschiede bei einzelnen Operationen. Eine Untersuchung ergab, daß in Neuengland dreimal so viele Mastektomien* durchgeführt werden wie in England oder Schweden, obwohl Brustkrebs in allen drei Ländern im Verhältnis gleich häufig vorkommt. Eine andere Studie zeigte, daß in deutschsprachigen Ländern prozentual dreimal so viele Blinddarm-Operationen durchgeführt werden wie in anderen Ländern; und auf eine koronare Bypass-Operation in England kommen sechs solcher Eingriffe in Amerika. Daß eine Operation in verschiedenen Ländern denselben Namen hat, heißt noch lange nicht, daß sie auch auf die gleiche Weise ausgeführt wird: Ärzte in der Bundesrepublik Deutschland nehmen meistens vaginale Hysterektomien vor, in Frankreich ist die subtotale Hysterektomie üblicher, und in England und Amerika wird die totale abdominale Hysterektomie bevorzugt.[7]

Häufig werden auch bei denselben Symptomen in verschiedenen Ländern unterschiedliche Diagnosen gestellt. Manchmal genügt es, in ein Land zu reisen, in dem eine bestimmte Krankheit als solche »anerkannt« ist, um plötzlich auch schon von ihr befallen zu werden. Das Verlassen dieses Landes bringt die Heilung – oder eine andere Diagnose. Noch vor ein paar Jahren wäre die in Amerika als Schizophrenie diagnostizierte Krankheit in England möglicherweise als manisch-depressive Erkrankung oder gar als Neurose behandelt worden; in Frankreich wiederum hätte der Befund höchstwahrscheinlich auf paranoide Psychose gelautet. Was von französischen Ärzten als »spasmophilie« (vgl. hierzu S. 60f.) oder von deutschen Ärzten als vegetative Dystonie diagnostiziert wird, würde in Großbritannien schlicht für eine Neurose und in den Vereinigten Staaten vielleicht für eine Angstneurose gehalten, wenn man die Symptome überhaupt als solche ernstnehmen würde.[8]

Ein in Amerika für zu hoch befundener Blutdruck würde in

England möglicherweise als normal gelten. Und während niedriger Blutdruck in Deutschland mit 85 verschiedenen Medikamenten, mit Hydrotherapie und Heilbädern behandelt wird, berechtigt er den amerikanischen Patienten, der darunter leidet, zu niedrigeren Lebensversicherungsraten.[9]

Die Unterschiede sind zwar bei leichteren Beschwerden am auffälligsten, aber keineswegs auf diese beschränkt. »Noch immer sterben Menschen an Krankheiten, an die andere Menschen nicht glauben«, schreibt M. N. G. Dukes im *British Medical Journal* (Dukes 1973) Eine Untersuchung der Weltgesundheitsorganisation ergab, daß Ärzte verschiedener Länder selbst dann unterschiedliche Todesursachen diagnostizierten, wenn ihnen identische Daten aus denselben Sterbeurkunden vorlagen. Erhebliche Uneinigkeit herrschte bei der Bestimmung von ansteckenden und parasitären Krankheiten, »anderen« (nicht koronaren) Herz-Krankheiten, Hypertonie*, Lungenentzündung, Nephritis* und Nephrose* sowie von Erkrankungen bei Neugeborenen. (WHO 1967) »Es gab einigermaßen breite Übereinstimmung darüber, ... ob der Tod infolge bösartiger Neoplasmen (Krebs) eingetreten war oder nicht, aber bei der Lokalisierung der Neoplasmen gingen die Meinungen häufig auseinander...«, lautet das Resultat einer anderen, vom *American National Cancer Institute* geförderten Untersuchung. (Percy/Dolman 1978)

Wenn ein Patient von Psychiatern als gefährlich eingeschätzt wird, kann das dazu führen, daß man ihn einsperrt. Als jedoch Psychiater aus sechs verschiedenen Ländern sich darüber zu einigen versuchten, wer als gefährlich anzusehen ist, gab es in Dreivierteln der Fälle weniger als 50 Prozent Übereinstimmung, und die Psychiater zeigten untereinander keine größere Einigkeit als die Nicht-Psychiater. (Harding/Adserballe 1983)

Auch innerhalb eines Landes gehen selbstverständlich nicht alle Ärzte immer nach den gleichen Methoden vor; vor allem die Diagnosen und Behandlungsformen von Spezialisten verschiedener Fachrichtungen weichen häufig stark voneinander ab. Viele vergleichende Studien haben jedoch gezeigt, daß die Unterschiede zwischen Ärzten verschiedener Länder noch gravierender sind.

Wie ist es möglich, daß die Medizin, die doch eigentlich – vor allem in den Vereinigten Staaten – als Wissenschaft betrachtet wird, in vier Ländern, deren Bevölkerungen sich genetisch so sehr ähneln, so starke Unterschiede aufweist? Die Antwort lautet, daß von der Wissenschaft zwar wichtige Impulse für die Medizin ausgehen, der Einfluß kultureller Faktoren sich jedoch immer und überall bemerkbar macht.

Stellen wir uns zum Beispiel eine Situation vor, die im medizinischen Alltag sehr häufig vorkommt: Ein Patient leidet unter extremer Müdigkeit und macht einen Termin mit seinem Arzt aus. Schon hier ergibt sich ein Unterschied. In England wäre der Patient nach den Regelungen des *National Health Service* dazu verpflichtet, seinen Allgemeinarzt zu konsultieren, während es in den Vereinigten Staaten so wenige Allgemeinärzte gibt, daß der Patient höchstwahrscheinlich irgendeinen Spezialisten, etwa einen Gynäkologen, einen Kinderarzt oder einen Internisten aufsuchen würde. Da selbst innerhalb eines Landes Ärzte verschiedener Fachgebiete die gleiche Krankheit unterschiedlich behandeln, wird allein schon die jeweilige Anzahl der verschiedenen Spezialisten, die von Land zu Land erheblich variieren kann, deutliche Auswirkungen haben.[10]

Dem Arzt, der einen über Müdigkeit klagenden Patienten vor sich hat, bieten sich mehrere Möglichkeiten, denn Erschöpfung kann auf eine ganze Reihe von Krankheiten hindeuten, so z. B. auf eine Viruserkrankung, auf Depression, Krebs oder eine Herzkrankheit. Er könnte den Patienten untersuchen; wie häufig und gründlich dies geschieht, ist von Land zu Land äußerst verschieden. Er könnte Labortests anordnen, und auch hier hat man hinsichtlich der Art und Durchführung solcher Tests erhebliche Unterschiede festgestellt. Er könnte seine Diagnose hinauszögern und dem Patienten raten, er solle erst einmal abwarten, ob sein Energiepegel nicht von selbst wieder ansteige. Oder er könnte irgendeine beliebige Diagnose stellen, die den Patienten beruhigt, in der Hoffnung, daß der Placebo-Effekt die Heilung schon bringen werde. Vielfach erscheint Ärzten diese letzte Option als der beste Dienst, den sie ihren Patienten erweisen können.[11]

Die Diagnose, die ein Arzt in einem solchen Fall stellt, wird nicht nur von objektiven Faktoren beeinflußt sein, sondern in starkem Maße etwa davon, was er im Medizinstudium gelernt hat, was andere Ärzte nach seiner Einschätzung in dieser Situation sagen würden oder was den Patienten seiner Meinung nach beruhigen wird. Auf den Befund einer Lebererkrankung z. B. würde ein Franzose eher gelassen, ein Amerikaner dagegen mit großer Beunruhigung reagieren; die Diagnose einer Virusinfektion hätte wahrscheinlich den umgekehrten Effekt.

Viele Schulmediziner messen solchen »Verlegenheitsdiagnosen« jedoch nur einen geringen Wert bei, weil sie ihnen jede Wissenschaftlichkeit absprechen. »Hier in Frankreich würden wir unbestimmte Verdauungsprobleme als ›crise de foie‹ [›Leberattacke‹] diagnostizieren, in den Vereinigten Staaten spräche man im gleichen Fall wahrscheinlich von einer Nahrungsmittelallergie. Man verschreibt in so einem Fall einfach irgend etwas, denn es geht dabei nicht um eine wissenschaftliche Diagnose, sondern um die Anwendung unterschiedlicher Placebos«, sagte Henri Pequignot, Professor der Medizin am Hôpital Cochin in Paris.

Den meisten Patienten und auch den meisten Ärzten ist jedoch häufig gar nicht bewußt, daß sie Placebos verwenden, und wir werden später noch sehen, daß solche Verlegenheitsdiagnosen die sogenannte wissenschaftliche Medizin auf vielfältige Weise beeinflussen.

Lassen wir jedoch Henri Pequignots Einschätzung, daß diese Diagnosen und Behandlungsmethoden unbedeutend seien, erst einmal dahingestellt sein und betrachten jene Medizin, die auch jemand wie er als »wissenschaftlich« anerkennen würde. Stellen wir uns beispielsweise vor, in einem bestimmten Land wolle ein Arzt eine wissenschaftliche Untersuchung durchführen. Bei der Planung dieser Untersuchung muß der Arzt oder Medizinwissenschaftler sich entscheiden, ob er eine kontrollierte klinische Studie machen will. Im Verlauf einer solchen Studie werden die Patienten in mindestens zwei verschiedene Gruppen eingeteilt, diese Gruppen unterschiedlich behandelt und schließlich die Ergebnisse miteinander verglichen. Die Stärke dieser Versuchsmethode liegt darin, daß sie nach allgemeiner Einschätzung die wissenschaftlich einwandfreisten Resultate liefert. Das Problem aber ist, daß Patienten auf unterschiedliche Weise behandelt werden müssen, und viele Ärzte halten das für ethisch unvertretbar. Darüber hinaus sind kontrollierte klinische Studien auch schwierig zu organisieren und durchzuführen.[12] Sie sind zwar in allen Ländern mehr oder weniger gebräuchlich, am häufigsten aber werden sie in England angewendet. Einer ihrer wortgewandtesten Verfechter, Archibald Cochrane, schreibt in seinem Buch *Effectiveness and Efficiency*: »Wenn man eine Ziffer ermitteln würde, mit der sich die Anzahl der jährlich in allen Ländern pro 1000 Ärzten durchgeführten kontrollierten klinischen Studien ausdrücken ließe, und man eine Weltkarte zeichnete, auf der sich diese Ziffer in unterschiedlichen Schattierungen von schwarz bis weiß niederschlüge (schwarz stünde für die höchste Ziffer), dann wäre Großbritannien schwarz, Skandinavien, die Vereinigten Staaten und ein paar andere Länder hätten vereinzelte schwarze Flecken, und der Rest wäre fast ganz weiß.«

In dem folgenden Kapitel werde ich mich noch mit der Frage beschäftigen, warum verschiedene Länder kontrollierte klinische Studien so unterschiedlich bewerten, und es wird zudem deutlich werden, warum es in England einfacher ist als in Amerika, in solchen Studien Placebos zu verwenden. Im Moment jedoch soll uns zunächst einmal nur die folgende Behauptung interessieren: *Eine Untersuchung, die nicht als kontrollierte klinische Studie durchgeführt worden ist, wird wahrscheinlich in medizinischen Publikationen in England nicht zur Veröffentlichung gelangen.*[13] Das bringt uns auch schon zum nächsten Punkt: *Ärzte lesen selten andere als die medizinischen Publikationen ihres eigenen Landes.*

A. M. W. Porter, Allgemeinarzt in Surrey, England, befragte Ärzte in England und Frankreich. Er fand heraus, daß britische Ärzte nicht eine einzige in Frankreich erscheinende medizinische Fachzeitschrift und ihre französischen Kollegen im Durchschnitt nur etwas mehr als eine britische Fachzeitschrift – meist *The Lancet* – nennen konnten. (Porter 1980) Meine eigenen Beobachtungen deuten darauf hin, daß die Franzosen von der deutschen medizinischen Fachliteratur sogar noch weniger Notiz nehmen und umgekehrt. Zwischen den Briten und den Amerikanern mag die Kommunikation zwar generell ein wenig besser funktionieren, aber auch hier gibt es Gegenbeispiele: Als ein Vizepräsident der *American Cancer Society* Mitte der siebziger Jahre von einer im *British Medical Journal* veröffentlichten Studie erfuhr, die bewies, daß bei frühzeitig erkanntem Brustkrebs die Überlebenschancen der Frauen nach einer Lumpektomie* genauso groß sind wie nach einer radikalen Mastektomie* (Atkins et al. 1972), lautete seine Reaktion: »Wir lesen hier nicht sehr viel ausländische Literatur.«

Die Folge dieser Ignoranz gegenüber der medizinischen Fachliteratur anderer Länder ist, daß Engländer und Amerikaner ständig neu entdecken, was Franzosen und Deutsche längst wissen, und umgekehrt. Marcel-Francis Kahn, Professor für Rheumatologie am Hôpital Bichat in Paris, machte z. B. darauf aufmerksam, daß ein Brief in der 1981er Ausgabe der Zeitschrift *Arthritis and Rheumatism* Churchill und seine Mitarbeiter als die ersten hinstellte, die *Discitis* (Infektion der Bandscheibe(n); d. Ü.) bei bakterieller Endokarditis* nachgewiesen hätten, obwohl sich in der französischen Fachliteratur bereits zehn Artikel mit dieser Thematik beschäftigt hatten, der erste davon schon 1965. (Kahn 1982, 600)

Ärzte behaupten meist, über medizinische Fortschritte in anderen Ländern durch ihre Teilnahme an internationalen Fachkongressen auf dem laufenden zu bleiben. Wenn man auf einem solchen Kongreß einen Vortrag hält, ist jedoch keineswegs gesagt, daß die anderen auch zuhören. Zunächst einmal ist da das Problem der Sprache. Selbst der beste Simultandolmetscher wird unweigerlich auf Schwierigkeiten stoßen. Um nur einige Beispiele anzuführen: Die Begriffe »peptic ulcer« und »bronchitis« bedeuten in Großbritannien etwas anderes als in den Vereinigten Staaten; das amerikanische Wort »appendectomy« heißt in britischem Englisch »appendicectomy«; der französische Hang zur Übertreibung macht aus Kopfschmerzen immer gleich Migräne, und tatsächliche Migräne bezeichnen Franzosen häufig als »crise de foie«; in der deutschen Sprache gibt es kein Wort für »chest pain«, so daß der deutsche Patient gezwungen ist, von »Herzschmerzen« zu sprechen, und ein deutscher Arzt meint mit »Herzinsuffizienz« möglicherweise nur, daß der Patient erschöpft ist.[14]

Eine ähnliche Situation herrscht in der Sprache der Psychiatrie vor. »Zweisprachige Lexika mögen zwar den Eindruck erwekken, als ob die englischen Adjektive *paranoid, paranoiac* und *delusional* die genauen Entsprechungen der französischen Adjektive *paranoïde, paranoiaque* und *délirant* seien; französisch- und englischsprachige Psychiater verwenden sie jedoch auf unterschiedliche Weise und mit sehr unterschiedlicher Häufigkeit«, schreibt Pierre Pichot, französischer Psychiater und ehemaliger Präsident der *International Psychiatric Association*. (Pichot 1982)

Außerdem sind natürlich nicht alle Dolmetscher gleich qualifiziert, und es kann auch passieren, daß die Kopfhörer nicht funktionieren; störend sind sie allemal. Auf kleinen Konferenzen, bei denen sehr spezielle Themen diskutiert werden, wird die Kommunikation noch am besten gelingen, auf großen internationalen Kongressen jedoch gehen Ärzte häufig nur zu den Vorträgen, die von ihren Landsleuten gehalten werden, und nutzen die restliche Zeit, um sich die jeweilige Stadt oder die Umgebung anzusehen.

Sakari Harö, Direktor bei der Nationalen Gesundheitsbehörde in Helsinki, formulierte es so: »Auf einer Konferenz finden sich die Finnen meist mit den Engländern zusammen. Die Deutschen bleiben unter sich, genauso wie die Süd- und die Osteuropäer. Ich selber diskutiere auf solchen Treffen selten mit Franzosen – meist dämmere ich vor mich hin, wenn französisch gesprochen wird.«

Gelingt es aber, die Sprachbarriere zu überwinden, verstehen also die Teilnehmer erst einmal die Worte, dann werden sie höchstwahrscheinlich dazu übergehen, den Inhalt zu kritisieren. So kann man z. B. erleben, daß sich im Anschluß an den Vortrag eines deutschen oder eines französischen Arztes ein britischer Arzt zu Wort meldet und in schneidendem Ton sagt: »Ich finde es skandalös, daß wir hier immer noch von nicht kontrollierten Studien hören müssen.«

Selbst wenn die Forschungsergebnisse vom wissenschaftlichen Standpunkt her allgemein akzeptiert werden, können die

Meinungen darüber, welche Bedeutung sie für die medizinische Praxis haben, auch innerhalb eines Landes immer noch weit auseinandergehen: Eine Untersuchung mag zwar objektiv Aufschluß über die Folgen einer bestimmten Vorgehensweise, d. h. einer Behandlungsmethode, geben, aber die Bewertung dieser Folgen ist äußerst subjektiv. E. M. Glaser, der im *British Medical Journal* schreibt, veranschaulichte z. B. anhand von drei in ein und derselben Ausgabe dieser Zeitschrift erschienenen Aufsätzen, welch unterschiedliche Konsequenzen Ärzte aus ihren Erfahrungen bzw. aus Untersuchungsergebnissen ziehen: In einem Aufsatz ging es um einen Patienten, der beinahe an einer Lakritz-Vergiftung gestorben war, aber es fehlte jede Schlußfolgerung für die zukünftige Sicherheit; die Autoren des zweiten Beitrags, der über ileale* Bypass-Operationen bei Fettsucht informierte, berichteten, daß bei allen untersuchten Patienten ein statistisch signifikanter Leberschaden festgestellt worden sei sowie eine Todesrate von 4 Prozent, kamen aber zu dem Schluß, daß »eine weitere genaue Untersuchung der Wirkung ilealer Bypass-Operationen vonnöten« sei; und im dritten Aufsatz, der zeigte, daß bei einem von 1000 Patienten, denen ein Betäubungsmittel gespritzt wurde, gefährliche Nebenwirkungen aufgetreten waren, lautete das abschließende Urteil der Autoren, daß diese Form der Anästhesie unvertretbar sei. (Glaser 1977)

Schon anhand ein und derselben Ausgabe einer medizinischen Fachzeitschrift kann man sehen, wie stark die Konsequenzen, die Ärzte aus ihren Erfahrungen oder Untersuchungsergebnissen ziehen, von ihrem subjektiven Urteil abhängen. Um so leichter kann man sich vorstellen, wieviel stärker noch die Subjektivität sich im internationalen Vergleich bemerkbar macht. Betrachten wir z. B. eine Untersuchung über Chemotherapie bei älteren Krebspatienten, aus der hervorgeht, daß Chemotherapie zwar das Leben dieser Menschen um durchschnittlich ein paar Monate verlängert, ihnen jedoch zugleich außerordentlich starken Brechreiz verursacht. (Begg/Carbone 1983) Hält man die Lebensdauer für wichtiger als alles andere, so müßte man dieser Untersuchung zufolge Chemotherapie auch bei alten Menschen durchführen. Ist jedoch die

Lebensqualität ein entscheidendes Kriterium bei der Wahl der Behandlung, dann legt dieselbe Studie nahe, älteren Patienten die Chemotherapie zu ersparen.

In der Tat vertraten die amerikanischen Autoren dieser Untersuchung die Ansicht, daß die Hoffnung auf ein paar zusätzliche Lebensmonate die Empfehlung von Chemotherapie rechtfertigte (Begg/Carbone, 1984, 153), während diese Auffassung in britischen Stellungnahmen für grundfalsch befunden wurde. In keinem der Kommentare wurde jedoch vorgeschlagen, die Patienten selbst nach ihren Wünschen zu fragen. (»Views« 1984, 153)

Untersuchungen, die mit den allgemeinen medizinischen Grundsätzen in einem Land in Einklang stehen, haben gute Chancen, überall zitiert zu werden. Dies gilt insbesondere für solche, die die Wirksamkeit eines Medikamentes oder den Erfolg einer Operation dokumentieren, denn der jeweilige Pharmakonzern bzw. die jeweiligen Chirurgen werden dann schon dafür sorgen, daß sie publiziert und öffentlich diskutiert werden. Paßt eine Untersuchung jedoch nicht ins Schema, so ist es bei tausend monatlich erscheinenden Studien für Mediziner ein leichtes, diese eine zu ignorieren. (Vgl. Kessner 1981) Eine 1922 durchgeführte kontrollierte klinische Studie z.B. zeigte, daß Frauen, deren Schamhaar vor der Entbindung abrasiert worden war, eher zu Infektionen neigten als andere Frauen; die Ergebnisse dieser Untersuchung wurden 1965 noch einmal veröffentlicht. Dennoch wurde dieses Verfahren in vielen amerikanischen und britischen (nicht jedoch in französischen) Krankenhäusern beibehalten, wahrscheinlich aufgrund irgendeines vagen puritanischen Gefühls, daß man Schamhaar eben abrasieren *müsse*.[15] Ein anderes Beispiel: 1986 wurde in einer prominenten deutschen Fachzeitschrift eine Studie (Bisler et al. 1986) veröffentlicht, die die Wirkung von Roßkastanien-Extrakten tatsächlich nachweisen konnte. In Deutschland wurde diese Substanz zur Behandlung von Kreislaufproblemen bereits von vielen Ärzten verwendet, und ich bin fast sicher, daß diese Studie in Deutschland überall zitiert, in den Vereinigten Staaten dagegen vollkommen ignoriert werden wird.

Der Gemeinsame Markt ermöglicht den Mitgliedsländern

theoretisch den freien Austausch von Waren und Dienstleistungen. Wenn jedoch ein Medikament in einem Land zum Verkauf freigegeben wird, heißt das noch lange nicht, daß es in den anderen Ländern ebenfalls auf den Markt kommt. Seit der Gründung des Gemeinsamen Marktes ist es noch nicht ein einziges Mal vorgekommen, daß alle Mitglieder ein Medikament akzeptiert haben, nur weil es in einem Land für gut befunden wurde. Gerald Jones vom britischen *Department of Health and Social Security* meint, die Reaktionen auf ein neues Medikament hingen immer davon ab, wie das Verhältnis von Nutzen und Risiko in den verschiedenen Ländern eingeschätzt werde: »Wir orientieren uns alle an denselben Richtlinien, und trotzdem kommen wir zu unterschiedlichen Auffassungen über dieselben Daten.«

Im allgemeinen stehen Ärzte in allen Ländern – außer in England, wie wir noch sehen werden – Untersuchungen, die neue Behandlungsweisen aufzeigen, aufgeschlossener gegenüber als solchen, die erweisen, daß bisher übliche Behandlungsformen überflüssig sind. Der Direktor des Nationalen Italienischen Krebsinstituts in Mailand, Umberto Veronesi, z. B. berichtet: »Wir haben eine Untersuchung durchgeführt, die zeigt, daß bei bösartigen Melanomen* nach der Entfernung des Primärtumors keine Notwendigkeit besteht, die regionalen Lymphknoten ebenfalls herauszunehmen, wenn sie nicht deutlich selbst betroffen sind. Wir haben 600 Patienten 12 Jahre lang beobachtet, und unsere Ergebnisse, die wir vor fünf Jahren veröffentlicht haben, sind ganz eindeutig. Aber die Chirurgen haben sehr heftig und ablehnend darauf reagiert – die meisten von ihnen entfernen noch immer die regionalen Lymphknoten.« (Veronesi 1983, 16)

In den Vereinigten Staaten waren koronare Bypass-Operationen schon weithin medizinische Praxis, bevor deren Wirksamkeit überhaupt bewiesen worden war. (Preston 1977) Andererseits wiederum wird es amerikanischen Frauen, die schon einen Kaiserschnitt hinter sich haben, wohl auch in absehbarer Zeit nicht möglich sein, bei einer weiteren Geburt vaginal zu entbinden – obwohl mittlerweile in ungefähr zwanzig Studien gezeigt werden konnte, daß damit unter normalen Bedingungen durchaus kein Risiko verbunden ist.[16] Die Popularität koronarer Bypass-Operationen steht im Einklang mit der kulturbedingten Grundhaltung der Amerikaner, aggressive Behandlungsformen zu befürworten und den Körper als eine Maschine zu betrachten. Der Versuch dagegen, Kaiserschnittentbindungen zu reduzieren, würde den Prioritäten, die in Amerika normalerweise gesetzt werden, widersprechen: die Ärzte stünden untätig im Hintergrund, während die gebärende Frau in den Vordergrund rückte.

Natürlich ist es für Ärzte leichter, Untersuchungen anderer Länder zurückzuweisen. Fritz Beller, Professor der Gynäkologie an der Universität Münster, bezeichnet dieses Phänomen als »Bellers Regel Nr. 1«: Ein in einem Teil der Welt entwickeltes Verfahren wird es immer schwer haben, auch anderswo akzeptiert zu werden. Ein amerikanischer Forscher beschrieb die Einstellung vieler seiner Kollegen so: »Wenn wir etwas nicht als erste beobachtet und festgehalten haben, ist unsere erste Reaktion immer ablehnend. Wir sind sehr chauvinistisch und glauben, daß etwas, das nicht wir herausgefunden haben, auch nicht richtig sein kann.« (Altman 1984)

Wenn Untersuchungsergebnisse auf Ablehnung stoßen, so kann dabei auch die vermutete Reaktion der Patienten eine Rolle spielen. Als z.B. in einem nicht bezeichneten Land der Nachweis erbracht wurde, daß Cholera-Impfungen relativ wirkungslos seien, erklärten die Gesundheitsbehörden des Landes: »Ein großer Teil der Bevölkerung verspürt noch immer große Angst vor Cholera und vertraut darauf, daß die Impfungen einen Schutz gegen diese Krankheit bieten. Wir haben den Eindruck, daß unsere Bevölkerung – wie auch die Bevölkerung anderer Länder – nicht einverstanden wäre, wenn diese Schutzmaßnahme fallengelassen würde, selbst wenn es als wissenschaftlich erwiesen gilt, daß sie von geringer Wirksamkeit ist.« (Velimirovic 1976)

Auch die Art der Honorierung des Arztes sowie das System der medizinischen Versorgung beeinflussen die Reaktion auf neue Forschungsergebnisse. Henk Lamberts, ein holländischer Allgemeinarzt, der in internationalen Organisationen mitarbeitet, sagt: »Die Wunde eines Patienten, die von einem spanischen Arzt genäht worden ist, wird zwei Stiche aufweisen, denn in Spanien werden die Ärzte sozusagen pauschal für die Behandlung einer Wunde bezahlt. Ein österreichischer Arzt hätte sechs, ein belgischer Arzt so viele Stiche wie möglich gemacht, denn ihr Honorar richtet sich nach der Anzahl der Stiche.«

Lamberts betonte, daß er nicht zynisch klingen wolle. »In Belgien bewertet man die Anzahl der Stiche einer Naht sehr hoch, also werden mehr davon angebracht. Es wird gutgeheißen, deshalb wird der Arzt auch dafür honoriert.«

Der verbreitete Irrglaube, die Medizin sei in allen industrialisierten Ländern weitgehend identisch, kann schwerwiegende Folgen haben. Erstens werden alle möglichen ungerechtfertigten Schlüsse aus internationalen Statistiken gezogen. Aus einer Pressemitteilung über die Häufigkeit koronarer Herzkrankheiten* in verschiedenen Ländern ging z. B. hervor, daß man für die Bundesrepublik Deutschland eine relativ niedrige Zahl ermittelt hatte. Zwar hatte man die Zahlen für diese Verlautbarung richtig von internationalen Statistiken abgeschrieben, dabei aber eines nicht berücksichtigt: Während in der Bundesrepublik koronare Herzkrankheiten tatsächlich relativ selten sind, kommen »andere« Herzkrankheiten sehr viel häufiger vor als in England oder den Vereinigten Staaten. Nimmt man, wie es auch schon vorgeschlagen worden ist, koronare und andere Herzkrankheiten zusammen, so ergeben sich für die Bundesrepublik, für England und für die Vereinigten Staaten ähnliche Zahlen.[17]

Zweitens stellen die von Land zu Land verschiedenen Behandlungsweisen derselben Krankheit eine Art natürliches Experiment dar; da sich jedoch die meisten Menschen dieses Experimentes gar nicht bewußt sind, sind sie auch nicht in der Lage, daraus sinnvolle Konsequenzen zu ziehen. Z. B. verschreiben französische Ärzte schon seit Jahren in breitem Umfang Kalzium, und eine genauere Analyse der Häufigkeit von Osteoporose*-Fällen in Frankreich würde vielleicht zu interessanten Aufschlüssen darüber führen, welche Rolle Kalzium bei dieser Krankheit spielt. Darüber hinaus wäre es vielleicht bei einem besseren Verständnis der Kulturbedingtheit medizinischer Vorstellungen möglich, vorauszusagen, in welchem Land bestimmte Nebenwirkungen zuerst auftauchen werden – oder wo man sie möglicherweise verschweigen wird. Die neuralen Nebenwirkungen von Wismut z. B. entdeckte man zuerst in Frankreich, wo Wismut in sehr hoher Dosierung gegen Verstopfung verschrieben wurde. Dagegen wurden die schwerwiegenden Nebenwirkungen eines Medikamentes gegen Bluthochdruck, Selacryn, das die Leber angreift, in Frankreich unterschätzt, was damit zusammenhängen mag, daß Franzosen für Leberbeschwerden häufig üppiges Essen und Alkohol oder aber eine »labile« Leber verantwortlich machen und weniger dazu zu neigen scheinen, die Schuld auf ein Medikament zu schieben.[18]

Schließlich lassen sich viele medizinische Fehler in jedem Land am besten damit erklären, daß kulturgeprägte Wertvorstellungen Ärzten und Patienten gleichermaßen den Blick trüben und dazu führen, daß einige Verfahren zu schnell und andere zu zögerlich oder überhaupt nicht akzeptiert werden. Die Einsicht, daß solche Fehler kulturell bedingt sind, könnte sie vielleicht verhindern – oder zumindest den Schaden in Grenzen halten.

Frankreich: Cartesianisches Denken und das »Terrain«

»Wir mögen kein Öl in Frankreich haben, aber wir haben Ideen.«
Propagandaspruch der französischen Regierung in den siebziger Jahren

»Wir haben kein Geld, wir haben keine großartigen Labore. Alles, was wir haben, sind Ideen und Patienten und diese Krankheit.«
Jean Marie Andrieu, französischer AIDS-Forscher (1986)

»Ich spiele keine Rolle. Ich bin. Ich operiere ohne sterilisierte Handschuhe. Ich vertraue den Bakterien. Sie verschlingen mich, sie verwüsten mich. Es ist gewaltig.«
Gérard Depardieu, französischer Schauspieler
(in: *International Elle,* Frühjahr/Sommer 1984)

Was für eine große Rolle kulturbedingte Vorstellungen in der Medizin spielen, wurde mir zum ersten Mal bewußt, als ich im Sommer 1972, etwa ein Jahr nach meiner Ankunft in Frankreich, über eine in Straßburg stattfindende Konferenz berichtete, die nichtverstümmelnde Behandlungsformen von Brustkrebs zum Thema hatte.

Die Konferenz begann äußerst schwungvoll mit einer Diavorführung des Gastgebers Professor Charles Gros über Brust und Brustkrebs in der Geschichte der bildenden Künste. Wiederholt sprach er von der weiblichen Brust als »Lust des Mannes« und »Stolz der Frau«. Den Ausstellern schien das Thema Spaß gemacht zu haben – überall im Ausstellungsraum waren Brüste zu sehen, einschließlich einer ganzen Wand voller derart spitzer Plastik-Busen, daß man befürchten mußte, sie würden demjenigen, der sie aus Versehen berührte, größere Stichwunden beibringen. Am dritten Tag war es so weit, daß Dias, die schlechte kosmetische Ergebnisse zeigten, von allen Teilnehmern ausgepfiffen wurden – eine Reaktion, die angesichts dieser Ausstattung der Räumlichkeiten keineswegs unpassend wirkte.

Zuerst war ich schockiert. Wie viele andere Amerikanerinnen auch war ich mit Zeitschriftenartikeln groß geworden, in denen Frauen verkündeten: »Ich habe meine Brust geopfert, um mein Leben zu retten.« Ich war davon ausgegangen, daß dieser Tausch unumgänglich war, daß es im Grunde gar keine Wahl gab, weil niemand ernsthaft die Brust einer Frau für wichtiger erachten würde als ihr Leben.

Aber dann lernte ich in Straßburg, daß es in dieser Frage zwischen Schwarz und Weiß durchaus Schattierungen gab. Verschiedene Untersuchungen hatten bereits ergeben, daß bei Operationen, die die Brust zu retten versuchten, zumindest in einigen Fällen eine ebenso große Überlebenschance gegeben war wie bei einer radikalen Brustentfernung. Erstaunlicherweise stammten einige dieser Untersuchungen aus den dreißiger Jahren[19]; schon damals hatten ein finnischer Strahlentherapeut und ein britischer Chirurg bei ihrem Versuch, Brustkrebs wirksam zu bekämpfen, ohne die Brust abzunehmen, gute Ergebnisse erzielt. Diese guten Ergebnisse wurden jedoch in der Folge häufig als unbrauchbar oder nicht aussagefähig abgetan. Man warf ihnen vor, sie seien aufgrund einer Auswahl von Frauen mit kleinen Krebsgeschwüren zustandegekommen, deren Überlebenschancen sich unabhängig von der Behandlungsmethode ohnehin als gut erwiesen hatten. Auf der Grundlage dieser frühen Ergebnisse, so lautete die Kritik weiter, könne man außerdem nicht beurteilen, ob die Überlebenschancen bei einer radikalen Mastektomie vielleicht noch besser gewesen wären. Inzwischen hatte jedoch ein englischer Chirurg, John Hayward, zeigen können, daß Frauen, die mit Lumpektomie und Bestrahlung behandelt worden waren, genauso lange überlebten wie Frauen, bei denen eine radikale Brustentfernung vorgenommen wurde. Nun blieb nur noch abzuwarten, ob dieses gute Ergebnis, das zehn Jahre nach der Behandlung festgestellt worden war, weiter andauern würde. Hayward meinte jedoch, selbst wenn sich für die radikale Brustentfernung bessere Überlebenschancen ergäben, wäre der Unterschied aller Wahrscheinlichkeit nach gering; nur etwa 5 bis 10 Prozent der Frauen würden davon profitieren.

Im Lichte dieser Ergebnisse wurde mir der französische Standpunkt – daß man sich an der Brust selbst auf einer Konferenz über Brustkrebs erfreuen sollte – verständlicher. Lieber dem sicheren Tod entgegenzugehen, als eine Brust zu verlieren, mochte als unsinnig gelten, aber eine etwas geringere statistische Chance zu haben, in 20 Jahren noch zu leben, und dafür beide Brüste zu behalten, schien eine vernünftige Alternative zu sein. Als ich hinterher über die Konferenz nachdachte, war ich froh, daß die Franzosen auch die Bedeutung der ästhetischen, sexuellen und psychologischen Implikationen betont hatten.

Doch die Konferenz gab nicht nur interessante Aufschlüsse darüber, was für unterschiedliche Wertvorstellungen Menschen verschiedener Nationalität haben können, sondern auch darüber, wie stark ihre Denkweisen, einschließlich ihrer medizinischen Denkweisen, voneinander abweichen. Die Franzosen waren bereit, sowohl die englischen Studien als auch andere, nicht kontrollierte Studien als gültig anzuerkennen. Die Engländer fanden, es müsse mehr kontrollierte Studien geben, und begannen hartnäckig immer wieder von neuem, dies den französischen Teilnehmern gegenüber zu begründen. Und die Amerikaner erschienen zum großen Teil gar nicht erst.

Um die medizinische Denkweise der Franzosen zu verstehen, muß man sich zunächst einmal vergegenwärtigen, daß in Frankreich, mehr als in fast jedem anderen Land, das Denken als eigenständige Aktivität einen hohen Stellenwert besitzt. In Amerika gelten die am meisten, die handeln, in Frankreich sind es diejenigen, die denken. Während die Intellektuellen in den Vereinigten Staaten meist nur auf der Seite mit den Todesanzeigen erwähnt werden, ist von französischen Intellektuellen regelmäßig auf der ersten Seite der Zeitungen die Rede – und sei es auch nur, weil sie etwa ins Krankenhaus eingeliefert werden, was von ihren Landsleuten dann gerne darauf zurückgeführt wird, daß sie sich wohl beim Denken überanstrengt haben. Marcel-Francis Kahn vom Hôpital Bichat in Paris erklärte, daß französische Kinder mit Biographien von berühmten Künstlern und Schriftstellern groß würden, in denen es am Schluß heißt: »Epuisé par le travail, il est mort« (von der Arbeit erschöpft, starb er); deshalb sei die Vorstellung, daß intellektuelle Arbeit noch anstrengender sei als körperliche, tief in ihrem Bewußtsein verankert.

Der verstorbene spanische Diplomat Salvador de Madariaga bezeichnete den Engländer als den Mann der Tat, den Spanier als den Mann der Leidenschaft und den Franzosen als den Mann des Geistes. »Wenn der Engländer denkt, bereitet er in Gedanken eine Handlung vor«, schreibt er. »Wenn der Franzose handelt, setzt er seine Gedanken in die Tat um.« Der Franzose, so de Madariaga, strebe danach, daß Handlungen den Gesetzen der Vernunft gehorchten, daß sie sich in eine klare Ordnung der Dinge einfügten. (de Madariaga 1930a) Anders als das englische Recht, das auf praktischen Erfahrungen, auf der Kenntnis vergangener Fälle basiert, wurde das französische Recht unter Napoleon in einer Gesetzessammlung festgeschrieben, die noch heute gültig und darauf angelegt ist, das gesellschaftliche Zusammenleben im voraus zu bestimmen und zu regulieren. Selbst der Tourist, der mit der Pariser Métro fährt, kann schon Zeichen davon entdecken: Dort findet man minutiös aufgelistet, welche Passagiere bevorzugt wo sitzen dürfen. Während englische Maßeinheiten ein unübersichtliches Mischmasch darstellen, das aus der Tradition erwachsen ist, sind die französischen metrischen Maßeinheiten vollkommen logisch. Anders als in England und Amerika, wo die Ärzte – bei allen sonstigen Unterschieden im Bezahlungssystem dieser beiden Länder – für ihre Dienste erst honoriert werden, nachdem die Kosten angefallen sind, wird im französischen System genau im voraus festgelegt, wieviel Geld der Arzt oder der Patient für jedes Medikament und jede Behandlung erstattet bekommt. Angesichts der großen Bedeutung, die die Franzosen dem Denken beimessen, ist es kaum verwunderlich, daß Konsultationen (ohne irgendwelche Behandlungen) in Frankreich höher honoriert werden und daß Arztbesuche dort im Durchschnitt sehr viel länger dauern als in Deutschland.[20]

Dieses System, in dem die Preise im voraus festgelegt werden, hat zur Folge, daß ein Arzt sein Gehalt nur verbessern kann, indem er mehr Patienten behandelt. »Wenn ein amerikanischer Arzt sein

Gehalt verdoppeln will, verdoppelt er die Gebühren; wenn ein französischer Arzt sein Gehalt verdoppeln will, nimmt er doppelt so viele Blinddärme heraus«, resümierte ein französischer Arzt. (Sournia 1977, 228)

Die französische Denkweise wird oft – in Frankreich selbst mit Bewunderung, außerhalb Frankreichs eher abschätzig – nach dem französischen Philosophen Descartes als cartesianisch bezeichnet. Descartes' Liebe zur Logik und Theorie und seine Verachtung für aus der Praxis gewonnene Daten haben das französische Denken nachhaltig beeinflußt. Descartes versuchte zunächst, seinen Geist aller geprägten und überkommenen Vorstellungen zu entledigen, und setzte dann mit seinem *Cogito ergo sum* (Ich denke, also bin ich) ganz neu an. Ausgehend von diesem Kernsatz machte er sich daran, das Universum mithilfe der Logik zu »beweisen«.

»Die Suche nach den Meilensteinen und Talismännern des französischen Bewußtseins führt noch immer geradewegs zurück zu Descartes«, schreibt Sanche de Gramont, ein Nachkomme französischer Adliger, der nach Amerika auswanderte und schließlich den Namen Ted Morgan annahm, in seinem Buch *The French*. »Descartes ließ sich auf das größte Abenteuer des Geistes ein: das Universum zu erobern, ohne seinen Schreibtisch auch nur ein einziges Mal zu verlassen. Es spielt keine Rolle, daß seine Ergebnisse nicht stimmten, solange nur die Methode überzeugend war… Ein General, der einen perfekten Schlachtplan entwickelt, ohne genaue Informationen über die Kapazitäten des Feindes zu haben, und dann eine elegante Niederlage erleidet, ist cartesianisch. Ein Ingenieur von *Ponts et Chaussées*, der für eine Stadt an der Drôme, die er nie gesehen hat, eine Brücke nur auf der Grundlage von topographischen Daten entwirft und bauen läßt, ist cartesianisch. Wenn man ihm mitteilt, daß die Brücke von den Fluten weggespült worden sei, wird er sagen: ›Das ist unmöglich.‹« (1969, Kap. 6)[21]

Der Astronom Urbain-Jean Leverrier, so de Gramont, entdeckte den Planeten Neptun nur durch Berechnungen, und als der Planet zum ersten Mal zu sehen war, weigerte er sich hinzuschauen. Louis Pasteur, der immerhin noch Experimente durchführte, kommentierte eine von dem Physiologen Claude Bernard vorgelegte Untersuchung über Gärung mit den Worten: »Das ist alles falsch, und um das zu beweisen, werde ich ein Experiment durchführen, dessen Ergebnis mir schon im voraus bekannt ist.«

In jüngerer Vergangenheit sagte der verstorbene Molekularbiologe und Nobelpreisträger Jacques Monod, der später Direktor des Pasteur-Instituts wurde: »Manchmal habe ich den Trick angewandt, eine Arbeit zu schreiben, bevor die Experimente durchgeführt waren – natürlich ohne sie zu publizieren; aber diese Übung hilft einem bei der Entscheidung, welche Experimente man tatsächlich machen sollte.«

Ich befragte Monod über den vom Pasteur-Institut entwickelten Impfstoff gegen Grippe, der in Frankreich als entscheidender Fortschritt gefeiert worden war (»Sieg über die Grippe« lautete die Überschrift in *Le Monde*. [Escoffier-Lambiotte 1973, 13] Englische und amerikanische Experten äußerten sich dagegen sehr skeptisch über den Impfstoff, und zwar hauptsächlich deshalb, weil seine Wirksamkeit rein theoretisch erklärt, nicht aber praktisch bewiesen worden war.[22] Als ich Monod diesen Einwand übermittelte, wies er sofort darauf hin, daß dies keine Kritik der Theorie oder der Ergebnisse, sondern des Prinzips sei. Kontrollierte klinische Studien seien in Frankreich wegen der besonderen Denkweise der französischen Mediziner nicht so ohne weiteres durchzuführen. »Ich habe überhaupt keine Hemmungen, eine große Anzahl von Leuten zu impfen, ohne daß der Impfstoff noch einmal anhand einer Studie überprüft worden ist«, fügte er hinzu.

Kürzlich gaben französische AIDS-Forscher eine Pressekonferenz, um ihre Ergebnisse mit Cyclosporine publik zu machen. Diese »Ergebnisse« stützten sich auf die Behandlung von sechs Patienten, und nur von zwei dieser Patienten lagen überhaupt vorläufige Laborergebnisse vor; außerdem hatten die Patienten das Medikament erst eine Woche lang eingenommen. Amerikanische Forscher verurteilten die Resultate als »anekdotenhaftes Beweismaterial der lächerlichsten Sorte«. Sie wußten natürlich nicht, daß in Frankreich nicht so sehr das Beweismaterial, sondern vor allem die Idee zählte – die Tatsache also, daß hier eine intellektuell imponierende Methode zur Behandlung von AIDS gefunden worden war.[23]

W. W. Holland, Professor für klinische Epidemiologie und Sozialmedizin an der St. Thomas's Hospital Medical School in London stellte bei einem Frankreichaufenthalt fest, daß Franzosen sogar gegenüber einer so irdischen Aufgabe wie der Auswertung von Resultaten der Gesundheitsfürsorge eine cartesianische Einstellung zu haben schienen. »Hinsichtlich der in Auftrag gegebenen Forschungsarbeiten scheint nur relativ wenig Wert auf die Ergebnisse gelegt zu werden«, schreibt er; »meistens geht es vor allem um den Prozeß. Das beste Beispiel hierfür ist vielleicht das Verfahren der Simultanprobe*, das in Frankreich seit fünf Jahren angewendet wird. Es heißt zwar, daß es ordnungsgemäß überprüft worden sei, aber bisher ist noch keine Arbeit darüber veröffentlicht worden, und die Methodologie und Techniken lassen es kaum vorstellbar erscheinen, daß man je zu eindeutigen Schlüssen über den Wert dieses Verfahrens gelangen wird.« (Holland 1977) Ein Epidemiologe der Weltgesundheitsorganisation beschrieb die Epidemiologie in Frankreich als *l'art pour l'art*. Und Henk Lamberts meinte, im medizinischen Alltag bedeute Cartesianismus häufig so viel wie: »Wenn die Idee gut ist, muß der Körper sich ihr fügen.«

Als französische Frauen sich darüber zu beklagen begannen, daß die angeblich »schmerzfreie Geburt« nach Lamaze* in Wirklichkeit für einige von ihnen unerträglich schmerzhaft gewesen sei, schrieb ein französischer Geburtshelfer in *Le Monde*, eine Frau, die sich richtig nach der Lamaze-Methode auf die Geburt vorbereitet habe, *könne* überhaupt keine Schmerzen verspüren, und sie brauche weder Schmerzmittel noch Narkose. Wenn eine Frau doch Schmerzen habe, dann liege das daran, daß sie zu spät mit der Vorbereitung begonnen oder sich nicht genügend angestrengt habe oder daß Arzt und Hebammen die Methode nicht ernst genug genommen hätten.[24]

Ärzte aus anderen Ländern, die in internationalen Gruppen tätig sind, berichten häufig, daß es sehr schwierig sei, mit Franzosen zusammenzuarbeiten. Ein großer Teil der Schwierigkeiten scheint mit jener cartesianischen Haltung zusammenzuhängen, mit der Franzosen an Probleme herangehen. Der englische Arzt Alastair Mason z. B. sagte von den Franzosen, mit denen er in einem Komitee über biochemische Fragen zusammengearbeitet hatte: »Ihre Gedankengänge sind ganz anders als meine. Sie haben große, grandiose Projekte im Kopf, während ich versuche, kleine, praxisorientierte Vorschläge zu machen.«

Henk Lamberts, der mit Franzosen zusammen an einem Klassifizierungssystem arbeitete, berichtete, sie hätten z. B. hartnäckig behauptet, hoher Blutdruck wirke sich in irgendeiner Form immer auch auf die Zielorgane aus, und deshalb darauf bestanden, daß dies in die Klassifizierung aufgenommen werden müsse. »Wir fragten sie nach den Zahlen, und sie hatten keine. Wenn ihr keine harten Fakten vorweisen könnt, haben wir ihnen gesagt, akzeptieren wir eure Klassifizierung nicht.«

Auch einige Arzneimittel, die in Frankreich häufig verschrieben werden, während andere Länder sie ablehnen, fallen in diese Kategorie der guten Ideen, die nicht durch entsprechende Daten abgesichert sind. Zu den gebräuchlichsten Medikamenten in Frankreich gehören die Vasodilatatoren, die angeblich die Blutgefäße im Gehirn älterer, unter Senilität leidender Menschen erweitern sollen. Aus einer Studie des *Office of Health Economics* in London geht hervor, daß im Jahre 1982 in Frankreich nur zwei andere Medikamentengruppen noch häufiger verschrieben wurden. Henri Pequignot vom Hôpital Cochin in Paris zufolge stammt die Idee, daß solche Medikamente wirksam sein könnten, ursprünglich aus England; da aber nicht bewiesen ist, daß sie tatsächlich wirken, finden sie weder in England noch in Amerika breite Anwendung.[25]

Ich fragte Pierre Royer, einen Arzt und Pharmakologen, der im französischen Gesundheitsministerium arbeitet, im Herbst 1985, ob die Regierung vorhabe, diese Medikamente zu verbieten, da doch ihre Wirksamkeit nicht bewiesen worden sei. »Nein«, sagte er. »Wir sind nicht sicher, daß sie *nicht* wirken.«

Ein anderes Beispiel: Fast systematisch werden in Frankreich jedes Mal, wenn ein Patient Antibiotika bekommt, gleichzeitig

Milchsäurebakterien verschrieben, angeblich, um der Übelkeit vorzubeugen, die Antibiotika verursachen können. Dieses Verfahren geht auf den russischen Wissenschaftler und Nobelpreisträger Ilya Metchnikoff zurück, der in Frankreich lebte – zu einer Zeit, als man von Antibiotika noch nichts wußte. Metchnikoff glaubte, daß das Geheimnis ewiger Jugend im Verzehr bulgarischen Joghurts liege, den er in großen Behältern in seinem Labor aufbewahrte; Besuchern bot er häufig etwas davon an. Als dann später Antibiotika entdeckt wurden, zeigte sich, daß sie die bakterielle Zusammensetzung des Magen-Darm-Traktes verändern. Daraufhin kam man auf die Idee, die »guten« Bakterien, die durch die Medikamente zerstört wurden, durch Milchsäurebakterien zu ersetzen, von denen man sich dank Metchnikoff eine positive Wirkung versprach. (Rivière 1977)

Die Idee war gut, aber es ist bislang nicht bewiesen, daß die »guten« Bakterien im Magen-Darm-Trakt mit Milchsäurebakterien tatsächlich schneller ersetzt werden können als ohne. Da Milchsäurebakterien darüber hinaus sowohl in Joghurt als auch in Käse, wovon die Franzosen bekanntlich sehr viel essen, enthalten sind, bräuchten gerade sie – selbst wenn es sich als wirksam herausstellen würde – an sich weniger davon als Menschen anderer Länder. Warum also werden in Frankreich weiterhin sowohl Milchsäurebakterien als auch Joghurt verschrieben? Nach Ansicht von Jacques Acar, Spezialist für Infektionskrankheiten, werde damit »gezeigt, daß der Arzt etwas für seinen Patienten tut. Das Rezept, das ein Arzt schreibt, hat auch immer die Funktion, den Patienten zu beruhigen«. (Man kann den Franzosen vorwerfen, das Richtige aus den falschen Gründen getan zu haben. Im Sommer 1984 zeigten amerikanische Forscher, daß Milchsäurebakterien auf die Umwandlung von Cholesterin Einfluß haben (anon. 1984b, 18); die Tatsache, daß Franzosen soviel Joghurt und Milchsäurebakterien zu sich nehmen, mag daher zumindest teilweise erklären, daß die Herzinfarkt-Rate in Frankreich relativ niedrig ist. Vielleicht hatte Metchnikoff recht.)

Einem anderen in Frankreich üblichen Verfahren , nämlich die Temperatur nicht oral, sondern rektal zu messen, liegt ebenfalls eine gute Idee zugrunde, aber es ist für den Patienten mit Unannehmlichkeiten verbunden und kann Nebenwirkungen haben. Die Rektaltemperatur ist zwar genauer als die orale, aber sehr viele Engländer und Amerikaner würden dem entgegenhalten, daß in den meisten Fällen ein solcher Grad der Genauigkeit überflüssig ist und die Unannehmlichkeiten nicht aufwiegt. Die Franzosen aber messen ihre Temperatur fast immer auf diese Weise, und als ich vor einigen Jahren in Frankreich war, gab es Fieberthermometer, die die Temperatur oral messen, in französischen Apotheken auch gar nicht zu kaufen. »Ich persönlich traue oral gemessenen Temperaturen nicht«, sagte ein in Frankreich ausgebildeter Kinderarzt, der jetzt in New York lebt. »Was ist z. B., wenn der Patient gerade Eis gegessen hat?«

Tatsache ist jedenfalls, daß das französische Verfahren nicht unerhebliche Nebenwirkungen hat: Der Direktor des Hämorrhoiden-Notdienstes *S.O.S. Hémorroides* in Paris, Daniel Rabreau, sagte mir, daß eine häufige Ursache von rektalen Blutungen in Frankreich »Thermometer-Geschwüre« seien. »Nicht genug damit, daß die Franzosen ihre Temperatur rektal messen – oft sind die Thermometer auch noch scharfkantig oder spitz«, bemerkte er. Trotzdem werde sich an diesem Verfahren wohl so bald nichts ändern, meinte ein Franzose, denn: »Wer würde schon ein Thermometer in den Mund nehmen, das möglicherweise vorher bei jemand anderem im Rektum gesteckt hat? Niemand, und deshalb werden wir uns hier in Frankreich wohl auch nie umstellen. «

Mit der cartesianischen Denkweise lassen sich auch viele Unterschiede zwischen der französischen Psychiatrie und der Psychiatrie anderer westeuropäischer Länder erklären. Während die meisten Länder das von Emil Kraepelin erarbeitete Klassifizierungssystem in irgendeiner Form übernommen haben, lehnt man dies in Frankreich bis heute ab. Der Haupteinwand richtet sich gegen Kraepelins Empirismus, der, so Pierre Pichot, »es ermögliche, sich mit der reinen Beobachtung der Entwicklung von Krankheitsbildern zufriedenzugeben und ohne theoretische Konzepte auszukommen – mit dem Ergebnis, daß seine Klassifizierung keineswegs systematisch [ist], sondern eher einer Nomenklatur gleichkommt.« (Pichot 1983, 75)[26] Noch heute unterscheidet sich daher die französische Klassifizierung psychiatrischer Krankheiten stark von der deutschen, englischen und amerikanischen.

Bis zur Mitte der sechziger Jahre beschrieben französische Psychiater emotionale Störungen als Störungen des Intellekts, die der Patient, wie sie glaubten, rational in den Griff bekommen könne. In ihrem Buch *Psychoanalytic Politics* (1978) meint Sherry Turkle, daß diese Überzeugung damals den Charakter eines moralischen Imperativs gehabt hätte. Turkle weist darauf hin, daß die cartesianische Denkweise und die Betonung des Intellekts zumindest teilweise erklärten, warum die französische Psychoanalyse einen so eigenen Weg gegangen sei: »Die Ablehnung, auf die die Psychoanalyse in der Psychiatrie stieß, führte dazu, daß sie sich erst einmal in der Welt der Künstler und Schriftsteller ausbreiten konnte, bevor sie in der Medizin zum entscheidenden Durchbruch gelangte; dieses Muster entsprach der französischen Neigung, Ideen zunächst mit philosophischer und ideologischer Bedeutung zu befrachten, anstatt sie sich gleich zur Lösung von Problemen zunutze zu machen.«

Als in der Person Jacques Lacans schließlich der »französische Freud« auf den Plan getreten sei, so Turkle, habe dieser die Psychoanalyse nicht so sehr als eine Methode zur Verhaltensanpassung oder Problemlösung, sondern vielmehr als intellektuelle Übung betrachtet und auch angewendet. »Warum sollte es auch weniger Versionen der Psychoanalyse als etwa des Calvinismus geben«, schreibt Turkle. »Ein amerikanischer Patient, der mit Geschichten von Horatio Alger* und mit dramatischen Berichten über die Front-Kämpfe seiner biologischen oder geistigen Vorfahren groß geworden ist, wird etwas damit anfangen können, wenn man ihm die Psyche als Schauplatz der Kämpfe des Ich mit den Erfordernissen einer komplizierten Wirklichkeit darstellt. Ein französischer Patient, der seit der Grundschule *explication du texte*

---

* Horatio Alger: (1834–99), amerikanischer Autor von Groschenromanen für Jungen, in denen meistens die Geschichte eines Aufstiegs – vom Tellerwäscher zum Millionär – erzählt wird.

betrieben und literarische Aphorismen auswendig gelernt hat, wird wahrscheinlich empfänglicher sein für eine Psychoanalyse, in der das Unterbewußtsein mittels einer Art Textanalyse erforscht wird.«

Lacan meint, ein kritischer Punkt in der Entwicklung des Kindes sei erreicht, wenn es sich zum ersten Mal im Spiegel sehe; diese Erfahrung füge Descartes' *Cogito ergo sum* eine Art visueller Dimension hinzu: »Ich sehe mich, also bin ich.«

Dieser visuelle, intuitive Aspekt des französischen Denkens hat insbesondere für die Diagnostik vielfältige Konsequenzen. Die englische Denkweise folgt dem Muster der Auflistung oder der Inventarisierung, und Françoise Rothman, die sowohl in den Vereinigten Staaten als auch in Frankreich Medizin studiert hat, sagte, in den Vereinigten Staaten habe sie gelernt, zunächst jede mögliche Diagnose in Erwägung zu ziehen, eine nach der anderen zu prüfen und gegebenenfalls zu verwerfen, und erst dann die endgültige Diagnose zu stellen. In Frankreich dagegen habe man ihr beigebracht, alle Symptome wie die einzelnen Teile eines Puzzles schließlich zu einer Diagnose zusammenzufügen.

Eine Folge dieser verschiedenen Denkweisen ist, daß sich ein amerikanischer Arzt stärker auf Labortests verlassen wird, während Ärzte in Frankreich eher dazu neigen, ihre Diagnose zu stellen, nachdem sie sich den Patienten oder die Röntgenaufnahme angesehen haben.

Ralph L. Thompson berichtet in seinem 1908 erschienenen Buch *Glimpses of Medical Europe* von einem Besuch in der dermatologischen Abteilung des Hôpital St. Louis in Paris: »Ich war vor allem gekommen, um mir die berühmt-berüchtigte ›Glatzen-Klinik‹ Sabourauds anzusehen. Jeder hat schon einmal von dieser Klinik gehört, zu der Menschen, denen die Haare ausgefallen sind (oder ausfallen), in Scharen hinpilgern, und jeder kennt zumindest aus Erzählungen den großen Sabouraud, der einem ein Haar auszieht (sofern noch eins da ist), es anschaut und sagt: ›Ja, ich kann Sie heilen; gehen Sie ins Nachbarzimmer‹; oder zu einem anderen: ›Ihnen kann vielleicht geholfen werden, warten Sie hier‹; und zum dritten: ›Gehen Sie und kaufen Sie sich eine Perücke; ich kann nichts für Sie tun‹. Es heißt, Sabouraud könne an der Wurzel eines Haares den Charakter eines Menschen, die Höhe seines jährlichen Einkommens und seine Frühstücksgewohnheiten erkennen. «

In jüngerer Vergangenheit fragte eine Amerikanerin ihren französischen Arzt, der ihr sehr empfohlen worden war, ob eine halbe Pampelmuse pro Tag sie mit ausreichend Vitamin C versorgen würde. Der Arzt bejahte das, sagte aber, sie solle Pampelmusen aus Florida, nicht aus Israel essen. »Ich sehe Ihnen an, daß Sie zur vermehrten Säurebildung neigen«, sagte er. »Israelische Pampelmusen würden diese Tendenz noch verstärken. «

Hans Schadewaldt vom Institut für Geschichte der Medizin in Düsseldorf, der als Kriegsgefangener in Frankreich war, ist mit vielen anderen ebenfalls der Meinung, daß die Franzosen »gute Augen« haben. Das erklärt vielleicht auch, warum bei einem Experiment, in dem französische, englische und deutsche Psychiater aufgefordert waren, dieselben Patienten zu untersuchen, die französischen Ärzte im Durchschnitt 10 Symptome pro Patient entdeckten, die englische Ärzte 8,4 Symptome und die deutschen 7,5. Am häufigsten nahmen französische Ärzte Symptome wie Retardation, geistige Verwirrung, Energielosigkeit und Wahnvorstellungen wahr. (von Cranach 1976)

Vielleicht genießen aus diesem Grund auch die Röntgenologen, die ja in erster Linie auf dem Wege des Betrachtens und der Intuition zu ihren Diagnosen gelangen, in Frankreich ein besonders hohes Ansehen. Es gibt in Frankreich erheblich weniger Anästhesisten, aber sehr viel mehr Röntgenologen als in England.[27] Und mit der Anzahl der Röntgenologen ist noch nicht einmal alles ausgesagt: Marcel-Francis Kahn erklärte, in Frankreich werde sehr viel Wert darauf gelegt, daß auch andere Spezialisten lernten, Röntgenbilder zu interpretieren, während dies in den Vereinigten Staaten und England hauptsächlich den Röntgenologen überlassen werde. In seinem eigenen Fach, der Rheumatologie, z. B. fänden Kurse und Prüfungen auf dem Gebiet der Röntgen-Diagnostik statt, und es gebe auch Bücher eigens zu diesem Thema. »Ich bin sicher, daß französische Ärzte generell häufiger Röntgenaufnahmen machen als amerikanische Ärzte«, sagte er.

Eine röntgenologische Untersuchung der Gebärmutter und der Eileiter, die Hysterosalpingographie (HSG), wird in Frankreich bei Verdacht auf Befunde vorgenommen, die man in Deutschland, in England und den Vereinigten Staaten mittels Kürettage oder Dilatation diagnostizieren würde.[28] Zwar werden Röntgenaufnahmen von Gebärmutter und Eileitern auch in diesen Ländern gemacht, dies geschieht jedoch fast ausschließlich zur Untersuchung von Unfruchtbarkeit. In einem kürzlich in Frankreich erschienenen Artikel über die Methode der HSG wurden als Indikationen oder Gründe, die diese Untersuchung rechtfertigen würden, u. a. Myome, glandulär-zystische Hyperplasie*, Endometriose*, das Einsetzen einer Spirale, Kaiserschnittnarben sowie normale und pathologische Schwangerschaften genannt.

Mehrere französische Ärzte sagten, sie würden niemals eine Kürettage durchführen, ohne vorher eine HSG vorzunehmen – eine Aussage, die für Deutschland, England und die Vereinigten Staaten eindeutig nicht zutrifft, da man dort der Ansicht ist, daß die Röntgenstrahlung bei dieser Untersuchung viel zu stark sei, als daß man verantworten könne, sie routinemäßig durchzuführen. »Man hält hier eine ganze Menge von der Röntgenologie«, sagte Stanley Bond, ein britischer Gynäkologe, der seine Praxis nach Frankreich verlegt hat. »Man verwendet die Hysterosalpingographie bei allen möglichen Gelegenheiten, bei denen wir in England nicht einmal im Traum daran denken würden.«

Der deutsche Gynäkologe Fritz Beller wollte mir zuerst gar nicht glauben, daß französische Ärzte diese Art der röntgenologischen Untersuchung bei einer solchen Bandbreite von Befunden vornehmen. »Die Hysterosalpingographie eignet sich nicht zur Diagnose von Eierstockzysten und Myomen«, sagte er. »Wir machen solche Röntgenuntersuchungen nur bei Unfruchtbarkeit, ansonsten nehmen wir Laparoskopien* vor.«

Professor Maurice Laval-Jeantet, mit dem ich im Oktober 1985 sprach, stellte fest, daß heutzutage bei vielen Befunden, die man früher mittels HSG diagnostiziert hätte, Ultraschall verwendet werde. Trotzdem würden viele französische Ärzte nach dem Ultraschall immer noch eine HSG machen, sagte er. »Viele Gynäkologen ziehen die Hysterosalpingographie dem Sonogramm vor, oder sie machen ein Sonogramm im Rahmen der allgemeinen Untersuchung und für die Diagnose dann noch eine Hysterosalpingographie. Das Sonogramm liefert einfach nicht so ein gutes Bild wie die Hysterosalpingographie – und die Franzosen lieben *la belle image.*«

A. Netter, ein emeritierter französischer Professor für Gynäkologie, meinte, die unterschiedliche Anwendung dieser beiden diagnostischen Verfahren sei vor allem traditionsbedingt. Die HSG, sagte er, sei ursprünglich von dem französischen Gynäkologen Claude Béclère entwickelt worden, dessen Vater Röntgenologe gewesen sei. Netter nannte jedoch noch zwei weitere Gründe dafür, daß diese Tradition in Frankreich, nicht aber in England oder Amerika »Fuß gefaßt« habe. Zum einen seien Gynäkologen in den meisten Ländern Chirurgen, während es in Frankreich sogenannte »medizinische Gynäkologen« normalerweise nur mit Routinefällen zu tun hätten. »Für einen Nicht-Chirurgen ist eine Hysterosalpingographie sehr viel einfacher durchzuführen als eine Kürettage.« Zum anderen meinte er, daß eine Kürettage, mittels derer meistens festgestellt werden solle, ob eine Patientin Krebs habe oder nicht, dem in der amerikanischen Medizin vorherrschenden Schwarz-Weiß-Denken entgegenkomme, während die HSG eher der differenzierteren Sichtweise entspräche, die in der französischen Medizin überwiege.

Eine Reihe französischer Ärzte gaben jedoch einen anderen Grund dafür an, daß ihnen die Durchführung von Kürettagen zu diagnostischen Zwecken widerstrebe: als Nebenwirkung dieses Eingriffs könne Synechie, d. h. eine Verklebung der Gebärmutterwände, auftreten. Solche Verklebungen könnten zu Unfruchtbarkeit führen, und deshalb solle bei jungen Frauen in keinem Fall eine Kürettage durchgeführt werden.

»Synechie!« sagte darauf Fritz Beller erstaunt. »Ich habe in meinem ganzen Leben erst drei Fälle von Synechie gesehen!« Eine ähnliche Reaktion zeigten auch andere nicht-französische Ärzte.

Doch die Franzosen werden möglicherweise das letzte Wort behalten. Das Gespräch mit Fritz Beller fand 1979 statt, und seitdem hat zumindest eine Untersuchung über unfruchtbare Frauen gezeigt, daß bei vielen von ihnen Verklebungen der Gebärmutterwände aufgetreten waren und daß bei fast allen dieser Frauen irgendwann eine Kürettage gemacht worden war, entweder bei einer Abtreibung oder zu Diagnosezwecken. (Taylor/Cumming/Hill 1981)

Französische Märchen enden nicht einfach mit dem Spruch »Und wenn sie nicht gestorben sind, dann leben sie noch heute«, sondern tragen noch den Zusatz: »und haben viele Kinder«.[29] In Frankreich sorgt man sich seit Jahren wegen der niedrigen Geburtenrate und befürchtet, daß es in ein paar Generationen keine französischen Frauen und Männer mehr geben wird. Die Geburtenrate war 1982 in Frankreich mit 1,94 Kindern pro Frau niedriger als die Sterberate; sie lag damit aber immer noch höher als die entsprechenden Raten in Deutschland (1,42 Kinder pro Frau) und in Großbritannien (1,81 Kinder pro Frau). Vielleicht haben die Vergünstigungen, die man schwangeren Frauen und Familien mit Kindern in Frankreich einräumt – kostenlose medizinische Fürsorge sowie *allocations familiales*, d. h. regelmäßige finanzielle Beihilfen für jedes Kind, unabhängig vom Verdienst der Eltern – doch ihre beabsichtigte Wirkung erzielt.[30]

Die Besorgnis über die Fruchtbarkeit spiegelt sich in einer Reihe von medizinischen Verfahren in Frankreich wider. Die Franzosen haben große gemeinsame Anstrengungen unternommen, die Säuglingssterblichkeit in ihrem Land zu vermindern; dies ist ihnen tatsächlich auch innerhalb weniger Jahre gelungen, so daß die Rate nun niedriger ist als die in England, Deutschland und den Vereinigten Staaten. (*Eurohealth Handbook* 1985) Es waren bezeichnenderweise französische Forscher, die eine Untersuchung über die Frage veröffentlichten, warum ältere Frauen es schwerer haben, ein Kind zu bekommen. (Schwartz/Mayaux 1982) »Die Frage, woran dies liegen kann, scheint ganz besonders französische Forscher immer wieder zu beschäftigen«, hieß es in einem Kommentar dazu in *The Lancet*. (Anon. 1982c, 665)[31] Und während Amerikaner vielfach betonen, daß die Risiken verschiedener Arten der Empfängnisverhütung nicht so groß seien wie »das überwältigende Risiko der Schwangerschaft«, neigen Franzosen eher dazu, die Risiken der Empfängnisverhütung hervorzuheben.

Obwohl nach französischem Recht Sterilisierungen nicht ausdrücklich verboten sind, ist Ärzten nach einigen in der Öffentlichkeit breit diskutierten strafrechtlichen Verfolgungen von Sterilisierungen im Jahr 1937 doch deutlich geworden, daß sie wegen »Verstümmelung des Patienten« verklagt werden können. Diese Angst wird noch dadurch geschürt, daß der *Ordre des Médecins*, eine Vereinigung, in der alle französischen Ärzte Mitglied sein müssen, seit Jahren konsequent gegen die Sterilisierung Stellung bezieht.[32] Infolgedessen führten Ärzte in Frankreich, jedenfalls noch bis vor kurzem, Sterilisierungen nur durch, wenn zwingende Gründe dafür vorlagen. »Das liegt nicht daran, daß es illegal ist«, sagte Alain Fournié, ein auf Geburtshilfe spezialisierter Gynäkologe aus Toulouse. »Manchmal führen wir ja auch Sterilisierungen durch, aber nur in Ausnahmefällen bei Frauen unter 35 und sehr selten bei Frauen unter 40; und natürlich nur, wenn wir vorher mit der Frau und ihrem Mann gesprochen sowie die Meinung eines Psychiaters eingeholt haben.« In einer medizinischen Fachzeitschrift in Frankreich erschien ein Artikel, der sich mit dem Problem der Empfängnisverhütung bei Diabetikerinnen beschäftigte. Dort hieß es, eine Tubenligatur* solle nur in Erwägung gezogen werden, wenn bei der Patientin schwere Komplikationen durch degenerative Veränderungen, Nierenversagen, hoher Blutdruck oder eine proliferierende* Netzhauterkrankung festgestellt worden seien, sie mindestens zwei Kinder habe, über 35 und psychisch stabil sei und sich mit ihrem Partner darüber geeinigt habe, daß eine Tubenligatur der richtige Schritt sei. (Arlot et al. 1983)

Bevor ein französischer Arzt einer Patientin eine empfängnisverhütende Pille verschreibt, läßt er meist noch ihre Cholesterin- und Triglyzeridwerte sowie ihren Blutzucker überprüfen (Escoffier-Lambiotte 1979, 13) – solche Tests werden in den Vereinigten Staaten zu diesem Zweck normalerweise nicht durchgeführt. A. Netter zufolge geht dieses Verfahren auf den französischen Arzt Jean-Luc de Gennes zurück, einen Endokrinologen, der herausfand, daß Frauen mit abnormem Fettstoffwechsel viele gesundheitliche Probleme hatten, wenn sie die Pille nahmen. Netter meinte: »Es ist nicht eindeutig geklärt, ob das Verfahren, bei allen Frauen, die die Pille nehmen wollen, zuerst die Blutfette zu untersuchen, gerechtfertigt ist. Ärzte wollen sich auf diese Weise absichern, und das kostet die *Sécurité Sociale* [die Sozialversicherung] enormes Geld, während nur einer von 100000 Frauen damit geholfen wird.« Dieses Verfahren war wohl auch der Grund dafür, daß bei einer Umfrage im Jahre 1980 viermal so viele Franzosen angaben, sie hätten Fettstoffwechselprobleme, als dies noch 1970 der Fall gewesen war. (Lecomte/Bienenfeld 1983, 69)

In den siebziger Jahren, als man in den Vereinigten Staaten Frauen relativ bedenkenlos die Spirale empfahl, unabhängig davon, ob sie nun schon Kinder hatten oder nicht, vertraten die meisten französischen Ärzte die Meinung, Frauen, die noch keine Kinder hätten (häufig war von mindestens zwei Kindern die Rede), sollten die Spirale nicht verwenden, weil das Risiko einer Unterleibsentzündung, die dann auch zur Sterilität führen könne, zu groß sei.[33] Amerikanische Gynäkologen machten sich diesen Standpunkt erst sehr viel später zueigen; sie wollten nicht nur Untersuchungen sehen, die zeigten, daß die Verwendung der Spirale das Risiko einer Unterleibsentzündung erhöht, sondern verlangten auch Beweise dafür, daß sich damit das Risiko der Sterilität vergrößere – obwohl doch allgemein bekannt war, daß Unterleibsentzündungen zu Sterilität führen können.[34] Als schließlich die meisten amerikanischen Gynäkologen bereit waren, die Spirale nur noch Frauen einzusetzen, die schon Kinder hatten, nahmen die Ereignisse einen anderen Lauf: 1985 wurden die meisten Spiralen aus dem Verkehr gezogen, weil sehr viele Frauen, die durch eine Spirale unfruchtbar geworden waren, vor Gericht gingen.

Es gibt auch nicht viele französische Frauen, die ein Diaphragma benutzen. Eine 1977 durchgeführte Studie zeigte, daß in Frankreich nur 2 Prozent – in den Vereinigten Staaten dagegen 10 Prozent – aller verheirateten Frauen im gebärfähigen Alter, die irgendeine Form der Empfängnisverhütung praktizierten, Diaphragmen, Spermizide oder Portiokappen* verwendeten – Mittel also, die das Sperma abblocken oder töten.[35] »Französische Frauen verziehen immer das Gesicht, wenn man ihnen mit dem Diaphragma kommt«, sagte A. Netter. »Sie haben eine sehr negative Einstellung zum Diaphragma, sie mögen es einfach nicht, sie finden es unelegant.« Einigen amerikanischen Frauen allerdings, die mit ihren französischen Ärzten über das Diaphragma sprachen, schien es eher so, als ob die Ärzte selbst es nicht mögen. Daß sich das Diaphragma in Frankreich als Verhütungsmittel nicht so recht hat durchsetzen können, mag auch damit zusammenhängen, daß es bis vor kurzem, wie alle anderen Formen der Empfängnisverhütung auch, illegal war; als das Verbot schließlich aufgehoben wurde, war bereits die Pille auf dem Markt – das Diaphragma hat also in Frankreich keine Tradition.

Eine in Frankreich gängige Methode der Empfängnisverhütung hängt weniger von der Frau als vielmehr vom Mann ab: der *coitus interruptus*. Aus dem *World Fertility Survey* der späten siebziger Jahre geht hervor, daß damals 29 Prozent der verheirateten französischen Frauen im gebärfähigen Alter diese Methode verwendeten und nur unwesentlich mehr Frauen – 34 Prozent – die Pille nahmen. Der *coitus interruptus* als Verhütungsmethode war zwar in Frankreich nicht so üblich wie in Bulgarien (79 Prozent), Italien (46 Prozent), Rumänien und Spanien (44 Prozent), aber sehr viel üblicher als in Großbritannien (6 Prozent) und den Vereinigten Staaten (3 Prozent). Sanche de Gramont schreibt: »Der traditionelle Rat, den eine [französische] Mutter ihrer Tochter gibt, lautet: ›Der Mann ist derjenige, der aufpassen muß.‹ Eine französische Ehefrau formulierte das so: ›Das ist wie eine Mahlzeit, bei der man genug gegessen hat und sehr zufrieden ist, obwohl es keinen Nachtisch gab.‹« (de Gramont 1969, 406)

Von der Sorge um die Fruchtbarkeit geprägt ist auch die Abneigung französischer Ärzte gegen die Durchführung von Hysterektomien* bei jungen Frauen. Es ist nicht möglich, an genaue Daten über die Anzahl der in Frankreich vorgenommenen Hysterektomien heranzukommen, aber alles deutet darauf hin, daß es prozentual erheblich weniger sind (möglicherweise zwei Drittel weniger) als in den Vereinigten Staaten. Thérèse Lecomte, die in der

Abteilung für Medizinische Ökonomie im *Centre de Recherche et de Documentation sur la Consommation* (CREDOC), einer Organisation für sozialwissenschaftliche Forschung, in Paris arbeitet, berichtete, daß in einer Umfrage nur 2,4 Prozent *aller* französischen Frauen angegeben hatten, bei ihnen sei irgendwann einmal eine Hysterektomie vorgenommen worden. Diese Prozentzahl schloß Frauen jeder Altersgruppe ein und wäre sicherlich höher, wenn nur die älteren Frauen befragt worden wären; aber sie ist in jedem Fall niedriger als in den Vereinigten Staaten, wo *jährlich* bei einem Prozent der Frauen zwischen 25 und 34 und bei zwei Prozent der Frauen zwischen 35 und 44 Hysterektomien durchgeführt werden. Andere vergleichende Beobachtungen haben ergeben, daß die Zahl der Hysterektomien in Frankreich niedriger ist als in England, und in England wiederum wird dieser Eingriff nicht halb so oft vorgenommen wie in den Vereinigten Staaten.[36]

Während amerikanische Gynäkologen Hysterektomien aus einer ganzen Reihe von Gründen durchführen – auch zum Zweck der Sterilisation oder der Menolyse* –, sind die meisten französischen Gynäkologen der Ansicht, man sollte auf dieses Verfahren bei jungen Frauen nur bei Krebs und abnormen Uterusblutungen zurückgreifen. In der medizinischen Fachliteratur Frankreichs wird immer wieder die Myomektomie (Entfernung des befallenen Bindegewebes bei Erhaltung der Gebärmutter) als die zur Behandlung von Myomen bei Frauen unter 40 am besten geeignete Methode herausgestellt; in den Vereinigten Staaten dagegen wird diese Operation nur in den liberalsten Zeitschriften und auch dort nur dann favorisiert, wenn eine Frau noch Kinder bekommen möchte. Ich selbst habe, als ich mich in Frankreich wegen eines Myoms behandeln ließ, die Erfahrung gemacht, daß die Hysterektomie noch nicht einmal als Option in Erwägung gezogen wurde. Da ich mit meinen 33 Jahren, so der Arzt, noch Kinder bekommen könne, sollte ich jetzt eine Myomektomie vornehmen lassen, um eine spätere Hysterektomie zu vermeiden.

Professor Netter meinte – wohlwissend, daß dies nur eine sehr grobe Schätzung ist –, in Frankreich würden etwa 70 Prozent der jüngeren Frauen mit Myomen (zumindest gilt dies für Medizinstudentinnen) sich für eine Myomektomie und 30 Prozent für eine Hysterektomie entscheiden. Im Gegensatz dazu sind Myomektomien in den Vereinigten Staaten bisher so selten durchgeführt worden, daß viele Frauen von diesem Eingriff noch nie etwas gehört haben (Angaben des *U. S. Center of Health Statistics* zufolge wurden 1980 in Amerika 403000 Hysterektomien und 28000 Myomektomien durchgeführt). Mittlerweile sind Myomektomien allerdings auch dort häufiger geworden, was zum Teil am europäischen Einfluß und an der entsprechend gestiegenen Nachfrage liegt.

Daß französische Ärzte häufiger als andere die Gebärmutter zu erhalten versuchen, hängt laut Netter mit zwei Faktoren zusammen: mit dem stärker ausgeprägten Wunsch französischer Frauen, ihre Gebärmutter nicht zu verlieren und mit der in Frankreich üblichen Trennung von gynäkologischer Chirurgie und Geburtshilfe.

Bis vor kurzem, sagte Netter, sei »die Geburtshilfe immer als minderwertiges Fachgebiet betrachtet worden«. Selbst ein altes Sprichwort besage, wenn dein Sohn intelligent sei, solle er Arzt werden, wenn er geschickt mit seinen Händen sei, Chirurg, und wenn er ein wenig dumm sei, Geburtshelfer. Mit der Herausbildung einer speziellen Gruppe gynäkologischer Chirurgen, die (weil sie keine Entbindungen vornehmen mußten) die Zeit hatten, sich vertiefte Kenntnisse anzueignen und feinere Techniken zu erlernen, habe sich die Myomektomie stärker durchgesetzt. »Gynäkologischen Chirurgen, die sich von Geburtshelfern abheben wollten, gefiel die Myomektomie, weil sie eine sehr schwierige und heikle Operation darstellt, die nicht jeder durchführen kann. «

Weiter meinte Netter, daß die Hysterektomie in den Vereinigten Staaten auch deshalb so häufig vorgenommen würde, weil dort eine Alles-oder-Nichts-Ideologie vorherrsche.

Wenn französische Chirurgen doch einmal eine Hysterektomie durchführten, so zogen sie in der Vergangenheit der totalen Hysterektomie meist eine »subtotale« vor, d. h. eine, bei der der Gebärmutterhals erhalten bleibt. Als Begründung hierfür nannten sie die Bedeutung des Gebärmutterhalses für die Stabilität des Beckenbodens sowie für die sexuelle Erregbarkeit.

Bis vor kurzem wurde über diese Begründungen in England, der Bundesrepublik Deutschland und den Vereinigten Staaten noch die Nase gerümpft, unter anderem deshalb, weil ein New Yorker Chirurg in den vierziger Jahren die beiden Operationen miteinander verglichen hatte und zu dem Ergebnis gekommen war, daß mit dem Verlust der sexuellen Erregbarkeit bei beiden Eingriffen in gleichem Maße gerechnet werden müsse. (Munnell 1947) Ein deutscher Chirurg sagte mir, daß die subtotale Hysterektomie in der Bundesrepublik als Behandlungsfehler gelte, und die meisten Krankenversicherungen in den Vereinigten Staaten decken einen solchen Eingriff nicht ab.

Jean Robinson, eine Gesundheitsberaterin aus Großbritannien, fragte ihren Arzt, nachdem sie *La Nouvelle Presse Médicale* gelesen hatte, nach der Möglichkeit einer subtotalen Hysterektomie in ihrem Fall. Die Antwort des Arztes: »Das ist nicht das Beste, was ich für Sie tun kann.«

»Er wunderte sich, wie jemand das überhaupt in Frage stellen konnte, und sagte mir, daß heutzutage ohnehin niemand mehr subtotale Hysterektomien durchführe«, berichtete Frau Robinson, die dann aber doch einen älteren Gynäkologen fand, der diesen Eingriff im Beisein einiger Medizinstudenten an ihr vornahm.

In letzter Zeit wurden jedoch verschiedene Berichte veröffentlicht, die darauf hinzudeuten scheinen, daß die Franzosen von Anfang an recht hatten. Eine finnische Studie z. B. zeigte, daß Frauen, die sich einer totalen Hysterektomie unterzogen haben, noch ganz erheblich seltener zum Orgasmus gelangen als solche, bei denen eine subtotale Hysterektomie vorgenommen wurde.[37]

Auch bei der Behandlung der männlichen Geschlechtsorgane gehen französische Ärzte häufig sehr viel vorsichtiger vor als ihre Kollegen in anderen Ländern. Bei Prostatakrebs z. B. entscheiden sich Ärzte in den Vereinigten Staaten oft für eine Prostatektomie* oder für die Kastration. In Frankreich dagegen würde man es eher mit Bestrahlung und Östrogen in niedriger Dosierung oder mit Chemotherapie versuchen. Bei der Bestrahlung, so Jean-Pierre Armand, ein Krebsspezialist am Institut Gustave Roussy bei Paris, träten weniger Komplikationen auf als bei der in den Vereinigten

Staaten üblichen chirurgischen Behandlung. Und der Endokrinologe Philippe Bouchard fügte hinzu: »Ich glaube, die Tatsache, daß Kastrationen in Frankreich relativ selten durchgeführt werden, hängt auch damit zusammen, daß es ein katholisches Land ist.«

In Frankreich werden viele Krebsarten mit Bestrahlung behandelt. Das mag auch daran liegen, daß Strahlentherapeuten in Frankreich, jenem Land, in dem Marie und Pierre Curie mit ihren Arbeiten über Radium hervortraten, traditionell ein hohes Ansehen genießen. Krebsspezialisten sind in Frankreich fast immer Strahlentherapeuten, und nicht nur gegen Prostatakrebs, sondern auch gegen Brust-, Haut- und Gebärmutterkrebs wird hier üblicherweise mit Bestrahlung vorgegangen. Die Tradition stellt also sicher einen Grund für die verbreitete Anwendung der Strahlentherapie dar, aber es spielt wohl auch eine Rolle, daß man mit dieser Behandlungsform natürlich bessere kosmetische Ergebnisse erzielt als mit dem chirurgischen Eingriff – und darauf legen die Franzosen nun einmal generell großen Wert.

Aber nicht nur bei Brustkrebs, sondern bei grundsätzlich allen Befunden spielen Sexualität, Ästhetik und Psychologie bei der Abwägung von Risiken und Nutzen einer Behandlungsform für einen französischen Arzt eine größere Rolle als für seine Kollegen in anderen Ländern.

Die Bedeutung ästhetischer Gesichtspunkte in der französischen Medizin läßt sich an vielem ablesen – an der Einstellung der Franzosen zu künstlichen Gliedmaßen ebenso wie an der Tatsache, daß einer Frau in Frankreich nach der Entbindung mindestens zehn kostenlose Gymnastikstunden zustehen, damit ihr Körper wieder straff und ansehnlich wird. (Plas 1982) Die Franzosen haben uns auf das Problem der *cellulite* aufmerksam gemacht (das nichts mit der Wörterbuch-Definition von Zellulitis zu tun hat, sondern sich auf jene spezifisch weibliche Form der Fettpolster an Schenkeln und Oberarmen bezieht) und verschiedene Arten, sie zu behandeln, gleich mitgeliefert. Sie waren es auch, die den Schönheitschirurgen Paul Tessier hervorbrachten, dessen vollständige Neugestaltung stark deformierter Gesichter die Schönheitschirurgie revolutionierte. Und erst kürzlich haben französische Forscher eine weniger radikale Methode zur Behandlung des Peniskarzinoms gefunden, bei der die Eichel wiederhergestellt und daher in ästhetischer Hinsicht ein besseres Ergebnis erzielt werden kann. (Harmanowicz et al. 1987)

Die Betonung der Ästhetik scheint Frankreich mit anderen romanischen Ländern gemein zu haben. Jean Pillet aus Paris antwortete auf die Frage, ob einem Patienten, dem eine Hand fehlt, eher eine primär zweckmäßige oder eine kosmetisch einwandfreie Prothese gegeben werden solle: die meisten seiner Patienten, die sich für die kosmetische Prothese entschieden, kämen aus südlichen Ländern, nur selten stammten sie aus dem Norden, etwa aus der Bundesrepublik oder England. »Patienten aus romanischen Ländern scheinen das Gefühl zu haben, nach der Amputation einer Hand oder eines Fingers keine vollwertigen Menschen mehr zu sein«, meinte er. »Es ist ihnen wichtig, einen vollständigen Körper zu haben. Menschen aus nördlichen Ländern empfinden da anders. Sie sind stärker daran interessiert, daß alle ihre Körperteile gut funktionieren, als daß sie gut aussehen.« (Beaumont 1981, 2) Ein Kontaktlinsenverkäufer sagte in einem Mitte der siebziger Jahre geführten Interview, er habe in seinem Beruf eine entsprechende Erfahrung gemacht: In Italien würden höchstwahrscheinlich prozentual die meisten Menschen lieber Kontaktlinsen als eine Brille tragen, England dagegen sei in dieser Hinsicht ein ziemlich schlechter Markt. »In den Vereinigten Staaten«, sagte Vladimir Mitz, ein plastischer Chirurg aus Paris, »lassen die Leute Schönheitsoperationen machen, um reich zu werden, in Frankreich, um glücklich zu sein. In Schweden wird erwartet, daß man seinen Körper so akzeptiert, wie er ist.«

Es läßt sich nicht feststellen, ob Franzosen sich generell häufiger kosmetischen Operationen unterziehen als Deutsche, Engländer und Amerikaner, denn es gibt in Frankreich kein Datenmaterial über solche Eingriffe. Plastische Chirurgen aber, die über Erfahrungen sowohl in Frankreich als auch in Amerika verfügen, berichten von auffallenden Unterschieden in der Art der Operationen, die durchgeführt werden. In Amerika steht das Facelifting an erster Stelle, die Franzosen dagegen lassen sich am häufigsten mittels eines Verfahrens, das als *body sculpting* bekannt geworden ist, die Fettpolster an Bauch, Hüften und Schenkeln absaugen. Und während viele amerikanische Frauen ihre Brust *vergrößern* lassen möchten, sind die Frauen in Frankreich, wo die Mode-Industrie schon immer etwas »busenfeindlich« ausgerichtet war, eher geneigt, ihre Brust *verkleinern* zu lassen. (Garmaise 1983, 43) In beiden Ländern können solche Operationen zuweilen mit »medizinischen« Gründen gerechtfertigt werden.

Die Daten aus den Vereinigten Staaten sind relativ eindeutig. Eine Umfrage unter den Mitgliedern der *American Society of Plastic and Reconstructive Surgery* (die aus aller Welt, überwiegend jedoch aus den Vereinigten Staaten kommen) zeigte, daß Brustvergrößerungen doppelt so häufig vorgenommen wurden wie Brustverkleinerungen. (Anon. 1982) Französische Chirurgen dagegen gaben an, daß Brustverkleinerungen in ihrem Land mindestens drei- bis viermal so oft durchgeführt würden wie Brustvergrößerungen. Vladimir Mitz schätzte, daß in Frankreich auf zwei Vergrößerungen etwa acht Verkleinerungen kämen. Ähnliche Zahlen nannte auch Denys Montandon aus Genf für den französischsprachigen Teil der Schweiz.

Dies hat nichts damit zu tun, daß französische Frauen etwa generell größere Brüste hätten und Brustverkleinerungen schon von daher näher lägen; sieht man sich in Kaufhäusern die Größen von Büstenhaltern an, so ist das Gegenteil schnell bewiesen: Die in amerikanischen Kaufhäusern gängige große Größe wird man in Frankreich so gut wie nirgends finden.

Eine wichtige Rolle spielt dagegen, welche Körpermaße in einem Land als ideal angesehen werden. »Eine amerikanische Frau muß große Brüste haben«, sagte Mitz. »In Frankreich müßte die ideale Brust 250 Gramm wiegen, in den Vereinigten Staaten 400 Gramm. Der ideale Brustumfang betrüge in Frankreich 85 Zentimeter, in den Vereinigten Staaten 100 Zentimeter.« Um an dieses Ideal heranzukommen, sagte er, verwendeten amerikanische plastische Chirurgen normalerweise eine Prothese, die eineinhalbmal so groß sei wie die, die französische Chirurgen in den seltenen

Fällen, in denen eine Brustvergrößerung überhaupt in Betracht gezogen werde, benutzten. »Viele Brüste, die in Frankreich verkleinert werden, entsprächen in Amerika dem Schönheitsideal«, fügte er hinzu.

Ein weiterer auffallender Unterschied zeigt sich beim Facelifting, einem Eingriff, der in den Vereinigten Staaten auf der Liste der häufigsten kosmetischen Operationen an sechster Stelle steht. »Als ich in den Vereinigten Staaten arbeitete«, sagte Mitz, »machten wir etwa ein »Lifting« pro Tag. Hier kommt das alle zwei Wochen einmal vor.« In Frankreich, erklärte er, »haben ältere Menschen einen sehr guten Stand in der Gesellschaft und werden keineswegs wegen ihres Alters diskriminiert. Wenn sie sich liften lassen, dann entweder deshalb, weil sie weiter arbeiten wollen oder weil ihre Kinder es ihnen geraten haben.«

Der Wunsch vieler Franzosen, schlank zu sein, mag angesichts der großen Rolle, die das Essen in Frankreich spielt, paradox erscheinen. Aber die Franzosen essen nicht etwa größere Portionen als Menschen anderer Nationalitäten, sondern sie schenken der Qualität und den Eigenschaften dessen, was sie essen, größere Aufmerksamkeit.[38]

Medizinisch gesehen hat dies verschiedene Konsequenzen. Eine davon ist, daß Appetitlosigkeit in Frankreich sehr viel ernster genommen wird als beispielsweise in England. Einem jungen französischen Arzt war im Studium sogar beigebracht worden, daß sie ein Anzeichen für Krebs sei. Für einen Schweden oder Engländer dagegen stelle sie kein besorgniserregendes Symptom dar, sagte Göran Kielberg von der Abteilung für Sozialmedizin an der Universitätsklinik in Uppsala. »Wenn Sie einem englischen Arzt erzählen, Sie litten unter Appetitlosigkeit, wird er wahrscheinlich sagen: ›Na und‹?«

Die französischen Eß- und Trinkgewohnheiten mögen auch erklären, warum die Franzosen, verglichen mit den Deutschen, Engländern und Amerikanern, die höchste Lebenserwartung haben. Frankreich hat zwar prozentual die meisten Zirrhose-Vorfälle der Welt, dafür sind aber Herzinfarkte (wenn man den Statistikern glauben kann) sehr viel seltener als in anderen Ländern: auf 100000

Menschen kommen in Frankreich 100, in der Bundesrepublik 240, in den Vereinigten Staaten 300 und in Großbritannien 350 Herzinfarkte. (*Demographic Yearbook* 1980) In einer Untersuchung wurde die Wahrscheinlichkeit von Herzinfarkten bei Männern aus Frankreich und aus Framingham, Massachusetts, miteinander verglichen, die bestimmten Risikogruppen angehörten – also z. B. an Hypertonie oder Diabetes litten, erhöhte Cholesterinwerte hatten oder rauchten; auch dabei zeigte sich, daß die Franzosen »besser abschneiden«: Ein 50jähriger Franzose habe in etwa das gleiche Risiko eines Herzinfarktes zu gewärtigen wie ein 40jähriger Amerikaner, berichtete Jacques-Lucien Richard auf einer Pressekonferenz des *Institut Nationale de la Santé et de la Recherche Médicale*. Da man herausgefunden hat, daß mäßiges Trinken das Risiko eines Herzinfarktes mindert, vermuten einige Ärzte, daß die Trinkgewohnheiten der Franzosen zumindest ein wenig dazu beitragen, daß Herzinfarkte hier nicht so oft vorkommen wie in anderen Ländern.[39]

Gutes Essen dagegen, so glauben viele Franzosen, ist für jene Erscheinung verantwortlich zu machen, die viele Jahre lang als Nationalkrankheit Nummer 1 galt: die *crise de foie*.

Während Amerikaner ihre Leber nur zur Kenntnis nehmen, wenn sie Hepatitis oder eine ausgewachsene Zirrhose haben, denken die Franzosen bei jedem Essen an sie. In einer bekannten französischen Reklame für Mineralwasser wird ein Gourmet, der sich gerade anschickt, riesige Mengen sehr reichhaltiger Nahrung zu sich zu nehmen, gefragt: »Und ihre Leber?« Der Gourmet antwortet: »Meine Leber merkt davon nichts«, womit angedeutet sein soll, daß das Mineralwasser, für das geworben wird, so gut für die Leber sei, daß das Essen keine schädliche Wirkung haben könne.

Französische Ärzte untersuchen die Leber ihrer Patienten häufiger als britische Ärzte, und die Franzosen sind fest davon überzeugt, daß reichhaltige, fette Nahrung Leberschäden hervorruft. Ein Allgemeinarzt aus Großbritannien, der eine Woche lang einen französischen Landarzt bei der Arbeit beobachtete, erzählte, dieser habe beispielsweise bei dem zehnjährigen Sohn eines Bauern eine vergrößerte Leber festgestellt und dies dem zu reichhaltigen Essen zugeschrieben – vermutlich in Analogie zu der berühmten *foie gras*, der Gänsestopfleber, die auf französischen Farmen »produziert« wird. (Jones 1974)

Französische Patienten und Ärzte machen die Leber für eine ganze Bandbreite der verschiedensten Beschwerden verantwortlich, schreibt Claude Béraud, Professor für Hepatologie* und Gastroenterologie* an der Universität von Bordeaux in seinem 1983 erschienenen Buch *Le Foie des Français*. Was als *crise de foie* diagnostiziert wird, ist in Wirklichkeit häufig nichts anderes als Migräne: nach Aussagen von Béraud lassen sich etwa 80 Prozent aller *crises de foie* auf diese Weise erklären.

»Neun von zehn französischen Patienten glauben, daß ihre Kopfschmerzen von ihrer Leber herrühren«, bestätigte auch Jean-Pierre Benhamou, Professor für Gastroenterologie am Hôpital Beaujon in einem Vorort von Paris. »Wenn ein Franzose Rückenschmerzen hat, spricht er vom *mal aux reins* [Nierenschmerzen] und wenn er sich übergeben muß vom *mal au cœur* [Herzschmerzen]. Aber er führt diese Beschwerden nicht wirklich auf die Nieren oder auf das Herz zurück. Wenn er jedoch von einer *crise de foie* redet, dann ist er davon überzeugt, daß es die Leber ist.«

Die meisten *crises de foie*, die sich nicht als Migräne herausstellen, sind, so Béraud, Magen-Darm-Verstimmungen irgendeiner Art.

Doch die Leber wird auch für diffusere Beschwerden als die akute *crise* verantwortlich gemacht. Béraud nennt u. a. starke Menstruationsschmerzen, Blässe, Gelbfärbung der Haut und allgemeine Müdigkeit. Einige Patienten und Dermatologen glauben auch, daß die Leber Akne oder Rash*, Schuppen, Herpes oder andere Hautkrankheiten hervorrufe.

»Hals-Nasen-Ohren-Spezialisten meinen, die Leber verursache Nasenschleimhaut-, Mandel- und Rachenentzündungen«, schreibt Béraud. »Pulmologen und Allergologen führen manchmal allergische Reaktionen wie Asthma oder Heuschnupfen auf die Leber zurück.« Béraud berichtet weiterhin, er habe in Fotokopien, die 1969 an Medizinstudenten in Frankreich verteilt worden seien, eine Beschreibung von »hereditärem Hepatismus« sowie von Mandel- und Rachenentzündung »hepatischen Ursprungs« gefunden.

Aber damit nicht genug: Es gebe französische Mütter, fährt er fort, die die Faulheit ihrer Kinder deren »hepatischem« Temperament zuschrieben; andere Franzosen glaubten, daß die Kinetose* von der Leber herrühre. Nervöse Depressionen, Herzklopfen, niedriger Blutdruck, Schlaflosigkeit, Ohnmachtsanfälle – es gibt kaum etwas, für das dieses Organ noch nicht verantwortlich gemacht worden wäre. Béraud zitiert sogar den Fall eines 37jährigen Verwaltungsbeamten, der davon überzeugt war, daß seine Leber an seiner Impotenz Schuld sei, sowie den einer hochgebildeten jungen Frau, die ihren Dauerhusten darauf zurückführte, daß sie eine vergrößerte Leber hätte, die sie beim Atmen behindere. (Béraud 1983)

Woher diese Eigenart der Franzosen kommt, alle möglichen Beschwerden und Krankheiten auf die Leber zu schieben, ist unklar. Henri Pequignot vermutet, daß diese Tendenz spätestens im Mittelalter entstanden sei, und Béraud zufolge ist die Diagnose »geringfügige Leberinsuffizienz«, mit der wahrscheinlich die mangelhafte Gallenproduktion der Leber gemeint war, um 1880 herum zum ersten Mal aufgetaucht und in der ersten Hälfte des 20. Jahrhunderts immer häufiger geworden, vermutlich auch wegen der neu entstehenden pharmazeutischen Industrie. Zwischen 1920 und 1950 hätten französische Radiologen und Gastroenterologen »eine ganze Reihe von Details und pseudowissenschaftlichen Erklärungen [erfunden], um der Nachfrage von Patienten und Allgemeinärzten entgegenzukommen, ein bißchen so wie ein Keksfabrikant, der sein Produkt vielseitiger macht, um die Nachfrage befriedigen zu können, die durch eine geschickte Werbekampagne entstanden ist«. (ebd.)

Eine Studentin der Princeton University, die sich in ihrer Doktorarbeit mit der *crise de foie* beschäftigt, schreibt: »Die *crise de foie* unterstreicht die gesellschaftliche Bedeutung des Essens und Trinkens in Frankreich. Sie ist eine Art Sinnbild für die überragende Qualität der französischen Küche und für den Stolz der Franzosen auf ihre Küche.« (Batta 1986)

Eine Diagnose, die bei diffusen »Leberbeschwerden« vielfach gestellt wurde, war biliäre Dyskinesie, d. h. die Störung bzw. schmerzhafte Fehlfunktion des Bewegungsablaufs in den Gallenwegen. Wie man dem »Godeau«, dem grundlegenden französischen Lehrbuch der inneren Medizin, entnehmen kann, gibt es viele solcher Dyskinesien: Ein Gallengang kann normoton und hyperkinetisch sein, also einen normalen Tonus haben, aber zuviel Beweglichkeit, wobei das Fassungsvermögen normal ist, nach den Mahlzeiten jedoch eine zu schnelle Entleerung stattfindet. Genausogut kann ein Gallengang jedoch hyperton und hyperkinetisch oder normoton und hypokinetisch oder hypoton und hypokinetisch sein. (Gerolami in Godeau et al. 1987, 1600–1601) Béraud meint, diese Diagnosen seien gestellt worden, wenn man die Gallenwege eines Patienten, der über Leberbeschwerden klagte, geröntgt und keine Steine gefunden hätte. Statt dem Patienten zu sagen, daß alles in Ordnung sei, erzählte man ihm, daß seine Gallengänge sich entweder zu schnell oder nicht schnell genug entleerten. Die französische Pharmaindustrie entwickelte dann auf der Grundlage dieser Diagnosen neue Medikamente: *cholérétiques* zur Anregung der Gallenabsonderung der Leber; *cholécystokinétiques* zur Verminderung der Gallenabsonderung.

1970 waren in Frankreich um die 300 verschiedenen Medikamente für die Leber auf dem Markt, und der Konsum entsprach beinahe 5 Prozent des gesamten Arzneimittelkonsums der Franzosen. Ein Vergleich des Arzneimittelkonsums in Frankreich und den Vereinigten Staaten ergab für das Jahr 1976, daß 12 Prozent der Medikamente, die die Franzosen, aber nur 5 Prozent derer, die die Amerikaner eingenommen hatten, Mittel für den Verdauungsapparat waren. Dieser Unterschied ist um so frappierender, wenn man bedenkt, daß die Franzosen generell im Verhältnis mehr Medikamente einnehmen als die Amerikaner.[40]

1976 sprachen französische Hepatologen auf einer Pressekonferenz die Leber von der Verantwortung für die meisten Krankheiten frei (natürlich bis auf Zirrhose und Hepatitis), und seitdem hört man Franzosen nur noch selten von der *crise de foie*, etwas häufiger allerdings noch von Gallengängen sprechen. Die Abteilung für Medizinische Ökonomie des CREDOC fand heraus, daß die Anzahl der Franzosen, die angaben, sie litten unter Leberbeschwerden, zwischen 1970 und 1980 um den Faktor 4 gesunken war. Auch der Verkauf von Medikamenten für die Leber scheint drastisch zurückgegangen zu sein: Eine 1982 für das *Office of Health Economics* in London erstellte Studie ergab, daß eine außergewöhnlich große Menge von Magen-Darm-Medikamenten in Italien, nicht aber in Frankreich verschrieben worden war. (Lecomte/Bienenfeld 1983, 73 u. O'Brien 984, 17)

Aber die Sorge der Franzosen um ihre Leber macht sich auf subtilere Weise noch heute nicht nur in Frankreich, sondern vielleicht sogar auf der ganzen Welt bemerkbar:

Fast 7,5 Prozent der französischen Arzneimittel – im Vergleich zu einem Prozent in den Vereinigten Staaten –, von Aspirin bis hin zu Antibiotika, werden in Form von Zäpfchen hergestellt. (Lenoir/Sandier 1976, 95) Dies mag zwar nur eine französische Eigenart sein, ähnlich jener Angewohnheit, die Temperatur rektal zu messen; einem Arzt aus Großbritannien, der sich eine Weile in Frankreich aufhielt, wurde jedoch gesagt, der Grund für die vielen Zäpfchen sei der, daß Medikamente, die rektal verabreicht würden, nicht von der Leber verarbeitet werden müßten. (Hull 1979)[41]

Während man normale Fälle von Anämie in Amerika und England herkömmlicherweise mit Eisen behandelt, würde ein französischer Arzt seinem Patienten wahrscheinlich eher Vitamin B 12, ein Vitamin, das aus der Leber isoliert wird, wenn nicht sogar die Leberextrakte selbst verschreiben. Vitamin B 12 gilt zwar allgemein als geeignetes Mittel gegen perniziöse Anämie*, eine seltene Krankheit; in Frankreich wird es aber bei nahezu jeder Form der Anämie verwendet.[42] Jacques Messerschmitt weist in seinem Buch *La Médecine contre la santé* (1982) darauf hin, daß die zentrale Rolle, die die Leber in der französischen Medizin spielt, zweifellos den Boden bereitet habe für den relativ bedenkenlosen Umgang mit dem Vitamin B 12, was die Pharmaindustrie dann wiederum zu ihrem Vorteil genutzt habe.

1980 wurde ein französisches Medikament, Selacryn, das in den Vereinigten Staaten für die Behandlung von Bluthochdruck gerade erst freigegeben worden war, nachdem es sich in Frankreich jahrelang bewährt hatte, wieder vom amerikanischen Markt genommen: ihm wurden 24 Todesfälle angelastet und 363 Fälle, bei denen Patienten einen Leberschaden davongetragen hatten. Die Franzosen wußten sehr wohl, daß das Medikament Nebenwirkungen hatte, aber sie sahen sie nicht als gravierend an. Nun war jedoch dem französischen Kontrollsystem, mit dem ein Medikament auf mögliche Nebenwirkungen überprüft wird und das normalerweise als sehr gut gilt, in diesem Fall nicht hundertprozentig zu trauen, denn damit ein solches System funktioniert, »muß, sobald bestimmte Symptome auftreten, ein Bewußtsein dafür vorhanden sein, daß ein Medikament die mögliche Ursache ist.«[43] Während amerikanische Patienten und Ärzte sofort ein Arzneimittel verdächtigen würden, wenn mit der Leber etwas nicht in Ordnung wäre, ist das bei französischen Patienten, denen man ein Leben lang gesagt hat, sie hätten eine »anfällige Leber«, wahrscheinlich anders.

Die Vorstellung, daß einige Menschen eine »anfällige« Leber oder auch »anfällige« Gallengänge haben und nicht einfach eine Leber, die nur durch zu viel Essen und Trinken überlastet ist, illustriert eine weitere wichtige Eigenart der französischen Medizin: die Bedeutung, die dem *terrain* beigemessen wird. Es gibt im Deutschen keine genaue Entsprechung für dieses Wort. Der Ausdruck »Konstitution« kommt der Sache wohl noch am nächsten. Mit dem Begriff »Risikofaktoren« lassen sich zwar Aspekte des *terrain* beschreiben, aber man denkt dabei sofort an ganz bestimmte Faktoren, während das Wort *terrain* eher ein übergreifendes Konzept bezeichnet. »Resistenz«, ganz allgemein verstanden, ist auch eine einigermaßen treffende Übersetzung, aber normalerweise wird dieses Wort im Deutschen eher in seiner besonderen Bedeutung, im Sinne von ›Resistenz gegen eine bestimmte Krankheit‹, gebraucht, und das ist mit *terrain* gerade nicht gemeint. Was gemeint ist, wird vielleicht durch folgende Gegenüberstellung deutlich: Viele Krankheiten resultieren aus der Kombination eines äußeren Ereignisses und der Reaktion des Körpers darauf. Während englische und amerikanische Ärzte eher dazu neigen, sich auf das Ergebnis zu konzentrieren, beschäftigen sich französische und deutsche Ärzte vornehmlich mit der Reaktion; häufig gelingt es ihnen so, sowohl auf die Reaktion einzuwirken als auch das Ereignis abzuwenden.

Ein amerikanischer Medizinhistoriker berichtete von einem Erlebnis bei einem französischen Arzt, den er aufsuchte, weil ihm einige seiner Zehnägel abgefallen waren. Während der Medizinhistoriker (ebenso wie der österreichische Arzt, den er schließlich konsultierte) glaubte, sein Problem habe etwas damit zu tun, daß seine Schuhe zu eng waren, ließ der französische Arzt die Rolle der Umwelt, in diesem Fall die Schuhe, völlig unberücksichtigt. Statt dessen behauptete er, irgend etwas im Körper des Historikers sei aus dem Gleichgewicht geraten, und verschrieb ihm über mehrere Monate eine Behandlung mit Kalzium und Magnesium.

Selbst Louis Pasteur, der als Vater der modernen Mikrobiologie gilt, maß hinsichtlich der Entstehung von Krankheiten dem *terrain* eine mindestens ebenso große Bedeutung bei wie der spezifischen Mikrobe. Der verstorbene René Dubos, selbst ebenfalls davon überzeugt, daß das *terrain* bei Krankheiten eine entscheidende Rolle spiele, sagte bei einem Kolloquium, das zum 150. Geburtstag Pasteurs veranstaltet wurde: »[Pasteur] ging sogar so weit zu behaupten, daß der psychische Zustand die Resistenz gegenüber Mikroben beeinflussen könne.« Pasteur selbst habe gesagt: »›Wie oft geschieht es, daß die Konstitution des Verletzten, seine Geschwächtheit und seine psychische Verfassung … dem Eindringen von unendlich kleinen Organismen keine ausreichenden Schranken entgegenstellen.‹«

Die Tatsache, daß dem *terrain* so viel Aufmerksamkeit gewidmet wird, wirkt sich in vielerlei Hinsicht auf die französische Medizin aus. Antibiotika, die der englischen und amerikanischen Vorstellung von der Krankheit als einem Aggressor entsprechen, werden zugunsten von Tonika, Vitaminen und Mitteln, die auf das *terrain* einwirken, in den Hintergrund gedrängt, neuerdings auch zugunsten von Versuchen, das Immunsystem anzuregen. Ruhe und Aufenthalte in Kurorten werden bevorzugt verordnet, um das *terrain* zu aktivieren. Alternativen Heilverfahren wie der

Homöopathie und der sogenannten »Aromatherapie« steht man in Frankreich positiv gegenüber. Außerdem sind die Franzosen führend auf Gebieten geworden, die sich mit der Aktivierung des *terrain* befassen, wie etwa auf dem Gebiet der Immuntherapie bei Krebs. Und schließlich läßt sich in der französischen Medizin eine im Vergleich zu vielen anderen Ländern erheblich größere Gelassenheit gegenüber Schmutz und Bakterien beobachten. (Lenoir/ Sandier 1976, 90 u. O'Brien 1984, 30)

Spasmophilie, eine spezifisch französische Diagnose, die 1980 in Frankreich siebenmal häufiger gestellt wurde als zehn Jahre zuvor, ist ein interessantes Beispiel für die Bedeutung des *terrain* in der französischen Medizin. (Lecomte/Bienenfeld 1983, 69) »Ich habe hier Tausende solcher Fälle [von spasmophilie] gesehen«, sagte Jean Durlach aus Frankreich, »und ich glaube, in der medizinischen Fachliteratur der Vereinigten Staaten ist nur von etwa sechs Fällen berichtet worden.« Durlach und der verstorbene Henri-Pierre Klotz, Medizinprofessor in Paris, der 1948 als erster von der *spasmophilie* bei Erwachsenen sprach, meinten übereinstimmend, daß die Franzosen sich keineswegs psychisch von den Amerikanern und Engländern unterschieden. »Es ist ein kultureller Unterschied«, sagte Durlach und wies darauf hin, daß die beiden zur Diagnose von *spasmophilie* notwendigen Tests, das Chvostek Zeichen und die Elektromyographie, in Nordamerika schlicht und einfach nicht durchgeführt würden, jedenfalls nicht bei einem regulären Arztbesuch. Das Chvostek Zeichen ist ein Reflex, der durch leichtes Beklopfen des Gesichts entlang einer Linie zwischen der Oberlippe und dem Ohr hervorgerufen wird; läßt sich eine Zuckung der Gesichtsmuskeln beobachten, wird das, so Klotz, als positive Reaktion angesehen und gegebenenfalls eine elektromyographische Untersuchung angeordnet. Zeigt sich bei dieser dann noch einmal die gleiche Reaktion, dann wird bei dem Patienten *spasmophilie* diagnostiziert. Der letzten Ausgabe des *Journée du K.* zufolge stand Elektromyographie, zur Diagnose von *spasmophilie* eingesetzt, auf der Liste der gebräuchlichsten medizinischen Verfahren in Frankreich an 29. Stelle: Am 30. November 1982, einem für den medizinischen Alltag in Frankreich als repräsentativ ausgewählten Tag, wurden genauso viele Fälle von *spasmophilie* wie von Hörschäden registriert.

Aber was ist eigentlich *spasmophilie*? Die Wörterbuch-Definition lautet »latente, hypokalziämische [also durch verminderten Kalzium-Gehalt des Blutserums hervorgerufene] Tetanie (im Kindesalter)« (Tetanie ist ein Zustand neuromuskulärer Übererregbarkeit mit Verkrampfungserscheinungen, wie z. B. bei der Hyperventilation*), und Jean Durlach fügte hinzu, daß die *spasmophilie* konstitutionell oder idiopathisch (ohne erkennbare Ursache entstanden) sein kann. Genauer gesagt handelt es sich bei der *spasmophilie* um eine *Neigung* zur Hyperventilation, da man auch spasmophil sein kann, ohne tatsächlich hyperventiliert zu haben. Henri-Pierre Klotz stellte fest, daß es zwar grundsätzlich bei jedem, der lange genug hyperventiliert habe, schließlich zu einem tetanischen Anfall kommen könne, daß dies jedoch bei einem Patienten, der spasmophil sei, im allgemeinen schon nach wenigen Minuten der Hyperventilation geschehe. Mit anderen Worten: Das *terrain* schafft eine Prädisposition für die Hyperventilation.[44]

Spasmophilie entspricht wohl am ehesten dem in der englischsprachigen Literatur als *chronic hyperventilation syndrom* bekannten Befund, der allerdings selten diagnostiziert wird. Die verschiedenen Symptome – Angstzustände, Müdigkeit, Kopfschmerzen, Benommenheit, Krämpfe, Herzklopfen, Herzrhythmus- und Herzklappenstörungen – sind für beide Krankheiten charakteristisch, ebenso wie die Neigung zur Hyperventilation. Aber die Diagnose- und Behandlungsmethoden unterscheiden sich erheblich voneinander. Während in England *chronic hyperventilation syndrom* erst diagnostiziert wird, wenn bei einem Patienten zumindest eines der Symptome, wenn nicht sogar schon einmal Hyperventilation aufgetreten ist, genügt in Frankreich schon das positive Chvostek Zeichen sowie eine abnorme Elektromyographie, damit ein Patient für den Rest seines Lebens als *spasmophile* gilt.[45]

Die Behandlung des *chronic hyperventilation syndrom* in England besteht darin, daß dem Patienten beigebracht wird, wie er ruhiger atmen kann. Im Falle eines akuten *hyperventilation syndrom* muß der Patient in eine Papiertüte atmen (um den Kohlendioxyd-

Gehalt des Blutes zu steigern). In Frankreich wird *spasmophilie* entweder mit Vitamin D oder mit Magnesium behandelt und Hyperventilation mit intravenös verabreichtem Kalzium, wodurch sich eine sofortige Besserung des Befindens einstellt. »Ein britischer Arzt hätte große Vorbehalte gegen die Methode, diesen Befund mit einer Injektion zu behandeln«, sagte Mark Ball, ein britischer Psychiater, der in Hannover praktiziert. »Denn daraus entsteht eine Abhängigkeit des Patienten von medizinisch ausgebildetem Personal, weil ihm ja irgend jemand die Spritze geben muß. Der britische Arzt, dessen Bezahlung sich nicht nach der Anzahl der geleisteten Dienste richtet, hat ein begründetes Interesse daran, daß der Patient möglichst unabhängig von ihm bleibt.«

Jean Durlach äußerte die feste Überzeugung, daß *spasmophilie* durch Magnesiummangel hervorgerufen werde. In jedem Fall, so meinte er, könne Magnesium niemandem schaden, denn die meisten Menschen nähmen nur ganz unerhebliche Mengen Magnesium zu sich, und jeder Überschuß werde ohnehin mit dem Urin ausgeschieden. F. M. Hull, ein Allgemeinarzt aus England, verbrachte einen Tag in einer französischen Praxis und war erstaunt, wie vielen Patienten Magnesium verschrieben wurde. Seine Vermutung war, daß es wahrscheinlich wie *Magnesium carbonicum* wirkt – nämlich als Abführmittel.

»Früher nannte man die Franzosen Frosch-Esser – jetzt nennt man uns Magnesium-Esser«, sagte Henri-Pierre Klotz, nach dessen Ansicht *spasmophilie* auf eine Störung des Kalziumstoffwechsels zurückzuführen ist, die – wenn überhaupt – am besten mit Vitamin D behandelt werden solle. Klotz zeigte sich kurz vor seinem Tod im Jahre 1984 einigermaßen entsetzt über die Häufigkeit, mit der »seine« Diagnose mittlerweile gestellt wurde. Es gibt Bücher französischer Ärzte, in denen *spasmophilie* als lebenslange Krankheit mit geradezu katastrophalen Implikationen beschrieben wird. Es kommt hinzu, daß die Diagnose oft relativ bedenkenlos gestellt wird, so daß die Anzahl »spasmophiler« Patienten inzwischen noch weit über der ohnehin schon hohen offiziellen Zahl von 14 Prozent der Bevölkerung liegen dürfte. Klotz meinte zwar, daß *spasmophilie* bei schwangeren Frauen sowie bei Patienten, die einen psychischen oder physischen Schock erlitten hätten, ernst genommen und unbedingt behandelt werden müsse, räumte aber ein, daß »spasmophile« Patienten generell in den meisten Fällen besser dran wären, wenn sie in England lebten, wo es diesen Befund in dieser Form gar nicht gebe.

Das gilt jedoch nicht für die Vereinigten Staaten. Eine französische Übersetzerin, die in Washington arbeitete, litt unter häufigen Ohnmachtsanfällen und wurde deshalb schließlich ins Krankenhaus eingewiesen. Sie mußte eine Vielzahl von unangenehmen Tests über sich ergehen lassen, die jedoch zu keinem Ergebnis führten. Sie kehrte nach Frankreich zurück, wurde dort sofort als *spasmophile* eingestuft, begann, Magnesium einzunehmen und hatte fortan keine Beschwerden mehr.

Der Glaube an die Bedeutung des *terrain* wirkt sich nicht nur auf die Diagnostik, sondern auch auf die Behandlungsweise aus. Wenn das *terrain* für wichtiger gehalten wird als die Krankheit, dann liegt es näher, das *terrain* zu pflegen und zu aktivieren, als die Krankheit auf »aggressive« Weise zu bekämpfen. Während amerikanische Ärzte sehr gerne das Wort *aggressive* verwenden, ziehen die Franzosen *les médecines douces,* die sanften Behandlungsformen, vor.

In den Vereinigten Staaten kommt es nur selten vor, daß ein Arzt oder Medizinstudent sich alternativen, außerhalb der konventionellen Medizin angesiedelten Heilverfahren zuwendet. In Frankreich ist das anders. Betrachten wir z. B. die Homöopathie, die auf den zwei Grundüberzeugungen aufbaut, daß die Menschen unterschiedliche *terrains* haben und daß Medikamente in niedriger Dosierung wirkungsvoller sind als in hoher Dosierung. Eine 1978 durchgeführte Umfrage ergab, daß in diesem Jahr 6000 französische Ärzte homöopathische Arzneimittel und Heilverfahren verschrieben hatten, die Hälfte von ihnen ausschließlich. 55 Prozent der befragten Apotheker hatten gelegentlich homöopathische Heilmittel empfohlen, und die große Mehrheit von ihnen war der Ansicht, daß diese in Zukunft immer mehr Anwendung finden würden. Als François Mitterand zum französischen Präsidenten gewählt wurde, verfügte er, daß homöopathische Arzneimittel und Heilverfahren genauer erforscht werden sollten, und in den letzten Jahren hat sich die Homöopathie mit erstaunlicher Geschwindigkeit immer weiter ausgebreitet.[46]

Ein 1984 erschienener *Guide pratique des médecines douces* (Tenenbaum 1984) führte 28 verschiedene Arten sanfter Medikamente auf; nicht mitgezählt waren Zelltherapie, Edelsteintherapie, Isotherapie (dabei werden Heilmittel benutzt, die aus körpereigenen, mit homöopathischen Lösungen verdünnten Sekreten des Patienten gemacht werden), Lithotherapie, Mikromineralogietherapie, Mykotherapie und Organtherapie, die allesamt unter der Rubrik ›Biotherapien‹ zusammengefaßt wurden. Es kommt vielleicht nicht von ungefähr, daß gerade die Franzosen, die für ihre Parfümindustrie berühmt sind, das Verfahren der »Aromatherapie« entwickelten – ein Verfahren, bei dem der Inhalation verschiedener Duftstoffe eine heilende Wirkung zugesprochen wird. Ähnlich wie Ärzte, die sich an der Schulmedizin orientieren, zuweilen von einem Antibiogramm Gebrauch machen, um die Empfindlichkeit eines bestimmten Erregers gegenüber verschiedenen Antibiotika zu prüfen, verwenden Ärzte, die die Aromatherapie praktizieren, sogenannte Aromatogramme, um die antibiotische Wirkung von Pflanzen hinsichtlich des *terrain* eines Patienten zu bestimmen. Selbst in der französischen Schulmedizin spielen jedoch Medikamente und Therapien, die Erreger bekämpfen sollen, eine geringe Rolle und solche, die auf das *terrain* einwirken sollen, eine größere Rolle als in England und den Vereinigten Staaten. Entsprechend sind auch die Zahlen des Antibiotikakonsums in Frankreich im Verhältnis zum allgemeinen Arzneimittelkonsum relativ niedrig.

In der schon erwähnten vergleichenden Studie über den Arzneimittelkonsum in Frankreich und den Vereinigten Staaten aus dem Jahre 1976 zeigte sich, daß Tonika und Medikamente, die auf das *terrain* einwirken, in Frankreich 10,2 Prozent aller verschriebenen Arzneimittel ausmachten, in den Vereinigten Staaten dagegen nur 3,7 Prozent. Aus einer Untersuchung des *British Office of Health Economics* von 1982 ging hervor, daß in Frankreich genauso viele Rezepte für Tonika wie für Breitspektrum-Penizilline geschrieben worden waren und im übrigen kein anderes Antibiotikum zu den

20 gebräuchlichsten Medikamentgruppen gehörte. Im Gegensatz dazu fand sich in Großbritannien kein Tonikum unter den 20 am häufigsten verschriebenen Medikamentgruppen, während Breitspektrum-Penizilline an 7. Stelle standen, Tetrazykline an 12. und andere, spezifische Penizilline an 16. Stelle. (Lenoir/Sandier 1976, 90 u. O'Brien 1984, 30)[47]

Die französische Vorliebe für sanfte Heilmethoden führt auch dazu, daß gängige Medikamente, deren Wirksamkeit erprobt ist, in Frankreich generell in niedrigerer Dosierung verschrieben werden und daß Therapien vielfach weniger aggressiv sind als in den Vereinigten Staaten. So sprechen z.B. Forscher, die sich mit dem Blutverdünner Urokinase beschäftigen, von der »französischen Dosis«, welche einer halben »amerikanischen Dosis« entspricht, und die in Frankreich empfohlene Dosis des Schmerzmittels Paracetamol ist um mehr als die Hälfte niedriger als die in England und den Vereinigten Staaten übliche Dosis. (Bardelay 1987) Als dem Schah von Persien zur Behandlung seines Krebsgeschwürs von seinen französischen Ärzten Chlorambucil verschrieben worden war, zeigten amerikanische Ärzte sich äußerst erstaunt darüber; daß man ihm kein stärkeres Medikament gegeben hatte.

Das ausgeprägte Bewußtsein französischer Ärzte für das *terrain* trägt sicherlich auch dazu bei, daß auf Intensivstationen in Frankreich seltener invasive Verfahren angewendet werden als in den Vereinigten Staaten; dabei kommen beide Länder zu gleich guten Ergebnissen. (Knaus et. al. 1982)

Eine weitere Konsequenz ist, daß in Frankreich weniger operiert wird. Von der Myomektomie, der subtotalen Hysterektomie und den seltener als in anderen Ländern vorgenommenen Eingriffen bei Prostatakrebs war schon die Rede, aber die gleiche Tendenz läßt sich auch bei anderen Verfahren beobachten. Französische Ärzte halten z.B. nicht viel von der Beschneidung männlicher Neugeborener, wenn sie sie auch gelegentlich aus religiösen oder bei Amerikanern aus »hygienischen« Gründen dennoch durchführen. Allerdings ist die »französische« Beschneidung nicht mit der amerikanischen identisch, da bei ihr ein größerer Teil der Vorhaut intakt bleibt. (Missirliu 1972)

Die Bedeutung, die die Franzosen dem *terrain* beimessen, erklärt zumindest teilweise ihre Einstellung zu Schmutz und zu Bakterien. Die Franzosen sehen Schmutz nicht von vornherein als Gefahr für ihre Gesundheit an, die es abzuwehren gilt, sondern sie glauben vielmehr, daß ein bißchen Schmutz gut für das *terrain* sei und daher kultiviert werden müsse.

Die Engländer und die Amerikaner haben ein Sprichwort, das besagt: »Sauberkeit kommt gleich nach Frömmigkeit.« Die Franzosen haben ein solches Sprichwort nicht. Während Amerikaner davon ausgehen, daß alles Saubere auch gesund sein muß, weisen Franzosen eher darauf hin, welche Vorteile der Schmutz für die Gesundheit habe, oder doch zumindest darauf, welche Vorteile es habe, Schmutz zu tolerieren.

Ein bekannter französischer Chirurg soll vor einigen Jahrzehnten gesagt haben, daß im französischen Krankenhausalltag saubere Knie ein Zeichen moralischer Schwäche seien (ob er damit die Knie der Patienten oder die der Krankenschwestern, Pfleger und Ärzte meinte, ist unklar). (Haggard 1929) Einem Artikel in *Le Monde* aus dem Jahre 1976 war zu entnehmen, daß der ins Krankenhaus eingelieferte Patient in Frankreich zwar ein Recht darauf habe, seine Kleidung zu behalten, seinen Hausarzt ins Krankenhaus zu bestellen oder sich gegen eine Operation zu weigern, nicht jedoch darauf, einmal in der Woche ein Bad zu nehmen. »In den Vorschriften ist ausdrücklich nur von einem Bad pro Monat die Rede. Nur die Füße werden wöchentlich gewaschen.« (Leulliette 1976, 13) Während amerikanische Deodorant-Hersteller vor allem damit werben, daß ihr Produkt Trockenheit garantiere, liest man in der französischen Deodorant-Werbung häufig: »Sie haben ein Recht darauf, zu perspirieren« (französische Deodorants »stoppen« die Perspiration auch nicht, sie »regulieren« sie). Als Deodorants für Frauen auf den Markt kamen, hörte man von französischen Verbrauchergruppen nicht nur den auch in Amerika gängigen Einwand, daß sie gesundheitsschädlich sein könnten, sondern zusätzlich die Warnung, daß sie sexuell anregende Gerüche eliminierten. Napoleon soll an seine Frau Josephine geschrieben haben: »Bitte nimm kein Bad, ich komme nach Hause.« Die

Franzosen benutzen durchschnittlich pro Person 4,2 Stück Seife im Jahr, die Engländer 8,3.[48]

»Die Franzosen halten nicht viel von Wasser und Seife«, sagte R.S. Inch, ein englischer Arzt, der für eine pharmazeutische Firma in Frankreich arbeitet. »Und in gewisser Hinsicht haben sie ja auch recht. Den Amerikanern gehen durch das häufige Duschen und Baden wesentliche Öle verloren, und dadurch altert die Haut schneller.«

Französische Dermatologen haben ihren Patienten jahrelang geraten, sich nicht zu oft die Haare und das Gesicht zu waschen. Bei Menschen mit trockenem Haar und trockener Haut ist das durchaus verständlich, und amerikanische Dermatologen würden wahrscheinlich dasselbe empfehlen. Erstaunlich ist jedoch, daß in Frankreich auch Menschen mit fettigem Haar gesagt wird, sie sollten sich möglichst nur einmal in der Woche die Haare waschen.[49]

Viele französische Ärzte glauben, daß häufiges Waschen von fettigem Haar die Fettabsonderung nur noch verstärke. Dieser Prozeß wird als reaktive Seborrhö bezeichnet und ist vor allem durch das Buch *La Beauté et la médecine*, 1974 (*Das Geschäft mit der Schönheit. Gefahren falscher Kosmetik*, 1975) von Robert Aron-Brunetière allgemein bekannt geworden. Aron-Brunetière rät Patienten mit fettiger Haut, ihr Gesicht überhaupt nicht mit Wasser und Seife zu waschen, während amerikanische Dermatologen seit Jahren genau das Gegenteil empfehlen. (Mont-Servan 1978) Im *AMA Book of Skin and Hair Care* heißt es: »Die meisten Ärzte raten ihren Akne-Patienten, ihre Haut mehrmals am Tag zu waschen.« (Schoen 1978)

Trockenes Haar, fettiges Haar und Akne sind nicht die einzigen Probleme, auf die sich Leute, die ein für den französischen Geschmack zu starkes Reinlichkeitsbedürfnis haben, gefaßt machen müssen. Das Ergebnis einer 1977 in *Le Concours médical* veröffentlichten Studie z.B. lautete, daß häufiges Haarewaschen mit Shampoo bei Frauen zu Haarausfall führe. (Hincky et al. 1977)

Die Franzosen warnen auch vor übertriebener Angst vor Unsauberkeit in Restaurants und überall sonst, wo es Essen gibt, sowie bei der Wasserversorgung und in öffentlichen Toiletten. Einige Lebensmittel, die nach französischen Kontrollbestimmungen einwandfrei sind, z. B. einige Arten der *foie gras*, könnten in den Vereinigten Staaten nicht ohne weiteres verkauft werden.[50]

»Bakterien werden hier nicht bekämpft, sondern toleriert«, sagte Jacques Acar vom Hôpital Saint-Jacques in Paris. »Wenn jemand nach einem Festessen krank wird, weiß er zwar, daß es am Essen liegt, aber er toleriert das, vor allem dann, wenn es nichts Gravierendes ist. Aber selbst schwerere Infektionen werden hier nicht so ernst genommen.«

Der verstorbene Hygienespezialist Cornelius Kruse von der Johns Hopkins School of Public Health erzählte, er sei im Zweiten Weltkrieg für die Versorgung der Alliierten Truppen in Europa mit sauberem Wasser zuständig gewesen. Als er den Wasservorrat in einer kleinen französischen Stadt chloren wollte, habe der Bürgermeister eingewandt, das sei, »als würde man der Venus von Milo einen Büstenhalter anziehen.« Kruse fügte hinzu: »Ich habe den Eindruck, daß im öffentlichen Gesundheitswesen aller Länder, die einmal französische Kolonien waren, chaotische Verhältnisse herrschen. Die Leute dort sind einfach gelassener. In den ehemals britischen Kolonien gab es immer ein System der Wasserversorgung, für dessen halbwegs reibungsloses Funktionieren Hygienespezialisten und Gesundheitsbeamte Sorge trugen.«

»Der menschliche Organismus hat seine eigenen Verteidigungs- und Abwehrmechanismen«, sagte Gilbert Martin-Bouyer, Direktor der Abteilung für ansteckende Krankheiten im *Institut National de la Santé et de la Recherche Médicale*. Er sah mich ganz erstaunt an, als ich auf die Frage zu sprechen kam, ob Restaurants nicht regelmäßig inspiziert werden müßten und ob unsaubere Toiletten nicht eine Gefahr für die Gesundheit darstellten. »Nennen Sie mir eine einzige Krankheit, die durch Toilettensitze übertragen worden wäre«, gab er zurück. Ein befreundeter französischer Arzt reagierte ähnlich und versprach, mich zum Essen einzuladen, wenn ich die Frage von Martin-Bouyer beantworten könnte.

Abgesehen davon, daß französische Ärzte der Ansicht sind, das übertriebene Reinlichkeitsbestreben lenke von wichtigeren Dingen ab, führen sie auch eine Reihe von Krankheiten wie z. B. Magen-Darm-Erkrankungen bei Reisen in südliche Länder, Allergien, schwerwiegende Folgen der Hepatitis A und Toxoplasmose* an, gegen die sie dank ihrer größeren Gelassenheit gegenüber Schmutz besser gewappnet zu sein glauben. Der Allergologe Georges Halpern meinte, daß die Franzosen vielleicht »wegen der unhygienischen Lebensweise hier« seltener Allergien bekämen als Menschen anderer Länder, und erzählte, daß er seinen Kindern schon ganz früh dasselbe zu essen gegeben habe, was auch seine Frau und er gegessen hätten. Franzosen, so ein anderer französischer Arzt, bekämen auf Reisen auch keine Magen-Darm-Erkrankungen, weil sie schon zu Hause dagegen immun würden.

Bei einer »unhygienischen Lebensweise« wird der Organismus oft Bakterien ausgesetzt, woraus eine Art natürlicher Impfung resultieren kann, die die Franzosen der vom Menschen vorgenommenen Impfung vorziehen. Wird der Organismus mit bestimmten Krankheitserregern schon früh konfrontiert, so sind die Folgen häufig nicht so schwerwiegend. Hepatitis A beispielsweise ist bei Kindern viel weniger gravierend als bei Erwachsenen. 80 bis 90 Prozent aller Franzosen, die 40 Jahre und älter sind, haben Antikörper gegen Hepatitis A, haben diese Krankheit also gehabt, ob sie sich dessen bewußt sind oder nicht. In Schweden sind es, zum Vergleich, 50 Prozent, was darauf hindeutet, daß Schweden im allgemeinen später Hepatitis bekommen und wahrscheinlich auch mit gravierenderen Symptomen zu rechnen haben.[51]

Eine andere Krankheit, die um so harmloser ist, je früher man sie bekommt, ist die Toxoplasmose. Toxoplasmose gilt genau wie Röteln nur während einer Schwangerschaft als gefährlich, weil sie dann dem Fötus Schaden zufügen kann. Da in Frankreich sehr viel kurz gebratenes, also halbrohes Fleisch gegessen wird, haben französische Frauen diese Krankheit im allgemeinen schon hinter sich, wenn sie Kinder bekommen. Meistens handelt es sich bei den Frauen, die Probleme mit Toxoplasmose haben, um Einwanderer, die die französischen Eßgewohnheiten zur gleichen Zeit übernommen haben, als sie schwanger wurden.

Franzosen legen größeren Wert auf Ruhe und Erholung, werden öfter krank geschrieben und gehen öfter zur Kur als andere – auch dies sind Zeichen dafür, wie ernst das *terrain* genommen wird. Die Franzosen haben ein gesetzlich verankertes Recht auf fünf Wochen Urlaub im Jahr, und keiner von ihnen würde auch nur im Traum auf die Idee kommen, sie nicht in Anspruch zu nehmen. Es hat Franzosen gegeben, die hohe Regierungsposten abgelehnt haben, weil diese nicht mit ihrem Urlaub vereinbar waren. Wenn in Frankreich fünf Wochen als notwendig angesehen werden, damit ein gesunder Mensch sich von der Arbeit eines Jahres erholen kann, dann sollte es einen auch nicht wundern, daß Krankenhausaufenthalte in Frankreich in der Vergangenheit bei den gleichen Eingriffen oder Heilverfahren in der Regel etwa doppelt so lang waren wie in den Vereinigten Staaten. In allen Ländern außer Frankreich haben sich die Krankenhausaufenthalte in den letzten Jahren verkürzt. 1981 betrug die durchschnittliche Länge eines Aufenthaltes in den Abteilungen für Geburtshilfe und Gynäkologie staatlicher französischer Krankenhäuser 6,7 Tage, in Entbindungskliniken mit Operationssälen 8 Tage und in Entbindungskliniken ohne Operationssäle 10,6 Tage. Als man französische Frauen befragte, ob sie das Krankenhaus gerne 24 Stunden nach der Geburt verlassen würden, wenn alles gut gegangen sei, ein Arzt ab und zu nach dem Rechten sähe und zu Hause Hilfe zur Verfügung stünde, antworteten 61 Prozent der schwangeren Frauen und 72 Prozent der Frauen, die schon entbunden hatten, mit nein. Die meisten der schwangeren Frauen wollten eine Woche oder länger im Krankenhaus bleiben, und die, die gerade entbunden hatten, hielten fünf bis sechs Tage für ideal. (Anon. 1984a)

Franzosen werden so häufig und für so lange Zeitspannen krank geschrieben, daß Menschen anderer Länder, die in Frankreich arbeiten, häufig ihre Witze darüber machen. Jacques Messerschmitt berichtete von dem Fall einer Frau, die seit sechseinhalb Jahren wegen einer »gynäkologischen Anämie« krank geschrieben war, die nie besonders gravierend gewesen sei. (Messerschmitt 1982, 49)

Nachdem auf einer internationalen Konferenz über Tuberkulose und andere Infektionskrankheiten englische, holländische und amerikanische Untersuchungen zitiert worden waren, die zeigten, daß mit Ruhe und Erholung bei TBC nichts erreicht werden könne, war es wiederum ein französischer Tuberkulose-Spezialist, der unbeirrt die gegenteilige Meinung vertrat. »Wenn wir von unserem Körper verlangen, daß er sich gegen eine solche Infektion wie Tuberkulose wehren soll, dann wird ihm das sicherlich besser gelingen, wenn wir ihm Ruhe gönnen und ihn mit ausreichender Nahrung versorgen, als wenn wir ihn weiterhin wesentlichen Belastungen aussetzen, wie sie z. B. die Arbeit darstellt. Das gilt insbesondere, wenn dieses anstrengende Leben sich auch noch in der immer stärker verseuchten Luft unser Großstädte abspielt.« (Brigand 1973, 20)

Lange Krankenhausaufenthalte, Abwesenheit vom Arbeitsplatz wegen Krankheit und z. B. auch »Schlafkuren« bei psychischen Krankheiten werden in Frankreich also gutgeheißen. Als noch besser aber gilt es, zur Kur in einen der 96 französischen Kurorte zu gehen.

Die Vorstellung, daß das Stadtleben ungesund sei, geht laut Claudine Herzlich, einer Medizinsoziologin an der *École Pratique des Hautes Études* in Paris, auf die Philosophen Jean-Jacques Rousseau, Sébastien Mercier, Restif de la Bretonne u. a. zurück. »Diese Vorstellung«, sagte sie, »hat sich in Frankreich bis heute erhalten.« Sherry Turkle äußert in *Psychoanalytic Politics* die Vermutung, daß sich die französische Verklärung einfacher Lebensformen auf die Entwicklung der Psychiatrie in Frankreich ausgewirkt habe. »Noch als die Stabilität der französischen bäuerlichen Gesellschaft zu zerbröckeln begann, fuhr die französische Psychiatrie fort, ihrer Sehnsucht nach einem einfacheren, stärker verwurzelten Leben in der Provinz Ausdruck zu verleihen«, schreibt sie. »In psychiatrischen Abhandlungen war davon die Rede, daß im städtischen Leben viele Krankheiten bereits vorprogrammiert seien und daß das Eintauschen der ›organischen und lebendigen‹ ländlichen Umgebung für die ›künstliche‹ Atmosphäre der Stadt nur die verheerendsten Konsequenzen für die geistige Gesundheit haben könne... indem sie [diese Position] einnahm und häufig mit großer Leidenschaft vorbrachte, leistete die französische Psychiatrie einer Ideologie Vorschub, die das ländliche Leben glorifizierte und traditionelle Werte hochhielt.« (Turkle 1978, 37)

Einem von zweihundert Patienten, die in Frankreich einen Arzt aufsuchen, wird eine *cure* verschrieben. Nach dem Zweiten Weltkrieg beschloß die *Sécurité Sociale,* Patienten die Kosten für Kuraufenthalte zu erstatten; danach stieg die Zahl der Franzosen, die zur Kur gingen, drastisch an: 1984 waren es über eine halbe Million Franzosen, und 95 Prozent dieser Aufenthalte wurden zumindest teilweise von der Versicherung bezahlt. Die Franzosen sind stolz auf ihre »spezialisierten« Kurorte: Patienten mit rheumatischen Beschwerden werden bevorzugt nach Aix-les-Bains geschickt, Patienten mit Leberbeschwerden nach Vichy und Patienten mit Allergien nach Mont-Doré. Einem Bericht der französischen Regierung zufolge werden Kuraufenthalte am häufigsten bei Arthritis, Nasen- und Rachenbeschwerden und Bronchitis verschrieben; einige der Kurorte, die auf andere Beschwerden spezialisiert sind, würden sich deshalb gerne neu orientieren. Um die Kosten erstattet zu bekommen, müssen die *curistes* drei volle Wochen am Kurort bleiben, wo ihnen der Arzt verschiedenartige Behandlungen verschreibt. Meistens handelt es sich dabei entweder um krankengymnastische Übungen, die in Thermalquellen ausgeführt werden, oder um Einläufe und Duschen verschiedener Art. Diese haben oft sehr elegante Namen: In Aix-les-Bains z. B. gibt es die »Aix-Douche« (eine Duschmassage) oder das »Berthollet«, ein Verfahren, bei dem die schmerzenden Gelenke oder der ganze Körper mit einem Gemisch aus warmer Luft und Thermaldämpfen behandelt werden.[52]

In den Vereinigten Staaten und England werden Kuraufenthalte natürlich belächelt, und man glaubt, ihre Wirkung läge hauptsächlich im Bereich der Psychosomatik. Französische Kurärzte stellen auch gar nicht in Abrede, daß dies für einige der positiven Ergebnisse der Kurbehandlung zutrifft, aber sie sehen nicht ein, warum das gegen die Kur sprechen sollte. Allerdings sind sie der Meinung, daß die heilsamen Wirkungen der Kur nicht ausschließlich psychosomatisch erklärt werden können, und in der Tat haben viele Behandlungen, die in Kurorten entwickelt wurden, später auch außerhalb Anwendung gefunden. François Besançon, Professor für Heilkurmedizin an der Pariser Universität, wies darauf hin, daß amerikanische Krankengymnasten jetzt vielfach die Schwimmbäder heizen, in denen sie mit ihren Patienten Übungen machen, und von da aus sei es nur noch ein Schritt bis zu Verwendung von natürlichen heißen Quellen.

Ein vehementer Verfechter der Kur war der inzwischen verstorbene Jacques Forestier, der internationalen Ruhm erlangte, weil er als erster zur Behandlung von rheumatoider Arthritis Gold verwendete und die Kortikosteroid*-Behandlung in Frankreich bekannt machte. Als ich mich Mitte der siebziger Jahre mit ihm unterhielt, war er 82 Jahre alt und noch außerordentlich rüstig und agil. Er sagte zu mir: »Sie sollten einmal selbst zur Kur gehen – es lohnt sich wirklich!«

Forestier, der in Aix-les-Bains lebte, erzählte mir, er gehe wegen seiner Atembeschwerden jedes Jahr einmal selber zur Kur. Solche Aufenthalte, sagte er, brächten zwar keine Heilung, aber sie verschafften ihm für etwa acht bis zehn Monate Linderung – so lange also, bis es ohnehin wieder Zeit für die nächste Kur sei.

Das angelsächsische Mißtrauen gegenüber der Kur kommentierte er so: »Man sollte auf keinen Fall sagen, daß wir ihnen etwas voraus haben, sie haben da einfach eine andere Einstellung als wir. Medizin ist bis heute keine besonders exakte Wissenschaft, und es sollte immer noch genügend Raum für verschiedene Sichtweisen bleiben.«

Zu Beginn meines Aufenthalts in Frankreich hielt ich viele dieser Ansichten für rückständig; jetzt erscheinen sie mir als sehr sinnvoll. Ich habe mir meine Gebärmutter nicht herausnehmen lassen, obwohl ich das nach der Überzeugung amerikanischer Ärzte hätte tun müssen. Wenn ich Kopfschmerzen habe, erkläre ich mir das jetzt häufig damit, daß ich wohl mehr Wein getrunken habe, als meine Leber verarbeiten kann. Und ich messe ästhetischen Gesichtspunkten heute mehr Bedeutung bei, wenn es darum geht, Nutzen und Risiken eines medizinischen Eingriffs oder einer Behandlungsform gegeneinander abzuwägen. Ich wasche mein Gesicht seltener und stelle fest, daß sich meine Haut in der Tat verbessert hat.

Noch entscheidender ist vielleicht, daß ich gelernt habe, die Bedeutung des *terrain* anzuerkennen. Zwar bin ich noch nicht zu einer Anhängerin der Homöopathie geworden, aber ich halte es heute immerhin für besser, ein Medikament so lange in niedriger Dosierung einzunehmen, bis der größere Nutzen einer höheren Dosis eindeutig bewiesen worden ist, und ich lehne Antibiotika ab, wenn sie nicht *absolut* notwendig sind. Ich glaube nicht mehr daran, daß das aggressive Vorgehen gegen eine Krankheit unbedingt besser ist als eine sanfte Behandlungsweise, und die Behauptung, einer aggressiven Krankheit müsse man auch mit aggressiven Methoden begegnen, akzeptiere ich nicht mehr ohne weiteres: Erst möchte ich genau wissen, ob einem Patienten mit der aggressiven oder der sanften Vorgehensweise mehr geholfen ist. Bei den meisten von uns funktioniert das *terrain* von alleine recht gut, und es würde amerikanischen Ärzten und Patienten bestimmt nicht schaden, wenn sie dieser Tatsache etwas mehr Beachtung schenkten.

Die Bundesrepublik Deutschland: Die anhaltenden Einflüsse der Romantik

»Auch schätzt er meinen Verstand und meine Talente mehr als dies Herz, das doch mein einziger Stolz ist, das ganz allein die Quelle von allem ist, aller Kraft, aller Seligkeit und allen Elendes. Ach, was ich weiß, kann jeder wissen – mein Herz habe ich allein.«

Johann Wolfgang von Goethe, *Die Leiden des jungen Werther*

»Das Herz ist der Schlüssel zur Welt.«   Novalis

Schon ein kurzer Blick in Statistiken über den Arzneimittelkonsum in der Bundesrepublik genügt, um einen in Erstaunen zu versetzen: Die Deutschen nehmen prozentual sechsmal so viele Medikamente für das Herz ein wie die Franzosen und die Engländer. (Freibel 1982)

Das liegt nicht etwa daran, daß es in der Bundesrepublik mehr Herzkrankheiten gäbe als anderswo. Herzinfarkte z. B. kommen zwar in Frankreich seltener vor, nicht jedoch in England. Die Anzahl der Todesfälle, die auf koronare Herzkrankheiten zurückgeführt werden, ist in der Bundesrepublik sogar niedriger als in England und den Vereinigten Staaten, und an anderen Herzkrankheiten sterben in allen drei Ländern im Verhältnis ungefähr gleich viele Menschen.[53]

Warum dann dieser ungeheure Konsum von Medikamenten für das Herz? Bei genauerem Nachforschen bieten sich zwei Erklärungen an. Zum einen gibt es in der Bundesrepublik eine sehr verbreitete Diagnose, die von vielen Ärzten häufig relativ bedenkenlos gestellt wird, ohne daß unbedingt schlagkräftige Beweise dafür vorliegen: Ich meine die Diagnose der *Herzinsuffizienz*. Zum zweiten haben die Deutschen eine weniger mechanistische Vorstellung vom Herzen als Menschen anderer Länder, was dazu führt, daß Patienten, bei denen in den Vereinigten Staaten eine koronare Bypass-Operation durchgeführt würde, in der Bundesrepublik medikamentös behandelt werden.[54]

Auf meine Frage, warum diese und andere medizinische Eigenarten (wie z. B. die Sorge um den Kreislauf) sich gerade in Deutschland und nirgendwo sonst herausgebildet hätten, bekam ich mehr als einmal zur Antwort, daß die deutsche Romantik etwas damit zu tun habe.

Die literarische, philosophische und musikalische Strömung, die als Romantik bezeichnet wird, erfaßte im 19. Jahrhundert ganz Europa, wird jedoch am stärksten mit Deutschland assoziiert. Es gibt keine genaue Definition der Romantik, aber man kann zumindest sagen, daß sie in vielerlei Hinsicht den Gegenpol zum Cartesianismus bildet. In der Romantik nahm nicht das Denken, sondern das Fühlen den höchsten Rang ein, und es herrschte ein unverbrüchlicher Glaube daran, daß Herz und Seele ihre ganz eigenen Regungen und Gesetze haben. Anstatt die Welt wie die Cartesianer als eine Maschine zu betrachten, sahen die Romantiker sie als einen lebendigen Organismus an. (Willoughby 1930) Aufgrund ihrer romantischen Vorstellungen von Wachstum und Entwicklung wurden deutsche Wissenschaftler auf dem Gebiet der Embryologie führend: »Die romantischen Anatome und Physiologen waren, da sie sich so sehr für die Embryologie interessierten, daran gewöhnt, das Mikroskop zu benutzen und der Entstehung verschiedener Gewebearten und organischer Formen auf den Grund zu gehen«, schreibt der Medizinhistoriker Owsei Temkin. (Temkin 1977)

Ein weiteres Kennzeichen der Romantik war die Vorstellung von der Synthese bzw. dem Zusammenspiel entgegengesetzter Kräfte. Die Dialektik, das argumentative Voranschreiten von der These über die Antithese zur Synthese, bestimmte das Denken deutscher Philosophen wie Hegel und Marx. Und in der deutschen Wissenschaft basierten viele Erklärungsmodelle auf dem Zusammenspiel solcher Gegensätze wie positiv und negativ, anziehend und abstoßend, zentripetal und zentrifugal, expansibel und kontraktil, oxidierend und reduzierend, außen und innen, männlich und weiblich.

Die wesentlichen Elemente dieser Philosophie fanden im 19. Jahrhundert nicht nur in der deutschen, sondern auch in der englischen, französischen und amerikanischen Literatur ihren Niederschlag. »Ihr Einfluß auf die englische, französische und amerikanische Medizin jedoch war gleich Null«, schreibt der Medizinhistoriker F. H. Garrison. »Anders war das mit der Medizin in Südwestdeutschland zwischen 1800 und 1830« – zu einer Zeit nämlich, als dort die sogenannte »romantische Medizin« florierte. (Garrison 1931)

Die Deutschen sprechen heute nicht mehr von romantischer Medizin, aber ihr medizinisches Denken scheint in mancher Hinsicht auch jetzt noch von der deutschen romantischen Tradition inspiriert zu sein.

Befragt man einen Nicht-Deutschen über den Charakter der Deutschen, so wird man vielfach zu hören bekommen, daß es Menschen sind, die Anweisungen erteilen und ausführen. (Pines 1981) Mark Ball, ein britischer Psychiater, der in der Nähe von Hannover praktiziert, sagte dazu: »Die Deutschen sind sehr autoritätsgläubig. Dieses ganze System des Beamtentums z. B. ist äußerst befremdlich. Es ist beinahe wie ein militärisches System mit verschiedenen Dienstgraden. Die Schulen, die Universitäten, die Polizei und die Verwaltung – sie alle sind auf diese Weise organisiert. Es ist in Deutschland sehr schwierig, sich über irgend etwas zu beschweren. Wenn man das tun will, muß man erst einmal diverse Instanzen durchlaufen. Auch hinter der Idee des Berufsverbots – nach der Leute mit bestimmten Überzeugungen nicht verbeamtet werden können – steht im Grunde die Warnung: Wenn ihr einen falschen Schritt macht, werdet ihr bestraft.«

Ärzte neigen generell dazu, autoritär aufzutreten, aber in Deutschland scheint diese Tendenz besonders stark ausgeprägt zu sein. Als ich deutsche Ärzte fragte, was ihre Patienten denn, wenn sie zu ihnen kämen, meistens selbst hinter ihren Beschwerden vermuteten, bekam ich zur Antwort, daß deutsche Patienten normalerweise gar keine Vermutungen äußerten, weil man ihnen beigebracht habe, daß es nicht an ihnen sei, eine Diagnose zu stellen.

Die Deutschen selbst sehen als ihren Hauptcharakterzug ihre Emotionalität an. »Die Engländer sind nicht sehr emotional«, sagte Hans Schadewaldt vom Institut für Geschichte der Medizin in Düsseldorf. »Die Italiener sind sehr emotional und zeigen das auch; die Deutschen sind auch sehr emotional, zeigen es aber nicht. Sie sind emotionaler als die Franzosen.«

»Die Deutschen haben fürchterlich romantische und fürchterlich allgemeine Vorstellungen«, sagte Felix Moos, Professor für Anthropologie an der University of Kansas in Lawrence, der selbst an der deutsch-schweizerischen Grenze aufgewachsen ist. Dem stellte er den amerikanischen Charakter gegenüber: Amerikaner seien am konkreten, einzelnen Phänomen interessiert, während Deutsche eher einen ganzheitlichen Ansatz hätten; bezeichnenderweise gebe es in der englischen Sprache keine Entsprechung für das Wort *Gestalt.*

Es gibt im Englischen auch kein Wort, mit dem sich der deutsche Begriff *Geist* angemessen übersetzen ließe. Während Amerikaner, so Moos, vieles einfach aus praktischen Erwägungen täten, werde in Deutschland »nichts ohne den *Geist* getan. Kein deutscher Spitzenpolitiker würde zulassen, daß die breite Masse von ihm glaubt, er sei geistlos. Er wird alles daran setzen, publik zu machen, daß er Musik hört und Gedichte liest.« Für die Medizin bedeute dies, so Moos weiter, daß die Deutschen den Körper nicht wie die Amerikaner als eine Maschine betrachteten, sondern daß für sie Gesundheit und körperliches Befinden eng mit dem *Geist* und der Natur zusammenhingen. Die Sorge um das Gleichgewicht, die man in der deutschen Gesellschaft auf vielen Ebenen beobachten könne, rühre zumindest teilweise von dem ständigen Bemühen der Deutschen her, zwischen ihrer sprichwörtlichen Effektivität und ihrer romantischen Veranlagung eine Balance herzustellen.

Die Deutschen haben darüber hinaus den Ruf, pessimistisch zu sein. Während englische Märchen mit dem Satz enden: »Und von da an lebten sie glücklich bis in alle Ewigkeit«, und die Franzosen noch hinzufügen »und hatten viele Kinder«, heißt es in deutschen Märchen am Schluß: »Und wenn sie nicht gestorben sind, dann leben sie noch heute. « Es gibt im Deutschen kein Wort für »happy end«; in den seltenen Fällen, in denen die Deutschen das, was damit gemeint ist, doch einmal zum Ausdruck bringen wollen, borgen sie sich den englischen Begriff und sprechen vom »Happy End«.

Das Gesundheitswesen der Bundesrepublik Deutschland trägt beiden Charakteristika, der Effektivität ebenso wie der romantischen Veranlagung, gleichermaßen Rechnung, denn es schließt sowohl die hochtechnisierte Medizin, wie etwa die Verfahren der Elektrokardiographie oder der Computer-Tomographie, als auch die »sanfte«, auf den Heilkräften der Natur basierende Medizin der Homöopathen und Kurärzte ein. Ja, man könnte fast sagen, daß das Gesundheitswesen der Bundesrepublik Deutschland nahezu *alles* einschließt. (Unschuld 1980)

Ärzte werden für die einzelnen Dienste honoriert, die sie leisten, ob sie nun ein Computer-Tomogramm erstellen oder Schlammbäder verschreiben, und das kann letztlich keiner kontrollieren. Noch nicht einmal den Patienten wird Einblick in die Formulare gewährt, die die Ärzte den verschiedenen Krankenversicherungen zusenden und auf denen sie angeben, welche Untersuchungen und welche Behandlungen sie durchgeführt haben.

Die Arzneimittelgesetze in der Bundesrepublik sind zwar seit der Contergan-Tragödie ein wenig verschärft worden, jedoch nur im Hinblick auf die Sicherheit, nicht auf die Effektivität der Medikamente. »Man kann hier praktisch alles bekommen«, sagte Karl Kimball, der in einer Gruppe deutscher Ärzte mitarbeitet, die sich mit Arzneimitteln beschäftigen. Wie ich von M.N.G. Dukes erfuhr, der damals bei der holländischen Behörde für Arzneimittelkontrolle arbeitete, gibt es auf dem deutschen Markt 120000 verschiedene Medikamente; in Island sind es, zum Vergleich, 1 180. Er rechnete mir vor, daß die Deutschen, »selbst wenn sie diese Zahl um den Faktor 10 verringern würden, immer noch mehr als zehnmal so viele Medikamente hätten wie die Isländer.«[55]

Darüber hinaus kombinieren deutsche Ärzte häufig verschiedene Medikamente miteinander; 70 Prozent der Arzneimittel, die sie verschreiben, sind solche Kombinationen – in anderen Ländern sind es im Schnitt 30 Prozent. »Deutsche Ärzte neigen dazu, eine Kombination von, sagen wir, 15 Medikamenten zu verschreiben, von denen überhaupt nur eines wirklich etwas nützt«, meinte Zoltan Zarday, ein gebürtiger Ungar, der seine Ausbildung zum Internisten in Deutschland erhalten hat und jetzt in New York praktiziert. 1977 etwa warb eine deutsche Arzneimittelfirma für Chloramphenikol – ein Antibiotikum, das so gravierende Nebenwirkungen hat, daß es in anderen Ländern nur äußerst selten eingesetzt wird – in Verbindung mit Guajakol, Theophyllin (ein Mittel gegen Asthma), Papaverin und drei Vitaminen mit dem vagen Hinweis, daß es eventuell bei Bronchitis und Bronchospasmus helfen könne. Eine andere Firma pries eine Kombination verschiedener Arten von Vitamin B als Schmerzmittel an. (Anon. 1977, 756)

Möglicherweise ist der Arzneimittelverbrauch in der Bundesrepublik deshalb so extrem hoch, weil die Deutschen sowohl die hochtechnisierte Schulmedizin als auch alternative Heilverfahren wie die Homöopathie akzeptieren. Es gibt dort im Verhältnis mehr Ärzte als in Frankreich, England oder den Vereinigten Staaten. Der deutsche Patient geht im Durchschnitt 12 Mal pro Jahr zum Arzt, der französische 5,2 Mal, der englische 5,4 und der amerikanische 4,7 Mal. In Deutschland werden prozentual auch die meisten rezeptpflichtigen Medikamente und sonstigen medizinischen Behandlungen verschrieben, nämlich 11,4 pro Jahr; in Großbritannien sind es 6,53, in Frankreich 10,04 pro Jahr.[56]

In der Bundesrepublik sind alle, deren Einkommen unterhalb einer bestimmten Grenze liegt, versicherungspflichtig. Während in Frankreich jeder Patient für einen bestimmten Prozentsatz der Behandlungskosten (es sei denn, sie entstehen bei einem Krankenhausaufenthalt) selbst aufkommen muß, erhält der Arzt in der Bundesrepublik sein Geld direkt von den Krankenversicherungen, so daß der Patient nichts aus eigener Tasche bezahlen oder auch nur vorstrecken muß. Daher besteht natürlich auch kein Anreiz für ihn, die Kosten der medizinischen Behandlung möglichst niedrig zu halten, eine Situation, die in England ganz ähnlich ist. Anders als dort besteht allerdings in Deutschland auch für den

Arzt kein Anreiz, die Kosten niedrig zu halten; denn er wird, wie schon erwähnt, für die einzelnen Dienste bezahlt, die er leistet, und bekommt in der Regel dafür so wenig (noch vor kurzem kostete eine Konsultation etwa 10 D-Mark), daß er bemüht sein muß, so viele Behandlungen wie möglich durchzuführen. »Der Allgemeinarzt kann sich nur extrem wenig Zeit für den einzelnen Patienten nehmen«, sagte Hans Schaefer von der Universität Heidelberg. »Um Geld zu verdienen, muß er möglichst irgendwelche Untersuchungen und Behandlungen mit technischen Geräten durchführen. Jeder deutsche Arzt hat einen ganzen Schwung von Apparaten in seinem Behandlungszimmer – das ist die einzige Möglichkeit, mehr Geld zu verdienen.« Elektrokardiogramme z. B. bringen dreimal so viel ein wie eine einfache Konsultation.

In einer Studie wurde die durchschnittliche Länge einer Konsultation in Deutschland mit 80 Sekunden, in einer anderen mit 4 Minuten angegeben.[57] Wenn ein Arzt so viele Behandlungen in so kurzer Zeit unterbringen muß, kann das nur dazu führen, daß er ständig gehetzt ist. F. M. Hull aus Großbritannien taufte denn auch den deutschen Allgemeinarzt, den er einen Tag lang beobachtete, auf den Namen »weißer Hase«. (Hull 1980)

Es ist sehr unwahrscheinlich, daß ein Patient von einem deutschen Arzt zu hören bekommt, er sei vollkommen gesund. Eine Studie zeigte, daß in Deutschland pro Kopf die meisten Diagnosen gestellt werden. (O'Brien 1984, 7) Ein Allgemeinarzt aus England schrieb, nachdem er sich sowohl in deutschen Krankenhäusern als auch in Privatpraxen umgesehen hatte: »Meinem Eindruck, daß Krankheiten aufgrund des deutschen Bezahlungssssystems oft künstlich in die Länge gezogen werden, wurde von den Ärzten, mit denen ich sprach, nicht widersprochen.« (Tanner 1977)

Ein Zuviel an ärztlicher Fürsorge stelle in Deutschland in der Tat eine reale Gefahr dar, meinte auch Klaus-Dieter Haehn von der Medizinischen Hochschule Hannover. Wie sehr hier zuweilen übertrieben wird, zeigt sich besonders im Hinblick auf Diagnosen und Medikamente, die das Herz und den Kreislauf betreffen. Beim Verkauf von Nitraten (als Mittel gegen Angina) betrug der

Gesamtumsatz 1981 176 Millionen Mark, verglichen mit 73 Millionen in Frankreich und 18 Millionen in Großbritannien, Ländern, die eine etwa gleich große Bevölkerung mit einer ähnlichen Altersstruktur haben. In einer weiteren Studie ging es um die Dosierungen eines anderen Medikamenttyps, der bei Herzkrankheiten angewendet wird, der Herz-Glykoside (Digitalis-ähnliche Mittel). Es stellte sich heraus, daß davon in der Bundesrepublik prozentual siebenmal so viele eingenommen werden wie in England. Nur Schmerzmittel, die nicht zu den Narkotika gehören, werden hier noch häufiger verschrieben.[58] Wie schon erwähnt, kommen Herzkrankheiten in der Bundesrepublik ungefähr ebenso oft vor wie in England. Der Unterschied liegt woanders, nämlich in der Vorstellung, die die Deutschen vom Herzen haben, sowie in der Art und Weise, wie sie Herzkrankheiten diagnostizieren.

In den Vereinigten Staaten wird das Herz als eine Pumpe betrachtet, und als häufigste Ursache für Herzerkrankungen gilt, daß die Leitungen, an die diese Pumpe angeschlossen ist, blockiert sind. Amerikanische Ärzte verwenden daher bevorzugt diagnostische Verfahren, mithilfe derer man solche Blockierungen erkennen kann (das Angiogramm), und favorisieren Behandlungsmethoden, die die Blockierungen beseitigen (die koronare Bypass-Operation). Es kommt sicherlich nicht von ungefähr, daß es gerade die Amerikaner waren, die als erste ernsthaft darüber nachdachten, ob man das Herz nicht durch einen künstlichen Apparat ersetzen könne.

Die Deutschen wußten es besser, denn ihre Vorstellung vom Herzen ist eine andere und, wie sich allmählich herausstellt, zumindest in mancher Hinsicht auch die zutreffendere. Für die Deutschen stellt das Herz keine Pumpe dar, sondern ein Organ, das eigener Regungen fähig ist und auf eine Reihe von verschiedenen Impulsen einschließlich der Emotionen nach seinen eigenen Gesetzen reagiert. Mit anderen Worten, das deutsche Herz trägt im Gegensatz zum amerikanischen Herzen noch immer metaphorische Bedeutung, es wird mit Liebe, mit Gefühlen assoziiert. Eine solche Vorstellung mag zunächst unsinnig erscheinen, aber bei näherer Betrachtung bietet sie gegenüber dem Bild vom rein mechanischen Herzen doch gewisse Vorzüge. Beispielsweise haben die Europäer lange vor den Amerikanern erkannt, daß Angina pectoris, also der Sauerstoffmangel des Herzmuskels, nicht nur durch eine Obstruktion*, sondern auch durch einen Spasmus der Koronararterien verursacht werden kann – eine Einsicht, die in das Bild vom mechanischen Herzen schwer zu integrieren ist; Pumpen bekommen schließlich keine Krämpfe. Eine verengte Leitung kann sich auch nicht von selbst erweitern, um wieder durchlässig zu werden – eine Arterie dagegen manchmal schon. Der deutsche Kardiologe Jochen Schaefer von der Universität Kiel hat darauf hingewiesen, daß eine Arterie selbst bei gravierender Verengung oft in der Lage ist, sich von selbst zu weiten, und daß die Arrhythmie* ein sehr viel deutlicheres Anzeichen für eine Herzerkrankung sei als die spezifische Morphologie des koronaren Gefäßsystems. (Schaefer 1980)

Auch bei der Angabe von Todesursachen werden die unterschiedlichen Vorstellungen vom Herzen sichtbar: Die koronare Herzkrankheit (Verengung bis hin zum Verschluß der Arterien) wird in der Bundesrepublik seltener als in Amerika genannt, sehr viel häufiger dagegen werden »andere Herzkrankheiten« angegeben. Darin drückt sich zweifellos die Überzeugung aus, daß eine Herzkrankheit komplexer ist, als es die Vorstellung von »verengten Arterien« suggeriert. (Junge 1985)

In Deutschland gibt es auch weniger koronare Bypass-Operationen und weniger künstliche Herzen als in Amerika: Als in der Bundesrepublik zum ersten Mal einem Patienten ein künstliches Herz eingepflanzt wurde, klärten ihn die Ärzte erst nach einigen Tagen darüber auf, damit er sich nicht zu sehr aufregte.[59]

Andererseits führt die Vorstellung, daß das Herz ein lebendiges, hochempfindliches und komplexes Organ ist, zu einem höheren Konsum von Medikamenten für das Herz, und es ist sicher kein Zufall, daß die Deutschen auch an der Entwicklung einiger dieser Medikamente, etwa von Mitteln gegen Arrythmie oder von Kalziumblockern gegen die Krämpfe, die Angina pectoris verursachen, maßgeblich beteiligt waren.[60]

Der hohe Konsum von Medikamenten für das Herz hat jedoch auch etwas mit der von deutschen Ärzten so oft gestellten Diagnose der Herzinsuffizienz zu tun. Aus einigen Umfragen geht hervor, daß Herzinsuffizienz die Diagnose ist, die Allgemeinärzte in der Bundesrepublik am häufigsten stellen, und auch in anderen Umfragen rangiert diese Diagnose ganz weit oben.[61] In den meisten Fällen würde das, was die Deutschen als Herzinsuffizienz bezeichnen, in England, Frankreich und den Vereinigten Staaten gar nicht als Krankheit angesehen werden. Jedenfalls wird der ungefähr gleichbedeutende englische Ausdruck »cardiac insufficiency« im englischsprachigen Raum nur sehr selten verwendet. Üblicher ist schon der Begriff »congestive heart failure«, was im Deutschen der schweren Herzinsuffizienz entspricht.

Zur Feststellung einer Herzerkrankung dient natürlich in erster Linie das Elektrokardiogramm. In deutschen Privatpraxen werden im Verhältnis genauso viele EKGs gemacht wie in amerikanischen Praxen.[62] Da aber die Deutschen ungefähr dreimal so oft zum Arzt gehen wie die Amerikaner, ist auch die Wahrscheinlichkeit, daß bei ihnen irgendwann einmal ein EKG gemacht wird, dreimal so hoch.[63]

Die Resultate von EKGs geben nicht immer eindeutig darüber Aufschluß, ob eine Krankheit vorliegt oder nicht, und lassen daher viel Spielraum für die Interpretation. Hans Schaefer, Physiologe an der Universität Heidelberg, der sich besonders für Fragen der Sozialmedizin interessiert, meinte, ein deutscher Arzt würde mit sehr viel größerer Wahrscheinlichkeit auf einem EKG irgendeine »Unregelmäßigkeit« entdecken als ein amerikanischer Arzt. In einer sehr aufschlußreichen Studie über die Unterschiede zwischen der deutschen und der amerikanischen Diagnostik wurden EKGs von der Bevölkerung Hamburgs gemacht: Nach deutschen Kriterien zeigten 40 Prozent, nach amerikanischen Kriterien nur 5 Prozent der EKGs Abweichungen von der Norm.

Aber selbst wenn ein EKG auch nach deutschen Maßstäben für normal befunden wird, kann es passieren, daß der Arzt Herzinsuffizienz diagnostiziert. Ein Allgemeinarzt aus Kiel erklärte, daß viele ältere Patienten Herzinsuffizienz hätten, obgleich ihre EKGs normal seien und sie auch nicht an Kurzatmigkeit litten (ein klassisches Zeichen für schwerere Fälle von Herzinsuffizienz, das allerdings auch viele andere Ursachen haben kann). Jeder Patient, so dieser Arzt, der um die 60 Jahre alt sei und eines von drei Symptomen – extreme Müdigkeit, Bettnässen oder Ödeme – aufweise, litte an Herzinsuffizienz und sollte Digitalis einnehmen, damit sich sein Zustand nicht verschlechtere.

Andere deutsche Ärzte meinten sogar, Digitalis könne auch dann verschrieben werden, wenn keines dieser Symptome vorliege. Hans Schadewaldt aus Düsseldorf erklärte, in der Bundesrepublik gingen viele Ärzte davon aus, daß jeder Mensch über 60 »latente Herzinsuffizienz« habe. Digitalis werde »als Prophylaxe« verwendet, obwohl es, wie Schadewaldt hinzufügte, »keinen Beweis dafür gibt, daß es der Herzinsuffizienz wirklich vorbeugen kann«.

Anderen Quellen zufolge beginnen deutsche Ärzte mit der »prophylaktischen« Behandlung von Herzinsuffizienz manchmal schon bei jüngeren Patienten. William H. Helfand, damals Präsident der pharmazeutischen Firma Merck, Sharp & Dohme in Frankreich, schreibt: »Es heißt, der deutsche Arzt halte jedes Herz, das älter als 30 Jahre ist, per definitionem für defekt, und es ist durchaus vorstellbar, daß er allen Patienten, sobald sie eine bestimmte Altersgrenze überschritten haben, ein Kreislaufmittel verschreibt.« (Helfand 1970)[64]

Eckart Sturm, Herausgeber des *European Journal of General Practice*, nahm an einer Studie über Allgemeinärzte in der Gegend von Verden bei Hannover teil, die zeigte, daß Herzinsuffizienz der Befund war, mit dem alle 15 befragten Ärzte in ihrem Praxisalltag am häufigsten zu tun hatten.

Sturm räumte zwar ein, daß es sehr umstritten sei, wann Herzinsuffizienz behandelt werden solle, war selber jedoch fest davon überzeugt, daß diese Krankheit im »frühesten« Stadium erkannt und behandelt werden müsse – d. h., wenn die Symptome noch nicht gravierend seien. »Wie sehen hier das 4. Stadium der Herzinsuffizienz nur sehr selten«, sagte er. »Das liegt daran, daß wir schon sehr früh Digitalis verschreiben, früher, als man das in den Vereinigten Staaten täte. Wenn das Herz nicht richtig pumpen kann, bekommt es auch selbst nicht genügend Blut, und so verschlechtert sich sein Zustand zusehends.«

Warum behandeln dann englische und amerikanische Ärzte die Herzinsuffizienz nicht in diesem frühen Stadium?

Zum Teil, so Sturm, liege das daran, daß die Engländer und Amerikaner normalerweise eine doppelt so hohe Dosis Digitalis verschrieben, wie sie in Deutschland üblich sei. Jüngere deutsche Ärzte hätten versucht, die englische Dosis anzuwenden, und dabei seien in 20 Prozent der Fälle Komplikationen aufgetreten.

Weiterhin, fuhr Sturm fort, habe es etwas mit einem anderen Medikament zu tun, das zur Behandlung von Herzinsuffizienz eingesetzt werde, nämlich dem Strophanthin. Dieses deutsche Medikament wurde in zwei verschiedenen Dosierungen auf den Markt gebracht, wobei die eine doppelt so hoch war wie die andere. In den Vereinigten Staaten sei nur die höhere Dosis angeboten worden, sagte Sturm, mit dem Ergebnis, daß es dort bei vielen Patienten Komplikationen gegeben habe, in einigen Fällen sogar Herzinfarkte. Aber was beweist nun, daß Digitalis den späteren Stadien der Herzinsuffizienz tatsächlich vorbeugt? Sturms Antwort darauf lautete, ein bekannter deutscher Arzt, Professor Reindell aus Freiburg, habe das vor über 20 Jahren gesagt.

Ein anderer Teilnehmer der Verdener Studie, Klaus-Dieter Haehn von der Medizinischen Hochschule Hannover, hatte zwar nur relativ wenige Patienten mit Herzinsuffizienz, aber für englische oder amerikanische Verhältnisse war die Zahl immer noch hoch. Nach der Anwendung von Digitalis befragt, gab Haehn zu: »Kein Mensch weiß, ob das gut oder schlecht ist. Wir haben uns auf einer Konferenz über dieses Thema mit Kardiologen beraten, die uns jedoch auch nicht sehr viel weiter helfen konnten. Sie machten zwei Vorschläge: Entweder könnten wir das diagnostische Verfahren des Herzkatheterismus* anwenden, was für den Patienten allerdings sehr unangenehm wäre; oder wir könnten versuchsweise 4 Wochen lang Digitalis verschreiben. Das Problem dabei ist, daß man damit kaum guten Gewissens aufhören kann, wenn der Patient sagt, es gehe im besser.«

Haehn versuchte trotzdem herauszufinden, was genau Digitalis bewirkte. Er wählte 80 seiner Patienten aus, die das Medikament einnahmen; 20 von ihnen sagte er, sie sollten es weiter einnehmen, weil bei ihnen eindeutig die Gefahr eines Herzversagens bestand; den anderen schlug er vor, es abzusetzen. 40 von ihnen folgten diesem Vorschlag. »Und sie leben noch«, sagte Haehn lächelnd, erzählte mir jedoch, daß einige dieser Patienten ihn gebeten hätten, ihnen doch wieder Digitalis zu verschreiben. »Ich habe 400 Patienten, bei denen Herzinsuffizienz diagnostiziert wurde«, sagte er. »Wenn ich in Dreivierteln dieser Fälle Digitalis absetzen könnte, würde die Sozialversicherung eine Menge Geld sparen.«

Von Ärzten aus anderen Ländern hörte ich vielfach, Digitalis in dieser in Deutschland üblichen niedrigen Dosierung sei im Grunde nichts anderes als ein Placebo. »Digitalis wird hier als allgemeines Tonikum verwendet«, sagte der in Hannover praktizierende britische Arzt Mark Ball. »Uns hatte man im Studium immer davor gewarnt, das zu tun.« Offenbar, meinte er, handele es sich bei diesem Vorgehen um eine alte Tradition.

»Viele der deutschen Herzmedikamente enthalten Digitalis«, sagte R. S. Inch, Vizepräsident der Arzneimittelfirma Sterling-Europa in Paris. »So schlecht ist das gar nicht. Bei uns in England wurde eine Zeitlang Digitalis in so großen Mengen verschrieben, daß die Leute regelrecht »digitalisiert« oder beinahe vergiftet wurden. Auf dem Kontinent bestand eher die Tendenz, niedrige Dosen zu verabreichen, die selten zu Nebenwirkungen führten und wahrscheinlich gut für die Patienten waren.«

Aber hat Digitalis in niedriger Dosierung tatsächlich eine tonische Wirkung? »Ich weiß es nicht genau, bin mir jedoch ziemlich sicher«, meinte Inch. »Beweisen läßt sich das kaum, aber wenn der Patient sich besser fühlt ...«

Jedes Land hat seine »Verlegenheitsdiagnose«, die immer dann gestellt wird, wenn ein Patient spezifische Symptome hat, die sich nicht so recht erklären lassen. Aber was veranlaßt die Deutschen dazu, alles gerade auf ihr Herz zu schieben? Willibald Nagler, Chefarzt für Physiotherapie am New York Hospital – Cornell Medical Center und selbst österreichischer Abstammung, meinte: »In Österreich und Deutschland gibt es zwei oder drei Diagnosen, die bei jedem Patienten über 60 gestellt werden: Herzinsuffizienz, Gastritis und Gallenblasendyskinesie.« Seiner Ansicht nach gilt es geradezu als eine Art Statussymbol, Digitalis gegen Herzinsuffizienz einzunehmen. »In Österreich schadet es dem Ansehen eines eleganten älteren Herrn keineswegs, wenn er Medikamente für sein Herz nimmt. Hier in den Vereinigten Staaten würde der Patient sich wahrscheinlich weigern, solche Medikamente zu schlucken. Dort, in Österreich, sind sie ein Zeichen seines Status.«

Regina Molders-Kober, Medizinsoziologin an der Medizinischen Hochschule Hannover, gab zu bedenken, daß es sich hier zum Teil auch um ein sprachliches Problem handeln könne. Das Wort »chest pain«, erklärte sie, mit dem im Englischen Schmerzen im gesamten Oberkörper- bzw. Brustkorb-Bereich bezeichnet würden, habe im Deutschen keine Entsprechung. Es gebe nur die Ausdrücke »Brustschmerzen« und »Herzschmerzen«. In der Tat zeigte sich in einer Studie über Allgemeinärzte in der Bundesrepublik, daß ein sehr hoher Prozentsatz der Patienten als Grund für ihren Besuch beim Allgemeinarzt Herzschmerzen angaben (nur 6 andere Arten von Beschwerden wurden noch häufiger vorgebracht).

Zoltan Zarday äußerte die Vermutung, daß die in Deutschland so stark ausgeprägte Sorge um das Herz ein Erbe der Romantik, insbesondere der großen Anzahl deutscher romantischer Dichter und Schriftsteller sei, die selber etwas mit dem »Herzen« hatten. Und Felix Moos brachte die Diagnose der Herzinsuffizienz mit dem deutschen Charakter in Verbindung: »Mir gefällt der Ausdruck ›Herzinsuffizienz‹ nach wie vor gut, weil er sehr viel über die Deutschen und ihre diversen Leiden aussagt.«

Den Einfluß der deutschen Romantik auf die Medizin hob auch Herbert Viefhues, Professor für Sozialmedizin an der Universität Bochum, hervor. Er meinte, die Romantik liefere eine Erklärung für eine andere Gruppe spezifisch deutscher Diagnosen, zu der niedriger Blutdruck, Kreislaufkollaps und vegetative Dystonie gehörten.

All diese Diagnosen haben etwas mit dem Kreislauf zu tun, und es besteht kein Zweifel darüber, daß die Deutschen sich um ihren Kreislauf ungewöhnlich große Sorgen machen. Abgesehen von der beträchtlichen Anzahl der Kreislauf-Probleme, die hier diagnostiziert und behandelt werden, gilt ein schwacher Kreislauf in der Bundesrepublik auch als Ursache für viele spezifisch organische Krankheiten.

Niedriger Blutdruck z. B. wird in England als »deutsche Krankeit« (»German disease«) bezeichnet, eben weil dies ein Befund ist, der in der Bundesrepublik außerordentlich ernstgenommen und auf vielfältige Weise behandelt wird.[65] Am häufigsten gehen die Deutschen zum Arzt, weil sie Husten haben, und schon an zweiter Stelle rangiert das Schwindelgefühl, das oft als Indiz für niedrigen Blutdruck genommen wird – ein Befund, der in den Vereinigten Staaten in einer vergleichbaren Untersuchung noch nicht einmal erwähnt wird. (van Eimeren et al. 1984) Owen L. Wade, Dekan der medizinischen und zahnmedizinischen Fakultät an der Universität Birmingham in England, berichtete, in einem Jahr hätten in England von einer Million Patienten kein einziger, in Deutschland dagegen 163 einen Arzt wegen niedrigen Blutdrucks konsultiert. Und auf der »Roten Liste« (dem deutschen Katalog aller erhältlichen rezeptpflichtigen Medikamente) von 1984 waren nicht weniger als 85 Medikamente gegen niedrigen Blutdruck aufgeführt.

In den Vereinigten Staaten war in der Zeit nach dem Zweiten Weltkrieg von niedrigem Blutdruck zwar in der medizinischen Fachliteratur noch ab und zu die Rede, in den fünfziger Jahren jedoch verschwand er immer weiter aus dem Blickfeld der Medizin. Heutzutage wird er dort überhaupt nicht mehr als Krankheit angesehen; vielmehr meinen viele Amerikaner, niedriger Blutdruck trage zu einer höheren Lebenserwartung bei. Nur in einem einzigen Fall wird Hypotonie in den Vereinigten Staaten als Krankheit betrachtet und behandelt, und zwar bei dem sehr seltenen Orthostase-Syndrom, bei dem es zu Ohnmachtsanfällen kommen kann.[66]

»Hypotonie oder niedriger Blutdruck ist eine deutsche Diagnose«, erklärte auch Jack Froom, Professor am *Health Science Center* der *State University of New York (SUNY)* in Stony Brook. Froom arbeitet in einer internationalen Gruppe mit, die sich die Aufgabe gestellt hat, die in der Allgemeinmedizin gebräuchliche diagnostische Terminologie zu standardisieren. »In den Vereinigten Staaten gilt Hypotonie gar nicht als Krankheit. Im Gegenteil, sie wird mit einem langen Leben assoziiert. Einen Patienten, dessen Blutdruck so niedrig ist, daß er in Ohnmacht fällt, würden wir wohl auch behandeln, aber die Deutschen greifen ja schon ein, wenn nur die Werte niedrig sind, der Patient sonst aber gar keine Symptome hat. Viele Frauen haben einen systolischen Blutdruck von 80, was jeden deutschen Arzt in Unruhe versetzen würde, während wir der Ansicht sind, daß das nur gut sein kann.«

»Amerikanische Ärzte finden die Diagnose des niedrigen Blutdrucks geradezu lachhaft«, meinte R. S. Inch. »Es gilt in Amerika beinahe als Behandlungsfehler, gegen niedrigen Blutdruck etwas zu tun.«

»In England«, sagte Mark Ball, »wird einem beigebracht, daß niedriger Blutdruck zwar unangenehm sein kann, man aber froh sein soll, wenn man ihn hat.«

Die Behauptung, niedriger Blutdruck sei unangenehm, ist allerdings ebenfalls umstritten: Unter den deutschen Ärzten, mit denen ich sprach, herrschte die Ansicht vor, daß Hypotonie zu Müdigkeit führe, was von den meisten Ärzten aus anderen Ländern jedoch nicht bestätigt wurde. Mit besonderem Nachdruck wandte sich Geoffrey Rose, Professor für Epidemiologie an der *London School of Hygiene and Tropical Medicine*, gegen diese Auffassung. Diverse Untersuchungen hätten gezeigt, daß Müdigkeitserscheinungen bei Patienten erst dann aufträten, wenn sie *wüßten*, daß sie einen niedrigen Blutdruck hätten. Ob allerdings Engländer und Deutsche unter »Müdigkeit« oder »Erschöpfung« dasselbe verstehen, muß dahingestellt bleiben.

Aber die deutschen Ärzte lassen sich in dieser Frage nicht beirren. »Ich glaube, niedriger Blutdruck ist für die Betriebsmedizin von einigem Interesse, weil Leute mit niedrigem Blutdruck leichter müde werden«, sagte Hans Schadewaldt und erläuterte, daß niedriger Blutdruck in der Zeit nach dem Zweiten Weltkrieg, als die Menschen wenig zu essen hatten, ein sehr häufiges Phänomen war, in den letzten Jahren aber erheblich seltener geworden sei, da das beste Heilmittel dagegen eine gesunde und gute Ernährung sei.

Hans Schaefer aus Heidelberg berichtete: »Wenn ein Patient müde und abgespannt ist, gebe ich ihm ein Medikament, das seinen Blutdruck erhöht. Eine Tablette reicht oft schon, damit er sich besser fühlt. Ich habe selbst einen niedrigen Blutdruck, und bei mir hilft eine solche Tablette sofort.« Diese Tabletten, die in Deutschland sehr viel verschrieben werden, enthalten meistens eine Mischung aus Adrenalin, das den Blutdruck erhöht, und Zucker, der gleichzeitig den Blutzuckerspiegel anhebt.

Daß Ohnmachtsanfälle nicht selten ein Zeichen niedrigen Blutdrucks sind und zudem auch noch so gut in das Bild von den Deutschen und ihrer unterdrückten Emotionalität passen, mag dazu beitragen, daß sie in Deutschland sehr viel ernster genommen werden als in England oder Amerika. »Als ich nach Deutschland kam«, sagte Mark Ball, »konnte ich zuerst gar nicht begreifen, warum die Leute sich über einen Ohnmachtsanfall so aufregten. « Er erklärte, daß es für ihn als Psychiater wichtig sei, solche Ängste zu kennen und zu verstehen, weil er oft Medikamente verschreiben müsse, zu deren relativ gängigen Nebenwirkungen auch Ohnmachtsanfälle gehörten.

Überhaupt sei er am Anfang zutiefst verwundert darüber gewesen, fuhr Ball fort, daß die Deutschen sich so viele Sorgen um ihren Kreislauf machten. »Ich wußte gar nicht, was die Leute meinten, wenn sie mir sagten, sie hätten Probleme mit dem Kreislauf. Ich dachte dabei an Claudicatio* oder kalte Hände, aber damit hat es nichts zu tun. «

Ein schwacher Kreislauf wird in Deutschland für alle möglichen Beschwerden verantwortlich gemacht, von Müdigkeit in den Beinen über Krampfadern bis hin zum Kreislaufkollaps, der selbst wiederum verschiedene Ausprägungen, vom Ohnmachts-anfall bis zum Herzinfarkt, haben kann. Nach dem Tod von Rainer Werner Faßbinder schrieb der Schauspieler Kurt Raab, es sei die Kombination von anregenden Mitteln und beruhigenden Schlafta-bletten gewesen, die »seinen ohnehin schon stark beanspruchten Kreislauf vollständig zum Erliegen gebracht hätte«; ein Amerika-ner hätte an seiner Stelle wahrscheinlich sehr viel weniger poetisch geschrieben, daß Faßbinder an einer Überdosis bestimmter Arz-neimittel gestorben sei. Da kein Körperorgan unabhängig vom Kreislauf existiert, kann ein latent schwacher Kreislauf natürlich für nahezu jede Krankheit zur Verantwortung gezogen werden, und in Deutschland wird das auch oft getan.[67]

Woher kommt es nun, daß die Deutschen so um ihren Kreis-lauf besorgt sind? Eine gängige Antwort lautet, daß viele Männer und Frauen in Deutschland zur Fettleibigkeit neigen und daher in der Tat häufig einen schwachen Kreislauf haben. Andere meinen, daß die pharmazeutische Industrie solche Ängste produziere, um ihren Markt zu erweitern. Der britische Arzt Dukes wandte ein, daß die Pharmaindustrie zwar in der Tat immer wieder großes Ge-schick darin beweise, aus den Ängsten der Menschen vor be-stimmten Krankheiten Profit zu schlagen, daß man jedoch kaum sagen könne, die Arzneimittelfirmen hätten den Deutschen die Sorge um den Kreislauf einfach eingeredet. »Einen Holländer oder Engländer kann man nicht dazu bringen, sich um seine ve-nöse Durchblutung zu sorgen«, meinte er.

Die Erklärung, es sei lukrativ, Kreislaufprobleme zu diagnosti-zieren und zu behandeln, wies Herbert Viefhues aus Bochum ent-schieden zurück. »Wenn es dem deutschen Arzt ums Geld ginge, wäre er besser beraten, Leberschäden statt Kreislaufprobleme zu diagnostizieren, denn dann könnte er 12 bis 16 Analysen und Un-tersuchungen machen«, sagte er, nachdem er gerade gehört hatte, daß die Franzosen viele Krankheiten und Beschwerden auf die Le-ber zurückführen. Seiner Meinung nach ist die Sorge um den Kreislauf kulturell bedingt: »In Mitteleuropa ist die Vorstellung sehr verbreitet, daß physiologisch entgegengesetzte Kräfte im Gleichgewicht gehalten werden müssen.«

Das bedeute, daß der Blutdruck durch ein Gleichgewicht zwischen Adrenalinausschüttung und dem Adrenalin entgegenwirkenden Substanzen reguliert werden sollte und daß man auf das Gleichgewicht zwischen Herzwirkung und peripherem Kreislauf achte, der im übrigen als autonomes Organ anzusehen sei. »Es kann passieren, daß eine sehr große Menge Blut in die peripheren Gefäße absackt«, sagte er. Seiner Ansicht nach konzentriert sich die US-amerikanische Forschung zu stark auf das Herz, während deutsche Forscher sich zu einseitig mit der peripheren Durchblutung beschäftigen.

Viefhues kam in diesem Zusammenhang auch auf Rudolf Virchow zu sprechen, den vielleicht bis auf den heutigen Tag einflußreichsten Arzt Deutschlands. Virchow, der im 19. Jahrhundert lebte, gehörte zwar nicht der Bewegung der romantischen Medizin an, war aber, wie aus einer Biographie über ihn hervorgeht, durchaus von ihr beeinflußt. (Ackerknecht 1953) So dachte er z. B., daß Dyspepsie*, Muskelkrämpfe, Hyperästhesie* und diverse andere Krankheiten von einer ungenügenden venösen Durchblutung herrührten. Weiterhin stellten Magengeschwüre für ihn nicht nur das Ergebnis einer Übersäuerung des Magens, sondern auch einer damit einhergehenden örtlichen Durchblutungsstörung der Magenschleimhaut dar. Um solche Krankheiten zu heilen, so glaubte er, müsse man die Durchblutungsstörung beseitigen, so daß das Gewebe wieder mit genügend Blut versorgt sei.

Eine sehr beliebte Methode zur Behandlung von Beschwerden, für die der Kreislauf verantwortlich gemacht wird, ist die Hydrotherapie, die Behandlung mit Wasser also, und sehr viele deutsche Ärzte empfahlen mir insbesondere die Kneipp-Therapie, die mit ihren abwechselnd kalten und heißen Duschen sehr gut zu der romantischen deutschen Vorstellung von Polarität und Gleichgewicht zu passen scheint. Diese besondere Form der Hydrotherapie geht auf einen Pfarrer aus dem 19. Jahrhundert namens Sebastian Kneipp zurück. Meistens bestehe sie, so Eckart Sturm, darin, daß der Patient eine Minute mit warmem Wasser, dann 20 Sekunden mit kaltem, danach wieder eine Minute warm und noch einmal 20 Sekunden kalt duschen müsse.

Sturm sagte mir, er selber wende diese Methode jeden Tag zur Vorbeugung an und seine Familie tue das auch. »Am besten nimmt man sich jeden Tag einen anderen Körperteil vor«, erklärte er. »Heute z. B. war meine Kopfhaut dran, morgen kommt der Rücken an die Reihe, übermorgen der Bauch usw. Wenn man Hydrotherapie nicht zur Vorbeugung, sondern zur Behandlung einer Krankheit anwendet, ist es ratsam, sich die erkrankte Partie oder das kranke Organ selber vorzunehmen, egal, ob es nun der Nacken ist oder die Leber.« Das 1980 erschienene Buch Wolfgang Brüggemanns, *Kneipp Vademecum Pro Medico*, das bei vielen deutschen Ärzten im Regal steht, empfiehlt Patienten mit niedrigem Blutdruck das folgende Verfahren: Montags morgens solle man mit dem Abduschen des Oberkörpers beginnen, vormittags mit abwechselnd kaltem und heißem Wasser die Knie, nachmittags die Arme duschen und abends wassertreten (was auch als »kneippen« bezeichnet wird); für dienstags morgens wird dann ein Unterleibsbad empfohlen, am Vormittag soll man die Arme in Rosmarin baden, am Nachmittag ein Fußbad mit abwechselnd kaltem und heißem Wasser nehmen und am Abend wiederum kneippen. An den folgenden Tagen, außer sonntags, soll man dann die ganze Prozedur wiederholen.[68]

Hans Schaefer aus Heidelberg behauptete, eine Kneipp Anwendung würde schon genügen, »um einen anderen Menschen aus einem zu machen. Man kann auf diese Weise zwar keine Herzmuskelschwäche heilen, aber bei einem Kater wirkt es Wunder.«

Selbst der Engländer Mark Ball glaubt an die Wirkung von Kneipp-Therapien. Als wir uns über alternative Heilverfahren in der Bundesrepublik unterhielten, sagte er, daß die Kneipp-Therapie eigentlich nicht dazugehöre. »Es läßt sich ja beweisen, daß diese Anwendungen tatsächlich helfen. Ich selbst bin auf diese Weise einmal Frostbeulen losgeworden.«

Die Kneipp-Therapie kann zwar grundsätzlich überall angewendet werden, wo kaltes und heißes Wasser zur Verfügung steht, aber es gibt auch einen richtigen Kneipp-Kurort, eine verschlafene kleine Stadt in Süddeutschland – Bad Wörishofen –, in die jedes Jahr viele Deutsche pilgern, um eine Kneippkur zu machen.

Nachdem ich so viel über Kneipp gehört hatte, beschloß ich, selbst einmal nach Bad Wörishofen zu fahren. Ich fand dort ein Kneipp-Denkmal vor, ein Kneipp-Museum, ein Keippianum (in dem die Therapien stattfinden) und eine Kneippstraße, wo man Kneipp-Sandalen kaufen und Kneipp-Brötchen essen kann. Eine der Hauptbeschäftigungen in Bad Wörishofen ist natürlich das Kneippen, und zu diesem Zweck werden in den Parks öffentliche Bäder unterhalten.

Der Gedanke des Gleichgewichts steht offenbar auch hinter einer anderen deutschen Diagnose, der vegetativen Dystonie. Damit wird eine Störung des vegetativen Nervensystems bezeichnet, bei der sich ein Ungleichgewicht zwischen Sympathikus und Parasympathikus einstellt. Typische Symptome sind Herzklopfen, Arrhythmie, Schwitzen, Appetitlosigkeit, Schlafstörungen und Zittern. Im Englischen wird dieser Befund »autonomic dysautotonie« genannt, aber so gut wie niemand verwendet diesen Begriff. Hans Schadewaldt sagte über die vegetative Dystonie in Deutschland: »Viele jüngere Ärzte sehen darin eine psychosomatische Erkrankung, während ältere sie als somatische Krankheit betrachten und manchmal mit Secale cornutum [einem Medikament, das häufig bei Migräne eingenommen wird] behandeln.« Schadewaldt, der als Kriegsgefangener in Straßburg war, meinte, diese Diagnose weise große Ähnlichkeiten mit der französischen Diagnose der *spasmophilie* auf.

»Ein deutscher Arzt hat, wenn er einen Patienten untersuchen soll, ein Paradigma, eine bestimmte Modellvorstellung von dem Zusammenspiel zwischen Sympathikus und Parasymathikus im Kopf«, meinte Henk Lamberts, Allgemeinarzt aus Rotterdam. »Er paßt erst einmal den Patienten in diese Modellvorstellung ein und findet dann eine geeignete Therapie.«

»Diese Diagnose gehört in die Kategorie der sogenannten Verlegenheitsdiagnosen«, sagte Mark Ball lachend. »In England würden die Symptome sofort als psychogen erkannt. Es ist eine Diagnose, die man stellen kann, ohne den Patienten zu beleidigen.«

»Ich hatte ganz vergessen, daß es diese Diagnose gibt«, sagte

Willibald Nagler vom New York Hospital. »Die Deutschen mögen solche romantischen, etwas nebulösen Diagnosen.«

»Vegetative Dystonie ist eine notwendige Diagnose, denn kein Patient möchte für verrückt gehalten werden«, erklärte die Soziologin Regina Molders-Kober.

Ähnlich äußerte sich auch Klaus-Dieter Haehn: »Wir brauchen diese Diagnose für Patienten, die keine organischen Symptome haben. Diese Patienten haben Schwierigkeiten mit ihrem Leben, und die Behandlung ist nicht einfach – sie hängt sehr vom Patienten ab. Einige kann man mit psychologischen Methoden behandeln. Man kann ihnen z. B. vorschlagen, autogenes Training zu erlernen, oder sie in Gruppen zusammenbringen. Anderen gibt man Valium. Aber bei älteren oder einfachen Menschen kann man psychotherapeutische Methoden in der Regel nicht anwenden.«

Eine weitere Eigenart der gegenwärtigen deutschen Medizin läßt sich ebenfalls, zumindest teilweise, auf den Einfluß Rudolf Virchows zurückführen: der vergleichsweise niedrige Konsum von Antibiotika. Außerhalb Deutschlands ist Virchow vor allem wegen seiner Ausführungen zur Zellularpathologie bekannt, die mit politischer, von seiner demokratischen Gesinnung zeugender Begrifflichkeit durchsetzt sind. Analog zu deutschen politischen Philosophen des 19. Jahrhunderts wie Hegel, die Stadtstaaten mit Zellen verglichen, verglichen umgekehrt Wissenschaftler wie Virchow Zellen mit Stadtstaaten. Erwin Ackerknecht schreibt in seiner Biographie über Virchow, dieser habe erkannt, daß Zellen sowohl abhängig als auch unabhängig seien, habe letzteres aber vornehmlich aus politisch-philosophischen Gründen hervorgehoben. Virchow betrachtete den Körper als einen Zellenstaat, und eine Krankheit stellte er sich als einen von außen verursachten Konflikt zwischen den Bürger dieses Staates vor. Ähnlich wie die Franzosen, für die das *terrain* bei einer Erkrankung die zentrale Rolle spielt, hielt auch er die Wirkung äußerer Einflüsse für nicht so entscheidend und betrachtete eine Krankheit stattdessen als veränderte (sprich: »aus dem Gleichgewicht geratene«) Physiologie. Als in Oberschlesien Typhus ausbrach, wurde Virchow beauftragt, dorthin zu fahren und nach den Ursachen zu forschen. Sein Ergebnis lautete, daß die Menschen keinen Typhus bekommen hätten, wenn sie in einem demokratischen System leben würden (vermutlich deshalb, weil ihre Lebensbedingungen dann besser gewesen wären). Virchow erkannte auch z. B. die Forschungsergebnisse von Ignaz Semmelweis, dem ungarischen Arzt, und Oliver Wendell Holmes nicht an, die bewiesen hatten, daß Kindbettfieber durch Infektion entstehe. Seiner Auffassung nach konnten Erreger zwar eine notwendige, aber keine hinreichende Ursache für eine Krankheit sein; er glaubte, es müsse noch etwas anderes hinzukommen – geschwächte Abwehrkräfte z. B. –, damit der Patient krank werde.[69]

Daß deutsche Ärzte sich auch heute noch vor allem auf die Resistenz der Patienten konzentrieren und Krankheitserregern weniger Aufmerksamkeit widmen, wird sowohl anhand von Statistiken über den Arzneimittelverbrauch in der Bundesrepublik als auch in Gesprächen mit den Ärzten selbst deutlich. Einem Bericht des *British Office of Health Economics* aus dem Jahre 1984 zufolge befand sich unter den zwanzig gängigsten rezeptpflichtigen Medikamentengruppen in der Bundesrepublik nicht ein einziges Antibiotikum, und eine andere vergleichende Studie zeigte, daß die systematische Antibiotikagabe in Deutschland erheblich seltener ist als in Frankreich (dort sind es mehr als doppelt so viele) und England; die Franzosen und Engländer wiederum nehmen im Verhältnis weniger Antibiotika ein als die Amerikaner.[70]

»Bei einer einfachen Erkältung geben wir dem Patienten nie Antibiotika, wie das angeblich in England und Amerika praktiziert wird«, sagte mir derselbe Arzt, der Patienten, die über Müdigkeit klagen, Digitalis verschreibt. »Zunächst würden wir ihm Aspirin verschreiben, nach 5 Tagen dann eine Blutsenkung machen und die Lunge abhören. Danach erst würden wir ihm möglicherweise Antibiotika geben.«

»Wir sind der Ansicht, daß der Körper sich gegen Fieber schon allein zur Wehr setzen kann«, meinte Gisela Brandt von der Medizinischen Hochschule Hannover.

»Viele Leute hier haben übertrieben große Angst vor Penizillin, und wenn man zu früh Penizillin verschreibt, gilt man schnell als schlechter Arzt«, stellte Mark Ball fest.

»Im normalen Praxisalltag eines Arztes kommen eigentlich keine Krankheiten vor, die mit Antibiotika behandelt werden müßten«, sagte Peter Naumann, Professor für Infektionskrankheiten an der Universität Düsseldorf. »Wenn ein Patient Antibiotika braucht, ist er in der Regel auch so krank, daß er im Krankenhaus liegen muß.« Und er fuhr fort: »Ich habe schon oft von deutschen Patienten den Satz gehört: ›Ich bin ernsthaft krank; ich brauche Penizillin.‹«

Selbst wenn man bei einem Patienten Bakterien fände, so Naumann, die üblicherweise mit dem vorliegenden Krankheitsbild assoziiert würden, so heiße das noch lange nicht, daß die Symptome auch tatsächlich von diesen Bakterien ausgelöst worden seien. Er erklärte, daß Mikrobiologen in der Bundesrepublik in ihrer Ausbildung dazu angehalten würden, immer erst einmal festzustellen, ob die Mikroben, die sie gefunden hätten, wirklich als ursächlich anzusehen seien oder nicht. Nur wenn sie als ursächlich erkannt würden, sollten Antibiotika verschrieben werden.

Naumann und sein Kollege Harry Rosin wiesen darauf hin, daß auch in der Zeit, als man noch nichts von Antibiotika wußte, nur wenige Patienten an bakteriellen Infektionen gestorben seien und daß auch heute kaum jemand daran sterbe würde.

Aber könnten Antibiotika nicht wenigstens den Heilungsprozeß beschleunigen? Das spiele für deutsche Patienten keine so entscheidende Rolle, gab Rosin zur Antwort, denn in der Bundesrepublik kämen die Krankenversicherungen und die Sozialversicherung für die Kosten, die durch eine Krankheit entstünden, auf. Das veranschaulicht recht gut, was Virchow meinte, als er sagte: »Medizin ist eine Sozialwissenschaft, und Politik ist nichts anderes als Medizin im Großen.«

Es gibt zwar sicherlich einiges, was für die Verwendung von Antibiotika spricht, aber sie haben auch zwei wesentliche Nachteile, die einen vorsichtigen Umgang mit ihnen geraten erscheinen lassen: Erstens besteht, wie bei anderen Medikamenten auch, die Gefahr, daß bestimmte Nebenwirkungen auftreten, die gravierender sind als die Krankheit selbst. Und zweitens kann die breite Anwendung von Antibiotika wiederum zur Entstehung von Bakterien führen, die gegen Antibiotika resistent sind und eine Reihe von Infektionen verursachen können. Peter Naumann zufolge kommt das in Deutschland im Vergleich zu vielen anderen Ländern relativ selten vor, insbesondere in Krankenhäusern wie dem seinen, in denen man mit Antibiotika sehr sparsam umgeht.[71]

Auch auf anderen Gebieten der deutschen Medizin zeigt sich diese Tendenz, »inneren« Krankheitsursachen eine größere Bedeutung beizumessen als äußeren. Die Unterscheidung von »innerer« und »äußerer« Pathologie stammt zwar ursprünglich von den Franzosen, aber es waren die Deutschen, die die »Innere Medizin« – im Englischen wurde daraus das sehr viel mechanistischer und weniger mystisch klingende »internal medicine« – zu jener zentralen Fachrichtung machten, die sie in der Bundesrepublik und in den Vereinigten Staaten bis heute darstellt.[72]

In der deutschen Psychiatrie werden innere Ursachen ebenfalls traditionell für wichtiger gehalten als äußere. J. Marshall Townsend, Anthropologe an der Syracuse University, untersuchte, wie sich die Einstellungen deutscher und amerikanischer Psychiater und ihrer Patienten zu psychischen Erkrankungen voneinander unterscheiden. »Allgemein gesprochen wird in der deutschen Psychiatrie eine scharfe Trennung zwischen ›gesund‹ und ›krank‹ vorgenommen: Es werden mehr Verhaltensweisen auf biologische Ursachen zurückgeführt als in der amerikanischen Psychiatrie, und folglich wird auch die ›Persönlichkeit‹ für weniger labil und verformbar gehalten. Die Deutschen neigen offenbar stärker als die Amerikaner dazu, psychische Erkrankungen als endogen, tendenziell unheilbar und relativ unabhängig von Umwelteinflüssen zu betrachten.«[73]

Townsend stellte weiterhin fest, daß auch deutsche Patienten für psychische Erkrankungen in der Regel biologische Ursachen verantwortlich machten und sie für praktisch unheilbar hielten. Amerikanische Patienten dagegen glaubten meistens nicht, daß psychische Krankheiten angeboren und organischen Ursprungs seien, sondern betrachteten sie eher als erworbene Verhaltensstörungen. Diese sehr verbreitete Einstellung faßte einer meiner amerikanischen Gesprächspartner so zusammen: »Um gesund zu werden und zu bleiben, muß man sich um Ausgeglichenheit ›bemühen‹ – man sollte Aufregung und Sorgen nach Möglichkeit vermeiden, sollte mit seinen Gefühlen umzugehen lernen und Bücher über das seelische Gleichgewicht lesen.«

Dafür, daß die Deutschen psychische Krankheiten im großen und ganzen mit so viel Pessimismus betrachten, wird zumindest zum Teil der deutsche Psychiater Emil Kraepelin (1856–1926) verantwortlich gemacht, von dessen Klassifizierung psychiatrischer Krankheiten im Kapitel über die französische Medizin schon die Rede war. Kraepelin war der erste, der zwischen Dementia praecox, was heute als Schizophrenie bezeichnet wird, und manischdepressiver Psychose unterschied. Kraepelins Wahl des Begriffes Dementia, der Unheilbarkeit impliziert, wurde von vielen als Ausdruck des Nihilismus einer reaktionären Psychiatrie empfunden, die das intellektuelle Klima im Deutschland Kaiser Wilhelm II. widerspiegelte.

Dieser Pessimismus im Hinblick auf die Heilbarkeit psychischer Krankheiten blieb bis weit ins 20. Jahrhundert hinein unverändert bestehen und mag den Weg geebnet haben für die Ermordung von mehr als 100000 psychisch kranken Menschen, jener Vernichtung »unwerten Lebens« in der Nazizeit. Der Berufsstand der Psychiater in Deutschland hat den Ruf, den ihm seine Rolle bei diesen Ermordungen eingetragen hat, im Grunde nie ganz loswerden können.

»Der Beruf des Psychiaters genießt hier kein besonders hohes Ansehen«, sagte Mark Ball. »Sich als Psychiater zu bezeichnen, gleicht einer mittleren Katastrophe.« Er selbst würde, wenn er eine Privatpraxis aufmachte, eher die Bezeichnung Psychotherapeut wählen. »Ein Psychiater galt hier immer als ein Verrückter, der Verrückte behandelt«, meinte Herbert Viefhues.

Die meisten Psychiater in der Bundesrepublik sind Neuropsychiater, haben also sowohl eine neurologische als auch eine psychiatrische Ausbildung. »Die Leute können also einen Neuropsychiater aufsuchen, ohne daß gleich für alle erkennbar ist, daß sie im Grunde zum Psychiater gehen.«

Vielleicht liegt es an dieser Einstellung gegenüber der Psychiatrie, daß die Diagnose der Neurose in der deutschen Allgemeinmedizin im Vergleich zu anderen Ländern relativ selten ist. Einer Studie des *Office of General Health* zufolge war die Neurose die von Allgemeinärzten in England am häufigsten gestellte Diagnose; sie rangierte noch vor Hypotonie und Arthritis und machte insgesamt 5 Prozent aller Diagnosen aus. In Frankreich war sie mit 4,1 Prozent die zweithäufigste Diagnose, wozu noch 2,5 Prozent für die Diagnosen der Nervosität und der Debilität hinzuzurechnen sind. In der Bundesrepublik dagegen gehört die Neurose mit weniger als einem Prozent noch nicht einmal zu den zwanzig häufigsten Diagnosen. Am nächsten kommt ihr hier vielleicht noch die Diagnose der Organneurose (der psychosomatischen oder psychogenen Erkrankung also), die 2,2 Prozent aller Diagnosen ausmachen. Entsprechend ist auch der Konsum von Psychopharmaka in der Bundesrepublik niedriger als in England oder Frankreich. (O'Brien 1984)

Als ein weiteres Erbe der Romantik ist der in der deutschen Medizin verbreitete Glaube an die Heilkräfte der Natur anzusehen, an die heilsame Wirkung also etwa von langen Spaziergängen im Wald, Schlammbädern oder Arzneimitteln auf pflanzlicher Basis (so waren z. B. von 8250 Präparaten, die die *Rote Liste* aufführte, immerhin 1400 auf pflanzlicher Basis hergestellt). Entsprechend werden auch Kuraufenthalte in Deutschland noch öfter verschrieben als in Frankreich.[74]

Ungefähr ein Fünftel aller deutschen Ärzte praktiziere entweder Homöopathie oder anthroposophische Medizin sowie Phytotherapie*. Diese alternativen Heilverfahren haben nach dem Zweiten Weltkrieg eine gewisse Aufwertung erfahren und sind im deutschen Gesundheitswesen offiziell anerkannt. Nach den neueren deutschen Arzneimittelgesetzen muß bei alternativen medizinischen Verfahren zwar nachgewiesen sein, daß sie nicht schädlich sind, ihre Wirksamkeit aber unterliegt keinen Bestimmungen. Ob sie weiter angewendet werden können, entscheidet ein Gremium, das sich aus Vertretern der jeweiligen alternativen medizinischen Richtung, um die es geht, zusammensetzt (die Wirksamkeit anthroposophischer Medizin z. B. wird von Ärzten überprüft und beurteilt, die selbst anthroposophische Medizin praktizieren). (Unschuld 1980)

Die anthroposophische Medizin basiert auf der Philosophie Rudolf Steiners, einer Weltanschauung, die, so Paul Unschuld von der Johns Hopkins University, von vielen Deutschen geteilt wird. Wie viele andere deutsche Philosophen auch lehnte Steiner die rein empirische Sichtweise ab, nach der die mit den Sinnen erfahrbare, »greifbare« Welt die primäre Realität darstellt. Er glaubte vielmehr, daß man die spirituelle Welt auf dieselbe Weise begreifen könne, wie man etwa ein geometrisches Konzept zu erfassen versuche. Romantiker, der er war, meinte er, daß Gefühle genauso als Organe der Wahrnehmung anzusehen seien wie Augen und Ohren. (Dyson/Hollmann 1979)

Im Jahre 1919 übertrug Steiner seine Ideen auf die Medizin, und in seinem Konzept kehren, kaum überraschend, die romantischen Vorstellungen von Gleichgewicht und Polarität wieder. Krankheit schrieb er einem Ungleichgewicht zwischen der sogenannten »Nerven-Sinnesorganisation« oder dem »kalten« Pol und der »Stoffwechselorganisation« bzw. dem »heißen« Pol zu. Eine Überaktivität des ersteren machte er für Abnutzungskrankheiten und Tumoren verantwortlich, eine Überaktivität des letzteren führte seiner Meinung nach zu Entzündungen. Die kalten und warmen Ströme sah er – auch dies ist keineswegs verwunderlich – im Herzen zusammenlaufen.

Steiner gab manche Hinweise für die Entwicklung spezifischer Heilmittel, deren Wirkungsweise jedoch nicht primär mit der chemischen Zusammensetzung ihrer aktiven Bestandteile zu erklären ist. Heute stellen zwei anthroposophische Arzneimittelfirmen diese Heilmittel her. Das bekannteste ist vielleicht Iscador, welches aus Misteln gemacht und zur Anwendung der Immunreaktion bei der Behandlung von Krebs eingesetzt wird. In den siebziger Jahren wurden in der Bundesrepublik zwei große anthroposophische

Krankenhäuser eröffnet, und es gibt mindestens zehn kleinere Krankenhäuser, in denen anthroposophische Medizin praktiziert wird. Die Ärzte, die dort arbeiten, haben meistens sowohl ein reguläres Medizinstudium als auch eine Zusatzausbildung in anthroposophischer Medizin hinter sich.

In Steiners Konzept finden sich auch viele Elemente der Homöopathie wieder, die auf den deutschen Arzt Samuel Christian Hahnemann zurückgeht. Die Homöopathie unterscheidet sich von der Allopathie (Hahnemanns Bezeichnung für die Schulmedizin) in vielerlei Hinsicht. Während in der Allopathie häufig Medikamente verschrieben werden, die ein bestimmtes Symptom unterdrücken sollen (z. B. Aspirin, um Fieber zu senken), geben Homöopathen ihren Patienten gerade solche Mittel, die die jeweiligen Krankheitssymptome bei einem gesunden Menschen erst auslösen würden. Malaria z. B. erzeugt Fieber, und wenn man einem gesunden Menschen Chinin gibt, bekommt er ebenfalls Fieber; dennoch lindert Chinin die Symptome der Malaria, senkt also auch das Fieber. Von dieser Beobachtung ausgehend, formulierte Hahnemann das sogenannte Ähnlichkeitsgesetz: »Similia similibus curentur« (»Ähnliches wird durch Ähnliches geheilt«). Weiterhin wird dem *terrain* des einzelnen Patienten in der homöopathischen Medizin sehr viel mehr Bedeutung beigemessen als in der allopathischen Medizin. Ein dritter Unterschied besteht darin, daß in der Allopathie von der höheren Dosis eines Medikamentes, in der Homöopathie dagegen von der niedrigeren Dosis die größte Wirkung erwartet wird. Homöopathische Heilmittel enthalten die Wirkstoffe oft in so geringer Konzentration, daß sie kaum wahrnehmbar sind; die Effektivität dieser Mittel wird den Vibrationen im Wasser zugeschrieben, mit dem der jeweilige Wirkstoff verdünnt wird.[75]

Die meisten amerikanischen Ärzte würden wahrscheinlich die Wirkung homöopathischer Methoden, wenn sie diese denn überhaupt anerkennen würden, einem Placebo-Effekt zuschreiben. Die etwas liberaleren unter ihnen würden vielleicht sogar einräumen, daß die Homöopathie allein wegen dieses Placebo-Effektes nützlich sei und ja auch immerhin keinen Schaden anrichte. Europäische Homöopathen aber glauben, daß ihre Heilverfahren über den Placebo-Effekt hinaus wirksam sind. So werden homöopathische Methoden beispielsweise in der Tiermedizin angewendet, wo die Wirksamkeit von Placebos schwer vorstellbar ist, und einige kontrollierte klinische Studien haben sogar zeigen können, daß homöopathische Heilmittel wirksamer sind als Placebos.

Auf welche Weise die Homöopathie auch das Denken nicht-homöopathischer Ärzte beeinflussen kann, wurde mir bei einer Begebenheit im Sommer 1985 deutlich. Ich nahm in New York als Journalistin an einer Konferenz über Verdauungskrankheiten teil und erlebte u. a. auch die Darbietung eines Professors für Innere Medizin aus Deutschland mit, der herausgefunden hatte, daß Alkohol in stärkerer Konzentration den Magen weniger reize als in geringerer Konzentration und daß Cognac und Whiskey für den Magen besser verträglich seien als Wein und Bier. (Vgl. Singer et al. 1985) Nachdem ich ihm ein paar Fragen im Hinblick auf meinen Artikel gestellt hatte, erlaubte ich mir die Bemerkung, daß seine Resultate doch in gewisser Weise homöopathische Überzeugungen bestätigten. Er lächelte daraufhin nur.

Etwas später, als ich nach einer langen Sitzung einen Drink an der Hotelbar nahm, unterhielt ich mich mit seinem Chirurgen aus Washington D. C., der ebenfalls an der Konferenz teilnahm. Während ich meinen Cognac trank, erzählte ich ihm von den Entdeckungen des deutschen Professors. Der amerikanische Chirurg sah mich ungläubig an und sagte, anstelle des Deutschen hätte er die Experimente noch einmal wiederholt und die Ergebnisse auf keinen Fall publiziert, da sie offensichtlich falsch seien. Ich sprach darüber auch mit einem Kollegen von mir, einem Journalisten, der die Experimente für nicht aussagefähig genug hielt, weil zu wenig Patienten untersucht worden seien; dabei sind amerikanische Fachzeitschriften voll von Berichten über Viren, die nur bei einem einzigen Patienten mit einer bestimmten Krankheit gefunden wurden.

Diese Begebenheit führte mir jedenfalls wieder einmal deutlich vor Augen, wie stark unsere Wahrnehmung und Interpretation selbst von Ergebnissen, die auf Erfahrungen beruhen, von unseren kulturgeprägten Erwartungen und Wertvorstellungen beeinflußt sind. Das zu erkennen, halte ich für sehr wichtig, denn auch wenn uns einige der deutschen Praktiken seltsam erscheinen mögen, kann es für die eigene Praxis durchaus von Vorteil sein, alternative Untersuchungs- und Behandlungsmethoden wenigstens zur Kenntnis zu nehmen und einmal über sie nachzudenken. Vielleicht sind ja die höheren Dosen eines Medikamentes tatsächlich nicht immer die wirksameren; jedenfalls scheint die erst kürzlich vorgebrachte Theorie, daß einige Arzneimittel »therapeutische Fenster« haben – Punkte, an denen eine Erhöhung der Dosis zu verminderter Effektivität führt –, die Homöopathie in einigen Aspekten ihrer Theorie, wenn nicht sogar in ihrer gesamten Praxis, zu bestätigen. Hätten wir Amerikaner eine weniger mechanistische Vorstellung vom Herzen, dann wären wir vielleicht auch schon früher darauf gekommen, daß Angina durch einen Spasmus verursacht werden kann, daß bei Herzproblemen chirurgische Eingriffe nicht immer die beste Lösung sind und daß ein mechanisches Herz nicht im gleichen Maße wie ein organisches Herz in der Lage sein kann, sich den Belastungen der Umwelt anzupassen. Würden wir uns einige der deutschen Vorstellungen vom Gleichgewicht zueigen machen, käme es vielleicht seltener zu so extremen Behandlungen, die sich schließlich als schädlich erweisen. Hätten wir den Heilkräften der Pflanzen etwas mehr Beachtung geschenkt, dann stünden uns heute unter Umständen sehr viel mehr verschiedene wirksame Medikamente zur Verfügung. Und wenn wir wie die Deutschen mit Antibiotika etwas sparsamer umgingen, dann hätten sie vielleicht auch eine sehr viel stärkere Wirkung, wenn wir sie tatsächlich einmal bräuchten.

England: Sparsamkeit, Empirismus und »Haltung bewahren«

JACK: Und ehe die Woche zu Ende geht, werde ich meinen Bruder beseitigt haben. [...] Ja, ich werde ihm in Paris den Garaus machen ... Ein Schlaganfall wäre nicht schlecht. Viele Menschen trifft der Schlag ganz plötzlich, nicht wahr?
ALGERNON: Ja, aber die Anlage ist erblich, lieber Mann. So etwas liegt in der Familie. [...] Sag: eine schwere Erkältung. Da riskierst du nichts.

Oscar Wilde, *Bunbury oder Ernst muß man sein*

»Meine Frau hat zwei Gesprächsthemen: die königliche Familie und ihre eigene Verdauung.«

Aus dem Film *A Private Function*

Bei der Straßburger Konferenz über Brustkrebs wies einer der britischen Chirurgen darauf hin, daß die Lumpektomie in seinem Land nicht so sehr wegen der ästhetischen Resultate, sondern aus einem ganz anderen Grund favorisiert würde: Es sei eine einfachere Operation. Während Ärzte in Amerika und Frankreich für eine schwierigere Operation auch besser bezahlt werden und daher an einer radikalen Mastektomie mehr verdienen als an einer Lumpektomie, bekommt der britische Chirurg immer das gleiche Gehalt, unabhängig davon, wie er eine Krankheit behandelt.

Das auffälligste Merkmal der britischen Medizin ist die Sparsamkeit. Es wird von nahezu allem etwas weniger getan als in anderen Ländern. Zwar gehen die Engländer in der Regel etwas häufiger zum Arzt (5,4 Mal im Jahr) als die Amerikaner (4,7) oder Franzosen (5,2), aber ihre Arztbesuche dauern durchschnittlich nur 6 Minuten, im Vergleich zu 15 bis 20 Minuten in Frankreich und Amerika. Der britische Arzt führt erheblich seltener Routineuntersuchungen durch als seine französischen und amerikanischen Kollegen. Bei einer Studie, in der eine gleich große Anzahl von Allgemeinärzten aus Großbritannien und aus Iowa, USA, miteinander verglichen wurden, zeigte sich, daß die britischen Ärzte nur 3 solcher Untersuchungen durchführten, die amerikanischen dagegen 188. Britische Ärzte messen seltener den Blutdruck oder die Temperatur ihrer Patienten und machen seltener einen Rachenabstrich als Ärzte in anderen europäischen Ländern oder in Nordamerika. »Ich habe britische Ärzte bei ihren Untersuchungen beobachtet – es sind minimalistische Untersuchungen«, sagte Jack Froom von der State University of New York in Stony Brook. »Ich erinnere mich z. B. an einen Arzt, zu dem ein Kind in die Sprechstunde kam, das über Ohrenschmerzen klagte. Der Arzt sah sich daraufhin nur die Ohren an. Hier in Amerika würden wir den Patienten zumindest den Oberkörper freimachen lassen – vor allem, wenn es ein Kind ist, weil es Kindern keine Schwierigkeiten bereitet, sich auszuziehen – und uns den Hals und die Lunge ansehen. Wahrscheinlich würde dabei genau dasselbe herauskommen, aber wir gehen einfach automatisch anders vor.«[76]

Britische Patienten werden nur halb so oft geröntgt wie amerikanische, und für jede Röntgenaufnahme wird nur halb so viel Film verbraucht. Entdeckt der Arzt auf einem Röntgenbild des Brustkorbs einen Schatten, so bieten ihm britische Lehrbücher 85, amerikanische Lehrbücher 125 mögliche Erklärungen dafür an.[77]

Britische Ärzte verschreiben weniger Medikamente (6,53 pro Kopf) als französische (10,04) oder deutsche (11,18) Ärzte. Nur ganz selten verwenden sie Kalziumsubstituenten, Milchsäurebakterien oder die verschiedenen Arten peripherer Vasodilatatoren, wie sie in Frankreich üblich sind. Britische Patienten nehmen auch weniger Medikamente für das Herz ein als die Franzosen und die Deutschen und weniger Mittel gegen Krebs als die Amerikaner. Chirurgische Eingriffe, welcher Art auch immer, werden nur halb so oft vorgenommen wie in Amerika, und koronare Bypass-Operationen kommen in Amerika sechsmal häufiger vor als in Großbritannien. In der Regel ist man hier auch bei den Operationen, die für notwendig befunden werden, zurückhaltender: Bei Hodenkrebs z. B. werden normalerweise nicht die Lymphknoten entfernt, was Michael Baum vom King's College Hospital als »uralte, barbarische Sitte« bezeichnete.[78]

Die hochtechnisierte Medizin der Dialyse-Verfahren, Computer-Tomographie und Intensivstationen scheint in Großbritannien weniger verbreitet zu sein als in anderern Ländern. In einer Ausstellung über Spezialabteilungen für koronare Herzkrankheiten, die das *Wellcome Museum of the History of Medicine* in London organisierte, hatte man der Puppe, die den Patienten darstellen sollte, die Haut absichtlich dunkel gefärbt, um zu signalisieren, daß diese Art der medizinischen Fürsorge Ölscheichs aus dem Nahen Osten vorbehalten sei, die in England ihre Privatärzte haben, und daß der durchschnittliche englische Patient eine solche Behandlung vom *National Health Service* nicht erwarten könne.[79]

Selbst bei den Vitaminen sind die Briten sparsamer. Die Angaben für den täglichen Bedarf an Vitamin C liegen in England um die Hälfte niedriger als in vielen anderen Ländern einschließlich der Vereinigten Staaten, und die empfohlene tägliche Menge Kalzium beträgt 500 Milligramm, im Vergleich zu 800 Milligramm in den Vereinigten Staaten. »Im großen und ganzen neigen die Briten bei ihren Empfehlungen eher zur Vorsicht und Zurückhaltung als zur Großzügigkeit«, sagte ein britischer Ernährungsfachmann.[80] Ein anderes Beispiel: Bevor die Glukose-Dosis, die beim Glukosetoleranztest verwendet werden soll, vor ein paar Jahren allgemein auf 75 Gramm festgelegt wurde, führten die Briten den Test mit 50 Gramm durch, die Amerikaner, zum Vergleich, mit 100 Gramm.

Auch Reihenuntersuchungen werden wesentlich seltener gemacht als in anderen Ländern. Inzwischen wird zwar auch in Großbritannien anerkannt, daß regelmäßige Untersuchungen bei hohem Blutdruck sehr wichtig sind, aber die offizielle Empfehlung lautet, daß es genüge, wenn ein Erwachsener seinen Blutdruck alle fünf Jahre einmal messen lasse. Dem entspricht in der Gynäkologie, daß Ärzte zwar für einen Vaginalabstrich extra bezahlt werden, aber nur bei Frauen über 35, und bei diesen auch nur alle fünf Jahre einmal.[81]

Die Folge dieser sparsamen Untersuchungsmethoden ist, daß insgesamt auch weniger Krankheiten diagnostiziert werden; es

108

kann schließlich keine Hypertonie bei jemandem festgestellt werden, dessen Blutdruck von keinem Arzt je gemessen wird. Aber selbst wenn der Blutdruck gemessen wird, sprechen britische Ärzte erst bei relativ hohen Werten von einer Krankheit. »Einige Leute in den Vereinigten Staaten sind der Meinung, daß ein diastolischer Blutdruck von über 90 behandelt werden müsse«, sagte Thomas Pickering vom New York Hospital – Cornell Medical Center. »In England würde man eine Behandlung wahrscheinlich erst erwägen, wenn der Blutdruck 100 überschritten hat.« In einer vergleichenden Studie über Allgemeinärzte aus Großbritannien und Holland zeigte sich, daß die Briten nur bei halb so vielen Patienten Hypertonie oder Harnwegsinfektionen diagnostizierten wie die Holländer, und daß sie nur bei einem Fünftel der Patienten, die die Holländer für fettsüchtig hielten, ebenfalls diese Diagnose stellten. »Holländische Ärzte achten bei ihren Patienten eher auf Zeichen von Fettsucht und stufen diese auch eher als Krankheit ein als ihre britischen Kollegen, die in dieser Hinsicht eine höhere Toleranzgrenze haben«, lautet die Schlußfolgerung eines der Autoren der vergleichenden Studie.

Auch britische Psychiater erklären ihre Patienten insgesamt öfter für gesund oder zumindest für nicht krank als ihre Kollegen in anderen Ländern. Ein direkter Vergleich, bei dem man britische und französische Psychiater dieselben Patienten untersuchen ließ, ergab, daß die Engländer durchweg weniger Symptome feststellten als die Franzosen; bei einer anderen Untersuchung fanden britische Psychiater sogar nur halb so viele Symptome wie ihre amerikanischen Kollegen. Bezüglich einer in Amerika breit diskutierten Studie, in der acht Männer, die für schizophren ausgegeben wurden, von Ärzten psychiatrischer Kliniken in den Vereinigten Staaten nicht als gesund erkannt worden waren, meinte ein britischer Psychiater, in Großbritannien hätte dieses Experiment gar nicht funktionieren können, da Schizophrenie dort nicht als ausreichender Befund angesehen werde, um einen Patienten überhaupt in eine psychiatrische Klinik einzuweisen. Wenn man »in Großbritannien z. B. nur wegen einer einzigen akustischen Halluzination eine psychiatrische Klinik aufsucht, kann es ohne weiteres passieren, daß einem gesagt wird, man solle brav nach Hause gehen, die Nacht darüber schlafen und am nächsten Morgen wiederkommen«.[82]

In den Vereinigten Staaten erklärt man sich die britische Sparsamkeit üblicherweise damit, daß die Briten den drakonischen Sparmaßnahmen des *National Health Service* unterworfen seien. Mit der Maxime, so wenig wie möglich zu tun, hätten sie im Grunde nur die notwendige Konsequenz aus der Tatsache gezogen, daß es häufig einfach an den finanziellen Mitteln für bestimmte ärztliche Leistungen fehle.[83]

Sicherlich spielen wirtschaftliche Überlegungen eine gewisse Rolle; beim Erwerb von hochtechnisierten Geräten und von Krankenhausbetten für die fakultative Chirurgie wird dies besonders deutlich. Auch die relativ geringe Anzahl der Spezialisten ist eine Folge von Sparmaßnahmen. Es gibt keine »specialoids« – diesen Ausdruck prägte John Fry bei einem Aufenthalt in den Vereinigten Staaten; er läßt sich vielleicht am besten mit dem Wort »Quasispezialisten« wiedergeben (»Ich fand, daß das freundlicher klang als Pseudospezialisten«) – wie Internisten und Kinderärzte, die sich trotz ihrer Zusatzausbildung im Grunde kaum von Allgemeinärzten unterscheiden. In Großbritannien gibt es prozentual nur halb so viele Chirurgen wie in den Vereinigten Staaten (und anders als dort dürfen in England auch nur Fachchirurgen operieren) und im gesamten Gesundheitswesen nur etwas mehr als einhundert Kardiologen.[84] Osler Peterson von der University of Pennsylvania erläuterte, wie solche Gegebenheiten sich auf die Entscheidung darüber, wann eine Operation notwendig sei, auswirken können: »Ich habe amerikanische Chirurgen sagen hören, wenn ein Mann einmal pro Nacht urinieren müsse, sei das noch kein ausreichender Grund für eine Prostatektomie. Diese sei erst angezeigt, wenn er zweimal in der Nacht aufstehen müsse, denn das bedeute eine erhebliche Störung der Nachtruhe. In England würde Prostatektomie wahrscheinlich erst für angezeigt erklärt, wenn der Patient dreimal in der Nacht aufstehen muß, denn die Briten haben weniger Chirurgen, die eine solche Operation durchführen können.«

Aber nicht alle Aspekte der britischen Sparsamkeit lassen sich auf direkte Sparmaßnahmen zurückführen. Sir Raymond Hoffenberg vom *Royal College of Physicians* in London konnte sich nur an zwei Fälle erinnern, in denen die Freiheit des Arztes, über die am besten geeignete Behandlungsweise selbst zu entscheiden, auf nationaler Ebene eingeschränkt worden sei: einmal in den späten sechziger Jahren, als Herztransplantationen vorläufig verboten wurden (nachdem es in der Öffentlichkeit starke Proteste gegeben hatte, weil viele der Meinung waren, daß es sich bei der Herztransplantation um ein gewagtes Experiment handele, das noch nicht auf den Menschen angewandt werden dürfe), und ein zweites Mal 1984, als ein Gesetz zur Einschränkung des Konsums von Psychopharmaka verabschiedet wurde und daraufhin bestimmte Medikamente im Rahmen des *National Health Service* nicht mehr erhältlich waren. Englischen Allgemeinärzten, die grundsätzlich mit allen gesundheitlichen Beschwerden konfrontiert werden, sind in der Vergangenheit hinsichtlich der Tests und Arzneimittel, die sie verschreiben durften, weniger Restriktionen auferlegt worden als ihren Kollegen in Frankreich, der Bundesrepublik und sogar den Vereinigten Staaten. Dennoch verschreiben britische Ärzte nur halb so viele Arzneimittel wie französische und deutsche Ärzte, und zumindest aus einer Studie geht hervor, daß etwa kanadische Ärzte achtmal so viele Labortests anordnen wie sie.[85]

Eine Erklärung für die britische Sparsamkeit liegt in dem Vergütungssystem, das vom *National Health Service* vorgegeben ist. Jeder Patient muß bei einem bestimmten Allgemeinarzt registriert sein, der dann als einziger darüber entscheidet, ob der Patient von einem Spezialisten untersucht werden soll oder nicht. Allgemeinärzte werden auf drei verschiedene Weisen bezahlt: Einmal erhalten sie eine »Pro-Kopf-Gebühr« für jeden Patienten, der auf ihrer Liste steht (die Gebühr ist für Patienten über 65 und über 75 jeweils etwas höher); zweitens bekommen sie ein kleines Gehalt, und drittens werden sie für bestimmte Präventiv-Maßnahmen, die der *National Health Service* für wichtig hält, wie z. B. Impfungen, extra bezahlt. Die Pro-Kopf-Gebühren machen etwa die Hälfte des Einkommens eines Allgemeinarztes aus; um mehr Geld zu verdienen, müßte er also vor allem darauf hinzuwirken versuchen, daß sich so viele Patienten wie möglich bei ihm registrieren lassen, und zwar möglichst solche Patienten, die selten Beschwerden haben. »Ein Patient mit Asthma bedeutet in England für den Arzt eine große Belastung«, sagte der Pathologe David Winstanley, als ich mich 1981 mit ihm unterhielt. »Der ideale Patient ist jemand wie ich, der seit 1969 nicht mehr beim Arzt war.«[86]

Fachärzte beziehen ein Gehalt, so daß sie ihr Einkommen nur durch Zusatz-Prämien steigern können. Privatpatienten zu nehmen ist auch eine Möglichkeit, aber trotz all der Publizität, die der Privatmedizin in Großbritannien zuteil wird, nehmen nur zehn Prozent der Bevölkerung sie in Anspruch.[87]

Anders als in anderen Ländern also, in denen Allgemeinmediziner und Spezialisten sich gegenseitig die Patienten streitig machen oder Chirurgen und Gynäkologen sich nicht darüber einigen können, wer von ihnen Patientinnen mit Brustkrebs behandeln sollte, kämpfen britische Fachärzte nicht um Patienten, jedenfalls nicht um kranke. Einige von ihnen grenzen sogar die Definition ihres Fachgebietes so weit wie möglich ein, um ihre Arbeitsbelastung zu reduzieren. Mehr Patienten bringen nicht mehr Geld, sondern bedeuten nur, daß der Arzt etwa bei einer so angenehmen Einrichtung wie der Teepause Abstriche machen muß. Chirurgen sind nicht begeistert, wenn sie sich mit »allgemeinmedizinischem Unsinn« wie etwa kleineren ambulanten Eingriffen abgeben müssen, und in weiten Teilen Großbritanniens übernehmen z. B. Neurochirurgen weniger als fünf Prozent der Patienten, die mit Kopfverletzungen ins Krankenhaus eingeliefert werden, während Rückenmarkstraumen und Traumen der peripheren Nerven fast ausschließlich von Orthopäden chirurgisch behandelt werden. »Mein Vater war Endokrinologe«, sagte ein englischer Arzt, »aber mit ›endokrinem Unsinn‹ wie etwa Fettsucht beschäftigte er sich nur in seiner Privatpraxis.«[88]

Dieses System, in dem die Gefahr eines Zuwenig an medizinischer Fürsorge weit größer ist als die eines Zuviel, wurde den Briten nicht gegen ihren Willen eines Tages einfach aufgezwängt, sondern erwuchs vielmehr aus der Tradition. Die Pro-Kopf-Gebühr z. B. war im 19. Jahrhundert in Bergarbeiter-Gesellschaften üblich, die, so Professor Brian Abel-Smith von der University of London, sehr kostenbewußt waren und ihren Ärzten oft vorwarfen, sie verschrieben zuviele Therapien und Medikamente.[89] Viele Spezialisten wurden für ihre Arbeit im Krankenhaus überhaupt nicht bezahlt und taten sie im Geiste der Wohltätigkeit. Als im Jahre 1911, zu einer Zeit, da »es in den Vereinigten Staaten noch immer Land zu bebauen gab«, wie Osler Peterson es formulierte, der *National Health Service* errichtet wurde, waren sowohl die Pro-Kopf-Gebühr als auch das regelmäßige Gehalt als Verdienstquellen des Arztes bereits gut eingeführt. Nach dem Zweiten Weltkrieg wurde der *National Health Service* auf die gesamte Bevölkerung ausgedehnt.

»Der *National Health Service* [in dieser neuen Form] trat 1948 in Kraft, ein Jahr, nachdem ich mich als Allgemeinarzt niedergelassen hatte«, sagte John Fry, der zahlreiche Bücher über den Stand der Allgemeinmedizin in den verschiedensten Ländern der Welt geschrieben hat. »Es änderte sich nicht viel, außer daß wir keine monatlichen Rechnungen mehr verschicken mußten und nicht mehr 20 Prozent Außenstände hatten. Wir benutzten sogar die gleichen Ordner für die Krankenakten wie vor 1948«, sagte er und zeigte mir einen der winzigen Ordner. »Der Krieg war ja gerade erst vorüber, das Geld war knapp, und wenn die Größe der Ordner geändert worden wäre, hätte der *National Health Service* hohe Ausgaben für neue Ordner gehabt, und die Ärzte hätten neue Aktenschränke kaufen müssen. Das kleine Format bringt uns dazu, nicht zuviel aufzuschreiben.«

»Das britische Gesundheitswesen«, fuhr Fry fort, »basiert auf einer konservativen, kritischen und zuweilen zynischen Einstellung der Ärzte, die gewohnt sind, alles in Frage zu stellen. Unsere Ausbildung konzentriert sich sehr stark auf die Untersuchung und Behandlung am Krankenbett. Sie ist sehr selbstkritisch. Es wird den Ärzten beigebracht, die Notwendigkeit medizinischer Verfahren immer erst einmal in Zweifel zu ziehen. Sie lernen sich zu fragen, was wirklich notwendig ist, warum etwas getan werden muß und welches die Folgen sind. Wozu ist etwa die moderne Medizintechnik gut? Ist es in jedem Fall besser, sie zu verwenden als gar nichts zu tun?«

Der Ernährungsfachmann Anthony Leeds sagte, als ich ihn über den Vitaminbedarf befragte: »In Großbritannien sind Mediziner oft relativ konservativ, sie sind sehr vorsichtig bei allem, was sie tun.«

»Die meisten britischen Ärzte kann man als ziemlich orthodox bezeichnen«, meinte David Winstanley. »Viele Ärzte im Londoner West End, die alternative Heilverfahren anwenden, kommen aus Osteuropa. Die Gehirnwäsche, der man hier im Medizinstudium unterzogen wird, hält die meisten britischen Ärzte davon ab, sich solchen außerhalb der Schulmedizin angesiedelten Heilverfahren zuzuwenden.« Die einzige alternative Heilkunde, die eine gewisse Anhängerschaft gefunden hat, ist interessanterweise die Homöopathie, die vielleicht mit ihrem Prinzip, Medikamente in möglichst niedriger Dosierung zu verabreichen, der britischen Sparsamkeit entgegenkommt. Eine nicht unerhebliche Rolle spielt sicherlich auch, daß die Königliche Familie homöopathische Ärzte konsultiert und homöopathische Heilmittel verwendet. (Shurlock 1985, 84)

Die medizinische Ausbildung spiegelt ihrerseits verschiedene Aspekte der britischen Gesellschaft wider. Das bei weitem einflußreichste philosophische System in Großbritannien ist das der Empiristen Locke, Berkeley und Hume. Für die Empiristen entspringt alles Wissen der Erfahrung, nicht der Theorie oder dem Denken. Im Gegensatz zu Descartes, der das Universum von einem Gedanken ausgehend erklären wollte, versuchte der Philosoph Francis Bacon, die Gesellschaft davon zu überzeugen, daß das Denken aus dem Universum abgeleitet werden müsse.[90]

Diese Denkweise hat ihren deutlichen Niederschlag im britischen Recht ebenso wie im politischen System Großbritanniens gefunden. Während in anderen europäischen Ländern gesetzliche Regelungen getroffen werden, die bestimmte Streitfälle antizipieren sollen, basiert das britische Recht auf der Interpretation von Fällen, die bereits vorgekommen sind. Und während die Verfassungen der meisten westlichen Demokratien a priori bestimmte Richtlinien für die Regierung des Landes vorgeben, ist das in Großbritannien nicht der Fall; stattdessen zieht man es dort vor, sich an Prinzipien zu orientieren, die aus Erfahrungen abgeleitet sind.

Das auf Erfahrungen basierende Denken ist notwendigerweise weniger stringent, weniger sauber als die lupenreine Logik des cartesianischen Denkens. »Das englische Denken war schon immer Chaos und Vielfalt schlechthin«, schrieb der Amerikaner Henry Adams zu Beginn dieses Jahrhunderts. (Adams 1931 [1907], 453)

Maurice Mercadier, Chirurg in Paris, zog eine Parallele zwischen den Denkweisen dieser beiden Länder und ihren Gärten: »Der englische Garten ist reich an den verschiedensten Arten von Blumen, die mit Geschmack ausgesucht und mit selbstverständlicher Eleganz arrangiert sind; im französischen Garten dagegen findet man nur eine begrenzte Anzahl verschiedener Blumen, die nach strengen Gesichtspunkten ausgesucht und in gut durchdachter geometrischer Anordnung arrangiert sind. In dem einen herrscht die Harmonie der Farben, in dem anderen die Harmonie der Linien. Der erste gehört seinem Wesen nach zur Welt des Konkreten, der zweite zur Welt des Abstrakten.« (Mercadier 1985) Margaret Mead machte sich Gedanken über den Unterschied zwischen dem britischen und dem amerikanischen Denken und schrieb: »[Die Frage] ›Welches ist deine Lieblingsfarbe?‹, die einem Amerikaner unmittelbar einleuchtet, ist für einen Engländer völlig unverständlich und läßt ihn sofort zurückfragen: ›Die Lieblingsfarbe wovon? Von einer Blume? Einem Schlips?‹ Er ordnet jedem Gegenstand eine komplexe Kombination von Eigenschaften zu und betrachtet Farbe nur als eine der Eigenschaften eines Gegenstandes, sie hat für ihn nichts mit einer Farbskala zu tun, über die man ein Urteil fällen kann, das dann auf eine große Anzahl verschiedener Gegenstände übertragbar wäre.« (Mead 1953) Der Engländer steht Theorien in seinem medizinischen Denken ebenso skeptisch gegenüber wie in seinem rechtlichen und politischen Denken. Er hält auch nicht viel davon, medizinische Ergebnisse zu verallgemeinern. Michael Baum erklärte z. B. die britische Einstellung, daß bei Brustkrebs keine adjuvante (unterstützende) Chemotherapie angewendet werden solle (adjuvant bezieht sich auf die Chemotherapie, die bei der ersten Operation oder kurz danach zusätzlich zur chirurgischen Behandlung angewendet wird) folgendermaßen: »Mir leuchtet genau wie jedem anderen Onkologen vollkommen ein, daß das [die adjuvante Chemotherapie] eigentlich wirken *müßte*. Die Argumente sind sehr überzeugend. Aber daß es wirken müßte, heißt noch lange nicht, daß es auch tatsächlich wirkt. Ich müßte eigentlich reich sein, ich könnte die überzeugendsten Argumente dafür anführen, warum ich reich sein müßte, und doch bin ich allem Anschein nach arm. Die Fakten sind entscheidender als Hypothesen.«

James V. O'Brien schreibt: »Ein britischer Krankenhausarzt muß vom ersten Tag seiner Tätigkeit an damit rechnen, daß man ihn mit allen Aufgaben des Fachgebietes konfrontiert, das er erlernen will. Die Theorie wird ihm später beigebracht... Er wird von Anfang an voll beansprucht und muß lernen, mit den Patienten so gut wie möglich zurechtzukommen – ungeschützt und unbehelligt von theoretischen Überlegungen.« (O'Brien 1979)

Die Tendenz, sich eher auf Details als auf Theorien zu konzentrieren, wird von anderen, besonders von den Franzosen, häufig für reine Kleinlichkeit gehalten. »Adam Smith beschäftigte sich mit Farmern, die ihren Weizen für Stoff eintauschten, während Pierre Quesnay [ein französischer Volkswirtschaftler] sich mit *makroökonomischen* Fragen auseinandersetzte«, sagte Henri Pequignot, Professor für Innere Medizin am Hôpital Cochin in Paris, in einem Ton, der keinen Zweifel darüber aufkommen ließ, welchem Vorgehen er den Vorzug gab. »Die englischen Ärzte sind die Buchhalter der medizinischen Welt«, behauptete ein anderer französischer Arzt.

Nimmt man diese Konzentration auf harte Fakten mit der in England sehr verbreiteten Überzeugung zusammen, daß die Gesellschaft als ganze Vorrang vor dem Individuum hat (eine Überzeugung, die auch der Arbeit des *National Health Service* zugrunde liegt), so wird verständlich, warum gerade die Briten von der kontrollierten klinischen Studie in der medizinischen Forschung am meisten Gebrauch machen, wie im zweiten Kapitel bereits erwähnt. Obwohl es ein Franzose, Pierre Louis, war, der als erster eine solche klinische Studie durchführte, konnten sich diese Untersuchungen in Frankreich nicht durchsetzen; denn da die Franzosen der Erhebung von Daten keinen hohen Wert beimaßen und Datenschutz-Gesetze sie ohnehin oft unmöglich machten, gab es auch keine Daten, die analysiert werden konnten. In England dagegen fiel die Idee der kontrollierten klinischen Studie auf fruchtbaren Boden. (Turk/Allen 1983) Der viktorianische Amateur-Wissenschaftler Francis Galton, ein Cousin Darwins, begründete die Wissenschaft der Biometrie, die auf der Anwendung der Wahrscheinlichkeitsrechnung in der Biologie basiert. Sein Motto lautete: »Bevor nicht alle Phänomene eines Wissenszweiges genauen Messungen und Berechnungen unterzogen worden sind, kann er nicht den Status und die Würde einer Wissenschaft beanspruchen. « (Pichot 1983) In seinem 1906 verfaßten Vorwort zu seiner Komödie *Der Arzt am Scheideweg* gab George Bernard Shaw ein überzeugendes Beispiel dafür, wie wichtig kontrollierte klinische Studien sind: »Zu Shakespeares Zeiten und lange nachher war Mumiensaft ein beliebtes Medikament. Man trank eine Prise vom Staub eines toten Ägypters, aufgelöst in heißem Wasser (so heiß man es nur trinken konnte), und es hatte eine ausgezeichnete Wirkung. Dies, glaubte man, beweise, was für ein unübertreffliches Heilmittel der Mumiensaft sei. Aber wenn man das Kontrollexperiment versucht hätte, heißes Wasser ohne Mumiensaft zu trinken, hätte man genau dieselbe Wirkung herausgefunden und erkannt, daß jedes heiße Getränk eine ebenso gute Wirkung hat. « (Shaw 1946, 266/67)

Inzwischen setzen sich kontrollierte klinische Studien in vielen Ländern immer stärker durch, wahrscheinlich auch deshalb, weil sie eine notwendige Voraussetzung dafür sind, daß man seine Ergebnisse in der englischsprachigen medizinischen Fachliteratur veröffentlichen kann. Dennoch lassen sich zwischen den klinischen Studien, die die Engländer, und denen, die die Amerikaner durchführen, zwei Unterschiede feststellen. Erstens ist es in England durchaus üblich, einige der Patienten einer solchen Studie gar nicht zu behandeln, da die Engländer, wie erwähnt, dazu neigen, den Nutzen jeder Form von Behandlung prinzipiell erst einmal in

Frage zu stellen. In einer vom *Medical Research Council* durchgeführten kontrollierten klinischen Studie zur Behandlung geringfügiger Hypertonie z. B. erhielten einige der Patienten Placebos. In den Vereinigten Staaten dagegen wurden in einer ebensolchen Studie zwei verschiedene Behandlungsweisen miteinander verglichen, da man es für ethisch nicht vertretbar hielt, einen Teil der Patienten überhaupt nicht zu behandeln – dabei war keineswegs erwiesen, ob die beiden Behandlungsweisen einen positiven Effekt haben würden. Die amerikanische Studie gilt, auch weil in ihr keine Placebos verwendet wurden, allgemein als weniger bedeutend.[91]

Der zweite Unterschied besteht darin, daß der britische Arzt aus den Ergebnissen einer Studie nicht so weitreichende Schlüsse zieht wie der amerikanische. Hinsichtlich einer kürzlich erschienenen Untersuchung über die Behandlung eines sehr hohen Cholesterinspiegels mit einem cholesterinsenkenden Mittel wiesen britische Kommentatoren darauf hin, daß die Ergebnisse nur für Patienten gültig seien, deren Cholesterinspiegel exakt dem in der Studie genannten entsprächen und die mit genau denselben Medikamenten behandelt würden. Amerikanische Kommentatoren dagegen übertrugen die Ergebnisse derselben Studie von der medikamentösen Behandlung auf Diättherapien und von Patienten mit sehr hohem Cholesterinspiegel auf solche mit niedrigeren Werten. Genauso unterstreichen britische Ärzte auch, daß die Resultate vieler klinischer Studien über Medikamente, die den Blutdruck senken sollen, nur für Männer einer bestimmten Altersgruppe gelten und nur für die Medikamente, die jeweils getestet worden sind. Bei denselben Studien würden amerikanische Ärzte wahrscheinlich keinen Grund sehen, an der Allgemeingültigkeit der Ergebnisse zu zweifeln.[92]

Britische Ärzte weisen auch öfter darauf hin, daß bestimmte Behandlungen unangenehme Nebenwirkungen haben könnten und es für den Patienten zuweilen besser sei, wenn der Arzt nicht eingreife. Einige Beispiele: Während amerikanische Mediziner bei ihren Amniozentese*-Studien in dem leicht erhöhten Risiko einer Fehlgeburt die einzige Nebenwirkung sahen, stellten britische

Ärzte bei ihren Versuchen zudem fest, daß auch das Risiko bestimmter Geburtsfehler steigt; eine andere britische Studie zeigte, daß Patienten, die einen Herzinfarkt hatten, zu Hause genauso gut aufgehoben seien wie auf Spezialabteilungen für koronare Herzkrankheiten; und das Ergebnis einer Studie über schwangere Frauen lautete, daß nicht mehr als fünf Vorsorgeuntersuchungen vonnöten seien.[93]

Einige der Sparmaßnahmen ebenso wie der Übertreibungen in der britischen Medizin resultieren jedoch nicht so sehr aus dem kritischen, behutsamen Vorgehen der Ärzte, sondern spiegeln noch einen anderen Aspekt des britischen Charakters wider – das Bemühen, die Zähne zusammenzubeißen.

Die britische Medizin, so Julian Leff, muß im Lichte der traditionellen Schulerziehung in den Public Schools betrachtet werden. »In der Public School wird uns beigebracht, den Körper zu verleugnen. In den Vereinigten Staaten dagegen umhegt und umschmeichelt man ihn.« In der Tat werfen Engländer den regelmäßigen Untersuchungen und den vielen Labortests häufig vor, sie weckten in den Patienten ein morbides Interesse an ihrem Körper. »Es ist sehr fraglich, ob [regelmäßige Untersuchungen] in England ein positives Echo fänden«, schrieb ein englischer Lebensversicherungsfachmann 1928, »denn wir haben hier nicht wie in Amerika jene breite Schicht von Leuten, die sich von einem anstrengenden Berufsleben, in dem sie ein Vermögen verdient haben, in der Blüte ihrer Jahre zurückziehen und nun auf der Suche nach einem Hobby sind, um sich irgendwie zu beschäftigen. Die Einführung eines Systems regelmäßiger Untersuchungen würde die Aufmerksamkeit der Leute auf die Vorgänge in ihrem Körper lenken und möglicherweise alles Krankhafte festschreiben.«[94]

Etwa fünfzig Jahre später klang in einem Leserbrief an das *British Medical Journal* dieselbe Befürchtung an: »Allgemeinärzte sind sich, wenn sie den Blutdruck eines über Kopfschmerzen klagenden Patienten messen und wider Erwarten hohe Werte feststellen, darüber im klaren, daß sie die damit normalerweise assoziierten Beschwerden erst hervorrufen können. Bringt man also die Blutdruckwerte in der Sprechstunde ohne triftigen Grund zur Sprache, so bereitet man den Boden für alle möglichen schädlichen Vorstellungen.«

Leute, die einmal in England gelebt haben, berichten, daß die Engländer in der Regel sehr wenig über ihren Körper wissen. »Französische Patienten kennen ihren Blutdruck«, sagte R. S. Inch. »Von fünfzig englischen Patienten dagegen kennt ihn nicht ein einziger.« Ein 1970 durchgeführter Test zeigte, daß nur 42 Prozent der befragten Engländer das Herz und nur 20 Prozent den Magen richtig lokalisieren konnten. (Boyle 1970)

In bezug auf eine neuere Umfrage schrieb Christiane Heal an *Self Health*: »Ich arbeite als therapeutische Masseurin in England und Italien. Meine italienischen Patienten wissen in der Regel, wo ihre Organe liegen und welche wesentlichen Funktionen sie haben, während meine englischen Patienten tatsächlich so wenig wissen, wie es die Umfrage suggeriert.« (Heal 1984, 34)

Ein anderer Leser dagegen schrieb: »Obwohl ich von Ihren Testfragen weniger als 40 Prozent richtig beantwortet habe, bin ich mit meinen 86 Jahren noch kerngesund. Könnte das mit meiner Ignoranz zusammenhängen?« (Spencer 1984, 34)

Die Notwendigkeit, die Zähne zusammenzubeißen, erklärt jedoch nicht nur die im großen und ganzen stoische Haltung britischer Patienten, sondern möglicherweise auch jene seltenen Fälle, in denen britische Ärzte mit ihren Diagnosen und Behandlungen weiter gehen als Ärzte anderer Länder. Die britische Gesellschaft zeigt wenig Toleranz gegenüber Menschen, die ihre Selbstbeherrschung verlieren; diese Menschen werden oft sehr schnell für krank und entsprechende Therapien für notwendig erklärt. Während britische Psychiater also einerseits im allgemeinen weniger Krankheiten diagnostizieren als ihre Kollegen in anderen Ländern, neigen sie offenbar andererseits dazu, Symptome überzubewerten, die darauf hindeuten, daß ein Patient sich selbst nicht mehr ganz unter Kontrolle hat. Es ist seit langem bekannt, daß britische Psychiater manisch-depressive Erkrankung bei Patienten diagnostizieren, die in den Vereinigten Staaten als schizophren gelten würden, wobei es nicht so sehr die Depression, sondern vor allem die Manie zu sein scheint, die sie beunruhigt.

In einem Vergleich britischer und amerikanischer Psychiater »stellten die Engländer in der Regel mehr Symptome fest, die ›über das Ziel hinausschießen‹, wie etwa die Euphorie, und erheblich weniger Symptome der Antriebsschwäche oder Passivität. (Abhängigkeit, Unentschiedenheit) als die Amerikaner«.[95] Englische Psychiater haben einer anderen vergleichenden Studie zufolge einen sehr viel weiter gefaßten Begriff sowohl von neurotischen als auch von psychotischen Depressionen sowie von Manien als die Franzosen und – wenn die Unterschiede hier auch geringer sind – als die Deutschen. Die Engländer diagnostizierten bei 23 Prozent einer Gruppe von Patienten manisch-depressive Erkrankungen, die Franzosen dagegen nur bei 5 und die Deutschen bei 14 Prozent. Eine Analyse ihrer schriftlich festgehaltenen Beobachtungen ergab, daß die englischen Ärzte die Begriffe »Erregung«, »Reizbarkeit« und »Unfähigkeit, einer normalen Beschäftigung nachzugehen«, auffallend oft und den Begriff »Denkstörung« auffallend selten verwendeten. Zu den Begriffen, die die Franzosen (bei denselben Patienten) besonders häufig benutzten, gehörten »Retardation«, »Entscheidungsschwäche«, »Energielosigkeit«, »Passivitätsgefühl« und »Verlust gewohnter Interessen«.[96]

Auch der Konsum von Tranquilizern lag, bis 1984 der *National Health Service* eingriff, für ein Land, das insgesamt einen niedrigen Arzneimittelverbrauch zu verzeichnen hat, erstaunlich hoch. Eine Untersuchung zeigte sogar, daß in einem Zeitraum von zwei Wochen in Großbritannien mehr Menschen Tranquilizer eingenommen hatten als in jedem anderen Land, das in der Studie berücksichtigt wurde. Aus der gleichen Untersuchung ging hervor, daß 45 Prozent der Franzosen, Deutschen und Spanier und 54 Prozent der Italiener, aber nur 34 Prozent der Engländer der Meinung waren, Tranquilizer schadeten mehr, als daß sie nützten. Und bei einer anderen Untersuchung stellte sich heraus, daß Psycholeptika und Psychoanaleptika in absoluten Zahlen zwar am häufigsten in Frankreich verschrieben wurden, in Großbritannien aber den im Vergleich zu anderen Ländern höchsten

Prozentsatz unter den gebräuchlichsten Medikamenten ausmachten.[97]

Noch vor wenigen Jahren waren mehr als zwei Prozent der in Großbritannien verschriebenen Medikamente Antidepressiva. (O'Brien 1984) Doch während englische Ärzte offenbar häufiger als ihre Kollegen in anderen Ländern Depressionen diagnostizieren, scheint ihre Behandlungsmethode oft darauf hinauszulaufen, den Patienten zu sedieren, statt seine Depressionen zu unterdrükken. Peter Tyrer, Dozent der Psychiatrie an der University of Southampton, stellte bei der Untersuchung von Patienten, die ihm von Allgemeinärzten überwiesen worden waren, fest, daß einem Viertel von ihnen Antidepressiva in so niedriger Dosierung verschrieben worden waren, daß sie nur noch sedativ wirken konnten. (Tyrer 1978)

Meine Interpretation, dies könne damit zusammenhängen, daß die Briten mit stark sedierten Patienten besser umzugehen wüßten als mit erregten Patienten, wiesen mehrere englische Ärzte zurück. Ihrer Meinung nach hat die Tatsache, daß in Großbritannien so viele Antidepressiva und Tranquilizer verschrieben werden, etwas damit zu tun, daß Patienten, die in den Vereinigten Staaten zum Psychotherapeuten gingen, hier vom Allgemeinarzt behandelt würden; da dieser wenig Zeit dazu habe, sich mit ihnen zu unterhalten, gebe er ihnen Medikamente. (Birenbaum 1981) Da der englische Allgemeinarzt außerdem vegetative Dystonie, niedrigen Blutdruck und *spasmophilie* nicht als Krankheiten betrachtet, würde er wahrscheinlich in solchen Fällen Neurosen diagnostizieren und anstelle von Magnesiumtherapien und Kuraufenthalten entweder Beruhigungs- oder Aufputschmittel verschreiben. Zumindest die Patienten scheinen jedoch Tranquilizer auch als Mittel anzusehen, um sich besser in die britische Gesellschaft einfügen zu können. Cecil Helman, Allgemeinarzt in London und zugleich Sozialanthropologe, befragte Patienten, die seit langem Tranquilizer einnahmen, und fand heraus, daß mehr als die Hälfte von ihnen Angst davor hatten, die Mittel abzusetzen, weil sie befürchteten, daß ihre Beziehungen darunter leiden würden. »Sie äußerten insbesondere die Befürchtung, daß Beziehungen zerstört werden oder Schaden nehmen könnten, weil sie nicht dazu in der Lage wären, dem Ideal sozialer Verhaltensweisen und normalen Umgangs miteinander gerecht zu werden. Sie glaubten, ihrer Persönlichkeit würde eine ganze Reihe von positiven Eigenschaften fehlen, wenn sie die Medikamente nicht einnähmen; dazu gehörten: normales Verhalten, die Fähigkeit, sie selbst zu sein, Ausgeglichenheit, Selbstbeherrschung, Geduld, Toleranz, Verträglichkeit, Fürsorglichkeit, Umgänglichkeit, Freundlichkeit, Unkompliziertheit, Zuversicht, Beliebtheit und die Fähigkeit, persönliche und gesellschaftliche Verantwortung zu übernehmen. ›Ohne das Mittel wäre ich unausstehlich, launisch – es wäre nicht schön, mit mir zusammenzuleben.‹ ›Es wäre unerträglich, mit mir zusammenzuleben – ich würde von morgens bis abends jammern und klagen.‹ ... Frauen hoben vor allem hervor, daß sie nicht mehr in der Lage wären, für ihre Familie zu sorgen, wenn sie das Mittel absetzen würden. Männer hatten meistens besondere Angst davor, im Arbeitsleben nicht bestehen zu können und die Selbstbeherrschung zu verlieren.« (Helman 1981)

Die Bedeutung, die der Selbstbeherrschung beigemessen wird, mag zumindest teilweise erklären, warum die Engländer auf dem Gebiet der Anästhesie und der Schmerzbekämpfung führend sind. Britische Anästhesisten genießen überall auf der Welt ein hohes Ansehen, und die Entstehung von Schmerzkliniken ist bezeichnenderweise maßgeblich auf ihre Initiative zurückzuführen. Es gibt in Großbritannien genauso viele Anästhesisten wie Chirurgen, und anders als etwa in den Vereinigten Staaten, wo für die Narkose manchmal die Anästhesie-Schwester zuständig ist, darf keine Operation ohne die Unterstützung eines speziell ausgebildeten Anästhesisten stattfinden. Die Engländer haben den Gebrauch von Heroin sowohl für die Suchtunterhaltung als auch für die Schmerzbekämpfung von jeher akzeptiert, und insbesondere für diese sind in den letzten Jahren immer größere Mengen verwendet worden. Auch Kombinationen schmerzstillender Medikamente wie etwa der Brompton Cocktail – eine Mischung aus Heroin und anderen Schmerzmitteln – sind in England erdacht worden und finden in anderen Ländern inzwischen breite Anwendung.[98]

Auf den ersten Blick mag dieses relativ hohe Ansehen der Anästhesie und Schmerzbekämpfung in einem Land, in dem die Menschen eigentlich gerade, was ihren Körper angeht, eher zu stoischem Verhalten neigen, paradox erscheinen. Es wird in der Regel damit erklärt, daß dieses Fachgebiet eine starke Aufwertung durch die Entscheidung Königin Viktorias erfuhr, ihr achtes Kind unter Narkose zur Welt zu bringen. Seitdem stellt sich bei Entbindungen nicht mehr wie etwa in Frankreich die Frage, ob überhaupt eine Narkose gegeben werden soll, sondern es geht nur noch um die Art und um den Zeitpunkt der Narkose. Als sich bei einer Untersuchung herausstellte, daß es u. a. auch an der Narkose liegen kann, wenn eine Mutter bei der Geburt stirbt, wurde im *British Medical Journal* nicht, wie es in Frankreich der Fall gewesen wäre, dafür plädiert, daß gebärenden Frauen keine Narkose mehr gegeben oder sie zumindest nicht mehr vom *Health Service* bezahlt werden dürfe, sondern es hieß: »Es ist offensichtlich, daß einige Anästhesie-Abteilungen die Geburtshilfe nicht ernst genug nehmen.«

Aber es ist wohl gar nicht in erster Linie der Schmerz selbst, den die Briten so sehr fürchten, sondern vielmehr der Verlust der Selbstbeherrschung, den der Schmerz herbeiführen kann. Im Sommer 1984 sah ich z. B. im Fernsehen ein Interview mit einer Engländerin, die einige Jahre zuvor in einem italienischen Zug Zwillinge zur Welt gebracht hatte. Ihre größte Sorge dabei sei gewesen, so erzählte sie, daß sie die anderen Passagiere wecken könnte.

Eine weitere Eigenart der Briten ist es, daß sie ihre Verdauung außerordentlich wichtig nehmen. Obwohl es für dieses Phänomen mehr als genug eindeutige Beispiele gibt, konnte ich es mir lange Zeit nicht erklären, widersprach es doch jener anderen Beobachtung, daß die Briten ihrem Körper generell wenig Beachtung schenken.

»Von frühester Kindheit an«, so hieß es in einem Kommentar im *British Medical Journal*, »wird man in Großbritannien dazu erzogen, die tägliche Verdauung geradezu als eine religiöse Pflicht und den ungeleerten Darm als eine Jauchegrube zu betrachten, an der man sich selbst vergiften kann. Kein Wunder also, daß die Ärzte es mit einer ungeheuren Anzahl von Patienten zu tun haben, die sich wie besessen mit der Häufigkeit, der Konsistenz, dem Durchmesser und dem Aussehen ihres Stuhlgangs beschäftigen.« (Anon. 1980) Und Jonathan Miller schreibt in *The Body in Question*: »Die Engländer ... denken an nichts anderes als an ihre Verdauung. Wenn ein Engländer über ›Obstipation‹ klagt, kann das alles mögliche bedeuten – daß er eine unregelmäßige Verdauung hat, abgespannt ist, Kopfschmerzen hat oder deprimiert ist.« (Miller 1978) Wahrscheinlich ist dies der Grund dafür, daß Großbritannien einer Studie der Weltgesundheitsorganisation zufolge im Vergleich zu anderen Ländern einen relativ hohen Konsum von Abführmitteln zu verzeichnen hat. (Kohn/White 1976)

Wenn ein Engländer von seiner Leber spricht, so M. N. G. Dukes, meint er eigentlich seinen Darm. Eine Untersuchung, in der englische Patienten angeben sollten, wo sich verschiedene Organe in ihrem Körper befinden, bestätigte diese Beobachtung: 45,5 Prozent der befragten Patienten glaubten, die Leber läge im Unterbauch direkt oberhalb des Beckens. (Boyle 1970)

Möglicherweise stellt jedoch Obstipation in Großbritannien tatsächlich ein größeres Problem dar als in anderen Ländern. Zumindest ein Bericht hat jedenfalls zeigen können, daß Tee zu Verstopfung führen kann (Hojgaard et al. 1981, 864), und aus einem anderen geht hervor, daß in England mehr Konserven verzehrt werden und weniger frisches Gemüse gegessen wird als in fast allen anderen EG-Ländern – und bekommt man dort als Gast doch einmal Gemüse vorgesetzt, so erweist es sich oft genug als bemerkenswert ungenießbar.

Aber die Engländer scheinen im Hinblick auf ihre Verdauung auch besonders sensibel zu sein: In einer Umfrage bezeichneten 34 Prozent der Patienten sowie 11,4 Prozent der Ärzte bereits die nicht täglich erfolgende Stuhlentleerung als Obstipation. (Boyle 1970)

Zu einem Teil trägt an dieser Obsession der Briten sicherlich die Theorie der Autointoxikation Schuld, von der in England insbesondere zu Beginn des 20. Jahrhunderts viele überzeugt waren. In seinem Buch *Modern Medical Mistakes* (1978) schreibt der inzwischen verstorbene Arzt Edward C. Lambert, diese Theorie besage, daß infolge vom Darmträgheit der Darminhalt verfaule und dadurch Toxine entstünden, die zu einer chronischen Vergiftung des Körpers führten. Diese verbreitete Vorstellung wird in George Bernard Shaws *Der Arzt am Scheideweg* von Dr. Walpole veranschaulicht, der an einer Stelle sagt: »95 Prozent aller Menschen leiden an chronischer Blutvergiftung und sterben daran. Das ist so einfach wie das Abc. Ihr Wurmfortsatz ist voller Verwesungsstoffe, unverdauter Nahrung und überflüssiger Erzeugnisse ranziger Ptomaine. Ich bitte Sie, Ridgeon, befolgen Sie meinen Rat: lassen Sie sich das Zeug von mir herausschneiden. Sie werden nach der Operation ein ganz anderer Mensch werden. [...] Ich sage Ihnen nur soviel: in einem intelligent regierten Land würde man den Leuten nicht gestatten, mit Wurmfortsätzen herumzugehen und sich zum Herd von Ansteckung zu machen. Die Operation sollte obligatorisch sein: sie ist zehnmal wichtiger als die Impfung.« (Shaw 1946, 318)

In den folgenden Jahren war von der Theorie der Autointoxikation dann zwar immer seltener die Rede, aber erst kürzlich ist sie in leicht abgewandelter Form wieder aufgetaucht, als nämlich Denis Burkitt, ein aus England stammender Arzt mit missionarischen Ambitionen, behauptete, Darmträgheit könne Darmkrebs hervorrufen. Burkitt empfiehlt in einem solchen Fall nicht etwa eine Operation, sondern eine ballaststoffreiche Diät, die auch prophylaktisch zumindest die tägliche Stuhlentleerung ermöglichen soll. (Burkitt 1984) Ballaststoffreiche Diäten scheinen, einem Kommentar im *British Medical Journal* zufolge, »dieselben leidenschaftlichen Emotionen zu wecken, wie es in der viktorianischen Zeit das Abstinenzprinzip tat.«[99]

Eine Antwort auf meine Frage, warum sich gerade die Engländer, die doch dafür bekannt sind, daß sie ihrem Körper wenig Beachtung schenken, so viele Gedanken über ihre Verdauung machen, fand ich in einem Aritkel von Michael O'Donnell, einem früheren Herausgeber des *World Medicine*. O'Donnell hatte in einem »repräsentativen Buch über England und den englischen Charakter von A–Z« nachgeschlagen und darin keinerlei Erwähnung von Gesundheit, Medizin, Krankenschwestern, Ärzten oder Patienten gefunden. Daraufhin schlug er vor, der medizinische Eintrag für dieses Buch sollte lauten: »*Verdauung (die), Stolz auf Kontrolle über*. Ich bin mir sicher«, schrieb er, »daß nur wenige Ärzte noch nie einem Engländer begegnet sind, der, wie deprimiert und niedergeschlagen auch immer er während des Gesprächs über seine Krankengeschichte gewirkt haben mag, auf die schüchterne Frage: ›Und Ihre Verdauung?‹ nicht plötzlich mit triumphierendem Lächeln und einem trotzigen: ›Regelmäßig wie ein Schweizer Uhrwerk‹ geantwortet hätte.« Bis zum Zweiten Weltkrieg, schreibt O'Donnell, war der britische Verdauungskult vorwiegend ein Phänomen der Mittelschicht, das sich jedoch nach dem Krieg »schnell auf die unteren Schichten ausdehnte«. O'Donnell vermutet, daß für diese britische Eigenart die Public School verantwortlich sei. In seiner eigenen Grundschule hätten er und seine Mitschüler jeden Morgen »in Reih und Glied an einer Lehrerin vorbeidefilieren müssen, die jeden von uns anbellte: ›Schon gewesen?‹ und denen, die dumm genug waren, mit ›nein‹ zu antworten, ein widerlich schmeckendes Getränk verabreichte, von dem ich nachträglich glaube, daß es eine Mischung aus Rhabarber und Sennesblättern war.« (O'Donnell 1986, 36)[100]

Verglichen mit den Franzosen und den Deutschen messen die Engländer dem *terrain* wenig Bedeutung bei; sie neigen dazu, die Ursache einer Krankheit außerhalb des Körpers anzusiedeln oder, falls das nicht möglich ist, gewissermaßen als Kompromiß die Verdauung verantwortlich zu machen. Anders als französische Ärzte scheinen die Ärzte in Großbritannien es nicht für sonderlich wichtig zu halten, die Abwehrkräfte des Patienten zu stärken, und es werden fast überhaupt keine Vitamine, Toniken, Kuraufenthalte u. ä. verschrieben. Antibiotika dagegen – Mittel gegen einen bestimmten von außen kommenden Krankheitserreger – spielen in England eine größere Rolle. Während in Deutschland auf der Liste der zwanzig gebräuchlichsten Medikamentgruppen kein einziges Antibiotikum aufgeführt war, sind in England gleich drei verschiedene Antibiotika unter den zwanzig häufigsten Arznei-mitteln zu finden.[101]

In einer Umfrage gaben französische Frauen an, sie glaubten, es gebe eine Art Gesundheitsreserve, auf die man bei Bedarf zu-rückgreifen könne (i. e. das *terrain*), schottische Frauen dagegen äußerten die Überzeugung, sie seien entweder gesund oder krank, und dazwischen gebe es nichts. Nach wesentlichen Krankheitsur-sachen befragt, nannten die schottischen Frauen am häufigsten Infektionen, Vererbung, familiäre Disposition oder Umweltfak-toren wie Gifte, Arbeitsbedingungen, Klima oder Feuchtigkeit, sehr viel seltener dagegen natürliche Degenerationserscheinungen oder idiopathische (ungeklärte) Ursachen. Offenbar betrachteten sie eine Krankheit als eine Art böswilliges Tier, das außerhalb des Körpers auf der Lauer liegt und nur darauf wartet, daß sich eine Gelegenheit zum Angriff bietet. (Williams 1983)

Diese »Xenophobie des Körpers« spiegelt in gewisser Weise die allgemeine Xenophobie wider, die in der britischen Gesell-schaft vorherrscht. Luigi Barzini hat darauf hingewiesen, daß »viele Briten alle gesellschaftlichen Unruhen irgendwelchen wid-rigen äußeren Einflüssen zuschreiben. Die politischen Eklats, die Skandale der High Society und die schrecklichen Morde, die von Zeit zu Zeit für Schlagzeilen in der Boulevardpresse sorgten, wur-den in der Regel als ›unerklärlich‹ abgetan und meistens auf Im-porte aus dem Ausland wie etwa französische Romane oder deut-sche politische Theorien zurückgeführt.« (Barzini 1983) Von Krankheitserregern aus dem Ausland fühlten sich die Briten eben-falls von jeher bedroht; die Tatsache etwa, daß die Tollwut nach England importiert wurde, wird als einer der zahlreichen Gründe dafür genannt, warum viele Engländer sich gegen den Bau eines Tunnels über den Englischen Kanal aussprechen. Und obwohl es in London weniger AIDS-Fälle gibt als in Paris oder New York, haben die Briten sehr viel heftiger auf diese Krankheit reagiert als die Franzosen und Amerikaner. So ist es örtlich zuständigen Be-hörden z. B. erlaubt, AIDS-Patienten ins Krankenhaus einzuwei-sen, wenn sie der Ansicht sind, diese stellten für andere eine Ge-fahr dar.[102]

Für leichtere Krankheiten machen Engländer vielfach einen Umweltfaktor verantwortlich, der in der beliebten Wendung »catching a chill« (zu Deutsch etwa: »sich erkälten«) zum Ausdruck kommt. Damit werden alle möglichen Beschwerden von der einfachen Erkältung bis hin zur Blaseninfektion erklärt. (Vielleicht hat es etwas mit der Angst der Briten vor »chills« zu tun, daß die meisten Studien, in denen sich Klimaanlagen als gesundheitsschädlich erweisen, aus England stammen. [Robertson et al. 1985]) Cecil Helman fand bei einer Befragung englischer Patienten heraus, daß sie »chills« anders interpretierten als Fieber. Zwar führten sie beides auf äußere Einflüsse zurück, meinten aber, daß »chills« eine Reaktion des Körpers auf Einflüsse der natürlichen Umwelt seien, während bei Fieber soziale Beziehungen die entscheidende Rolle spielten, da die »Bazillen«, die Fieber erzeugten, immer von anderen Menschen übertragen würden. Wer einen »chill« bekommt, so resümierte Helman die Ansicht vieler Engländer, hat bis zu einem gewissen Grad selber Schuld, z. B., weil er sich nicht warm genug angezogen hat; Fieber dagegen trifft einen völlig schuldlos, so daß man sich auch eines erheblich größeren Mitgefühls seitens seiner Mitmenschen sicher sein kann. (Helmann 1978 u. 1981a)

»Chills« können zu »chilblains«, einer relativ harmlosen Form von Frostbeulen, führen. Im Gegensatz zu einigen anderen »Verlegenheitsdiagnosen«, über die ich gesprochen habe, gibt es »chilblains« tatsächlich: Es sind juckende rote Flecken auf der Haut, die dadurch entstehen, daß sich bei Kälte die Blutgefäße verengen. Dieser Befund existiert auch außerhalb Englands, wird dort aber selten diagnostiziert. Eine internationale Gruppe von Allgemeinmedizinern nahm »chilblains« noch nicht einmal in ihr Klassifizierungssystem auf, weil diese Diagnose ihres Wissens nur in England gestellt wurde. Wie unüblich sie in der Tat in anderen Ländern zu sein scheint, veranschaulicht folgende Begebenheit: Als eine Gruppe von Ärzten aus Virginia, USA, an den Oberschenkeln dicker junger Frauen, die in der Kälte der frühen Morgenstunden ausritten, rote Flecken fanden – ein klassischer Fall von »chilblains«, wie Renwick Vickers aus Oxford befand – glaubten sie, eine neue Krankheit entdeckt zu haben, und nannten sie »equestrian cold panniculitis«.[103]

Warum werden »chilblains« in England so viel öfter diagnostiziert als in anderen Ländern?

»Die Engländer halten es für unmoralisch, viel zu heizen«, lautete die Antwort Jack Frooms.

Obwohl britische Ärzte immer wieder betonen, es sei wichtig, die Zähne zusammenzubeißen und sich nicht anzustellen, behaupten sie doch mit einem gewissen Stolz, die britische Medizin sei nicht so sehr therapie-, sondern vielmehr patientenorientiert. »Mediziner sind verblendet, wenn sie glauben, ihre Aufgabe sei es, Krankheiten zu heilen. Heilung ist ein Wunder«, meinte John Fry. »Die meisten gängigen Krankheiten sind im Grunde unheilbar. Eine Blinddarmentzündung oder eine Infektion kann man heilen, aber Diabetes, Depressionen, Rheumatismus oder Ekzeme nicht. Wir versuchen eher, zu lindern und Mut zuzusprechen als zu heilen.«

In der Tat geben die Briten zwar viel weniger für die Gesundheitsfürsorge aus als die Amerikaner – um die 6 Prozent des Bruttosozialprodukts im Vergleich zu 11 Prozent in den Vereinigten Staaten, deren Bruttosozialprodukt ohnehin schon sehr viel größer ist; die Art und Weise jedoch, wie sie die vorhandenen Mittel verteilen, bestätigt Frys Aussage, daß der Fürsorglichkeit und Zuwendung des Arztes mehr Bedeutung beigemessen wird als der Therapie. (Robinson 1977)

Auf dem Gebiet der Geriatrie ist Großbritannien sowohl Kanada als auch den Vereinigten Staaten anerkanntermaßen um zehn bis fünfzehn Jahre voraus. Zwar stellt das britische Gesundheitssystem für die Behandlung alter Menschen kaum moderne Medizintechnik zur Verfügung, dafür gibt es aber um so mehr Fachärzte der Geriatrie und vergleichsweise viele Gerontopsychiater. (McRae 1978) Als Thomas Pickering an das *British Medical Journal* schrieb, in der Tatsache, daß es in Großbritannien ebenso viele Gerontopsychiater wie Kardiologen gebe, offenbare sich eine falsche Grundeinstellung, da Kardiologen medizinisch mehr tun könnten, während die Arbeit der Psychologen, so wichtig sie auch sei, genauso gut oder sogar besser von Sozialarbeitern geleistet werden könnte, kam eine ganze Flut von Antworten, deren allgemeiner Tenor lautete, das Leben in Amerika habe *ihn* zu einer falschen Grundeinstellung gebracht. (Pickering 1981)

Im Blick auf das – vor allem psychische – Wohlergehen des Patienten werden auch die Ergebnisse medizinischer Studien in England tendenziell vorsichtiger interpretiert als in anderen Ländern. Die Engländer stellen sich nicht nur häufiger die Frage, ob eine bestimmte Behandlung überhaupt sinnvoll ist, sondern achten auch stärker auf »schleichende« Nebenwirkungen, die die Lebensqualität des Patienten unter Umständen mehr beeinträchtigen können als schwere Nebenwirkungen. Die auf internationale Arzneimittelgesetze spezialisierte Rechtsberaterin Judith Jones stellte fest, daß Ärzte in England und den Vereinigten Staaten, die man gebeten hatte, über die Nebenwirkungen von Cimetidin, einem Mittel gegen Magengeschwüre, zu berichten, ganz verschiedene Angaben machten: Die amerikanischen Ärzte nannten meist nur die offensichtlichen körperlichen Nebenwirkungen, während die britischen Ärzte sich eher dazu äußerten, ob die Patienten sich subjektiv unwohl fühlten, also etwa über Nebenwirkungen wie Verwirrtheit klagten. In einer britischen Rezension eines Buches über Chemotherapie bei Krebs hieß es, daß auf den 600 Seiten »zu unkritisch eine ganze Reihe von ›aktiven‹ Medikamenten aufgelistet ist (wobei diese sogenannte Aktivität für den Patienten in Wirklichkeit oft genug von nur ganz geringem Nutzen ist) und zu wenig davon gesprochen wird, was Nebenwirkungen für den Patienten und seine Familie bedeuten können, insbesondere psychische Nebenwirkungen. Es ist fast überhaupt nicht von der Lebensqualität die Rede.«[104]

Diese Einstellung, daß die Medizin nicht in erster Linie die Aufgabe habe, Leben zu verlängern, sondern vor allem, dem Patienten ein möglichst angenehmes Leben zu ermöglichen, hat zweifellos auch dazu geführt, daß die ersten Sterbeheime in Großbritannien – und nicht in Amerika – entstanden. Die Idee solcher Heime kann nur in einer Gesellschaft verfangen, in der der Tod als etwas Selbstverständliches akzeptiert wird. F. M. Hull schreibt:

»[...] in Großbritannien bemühen wir uns weniger eifrig darum, Menschen am Leben zu erhalten. Das hat nichts mit Gleichgültigkeit zu tun, sondern deutet auf eine andere Einstellung zum Tod hin. Amerikanische Mediziner scheinen den Tod als das endgültige Versagen ihrer ärztlichen Fähigkeiten anzusehen. Britische Ärzte dagegen betrachten ihn oft als ein ganz natürliches Ereignis, und manchmal wünschen sie ihn sogar sehnlichst herbei.« (Hull 1976)

»Die Idee des Sterbeheims steht im Einklang mit der britischen Mentalität; der amerikanischen Mentalität widerspricht sie eher«, heißt es in einem Artikel im *Hastings Center Report*. »Das britische Ethos hat in zwei Kriegen in einem für Amerikaner kaum vorstellbaren Ausmaß gelitten, und es ist von einer viel größeren Aufgeschlossenheit gegenüber der Endlichkeit oder der Sterblichkeit geprägt – der entscheidenden Voraussetzung dafür, daß die Idee des Sterbeheims sich durchsetzen konnte. Es kommt nicht von ungefähr, daß es in Großbritannien früher Sterbeheime gab als bei uns.« (Smith/Granbois 1982)

Diese Fürsorglichkeit, die die britische Medizin kennzeichnet, hat jedoch oft auch etwas Paternalistisches, und der britische Patient hat wahrscheinlich weniger Rechte als der französische, deutsche oder amerikanische Patient. So kann man z. B. in Großbritannien wegen einer ansteckenden Krankheit wie AIDS oder wegen einer psychischen Störung auch ohne eigene Zustimmung in ein Krankenhaus eingewiesen werden. Und erst kürzlich sprach das *British House of Lords* den Patienten das Recht ab, über die Risiken medizinischer Verfahren aufgeklärt zu werden – eine Entscheidung, die Rechtsexperten in der Bundesrepublik und in Frankreich mit einigem Entsetzen zur Kenntnis nahmen. Darüber hinaus richtet sich die medizinische Fürsorge häufig mehr danach, was der Arzt für richtig hält, als danach, was der Patient wirklich braucht. Jean Robinson berichtete beispielsweise, sie habe, bevor sie operiert worden sei, mit einer Unterschrift ihr Einverständnis bekunden sollen: »Ich sagte zur Krankenschwester, ich könne das nicht unterschreiben, weil es da hieß, man hätte mich über Art und Zweck des Eingriffs aufgeklärt, und das hatte man eben nicht getan. Daraufhin wurde der Anästhesist geholt, der sagte, er würde mir noch eine Spritze geben. Wenn man um Informationen bittet, wird das oft für ein Zeichen von Nervosität gehalten. «[105]

Eine Studie ergab, daß 33 Prozent der befragten britischen Patienten den Arzt nicht um Aufklärung baten, weil sie glaubten, er würde sie dann für ängstlich halten, und 20 Prozent befürchteten, sie würden eine unfreundliche oder abweisende Antwort bekommen. Andererseits erhielten jedoch 80 Prozent der Patienten, die ihrem Arzt Fragen stellten, konkrete Antworten. (Anon. 1982a)

Es ist in Großbritannien mit großen Schwierigkeiten verbunden, den Allgemeinarzt zu wechseln, und ein solcher Schritt wird dem Patienten häufig als Untreue oder Undankbarkeit ausgelegt. Theoretisch steht es einem zwar jederzeit frei, sich einen anderen Arzt zu suchen, »in der Praxis aber sieht das anders aus. Ärzte sind Patienten gegenüber, die den Arzt wechseln, äußerst skeptisch, und in manchen Gegenden gibt es sogar eine Art Gentlemen's agreement zwischen den Ärzten, daß sie Patienten ihrer Kollegen nicht übernehmen«, sagte Jean Robinson. Auf die Frage, was er tun würde, wenn sich ein Patient mit einem Spezialisten, an den er ihn überwiesen habe, nicht zufrieden zeige, antwortete John Fry: »Ich würde ihn an einen anderen Spezialisten überweisen, den Arzt aber vorwarnen, daß der Patient mit dem vorherigen Spezialisten nicht zurechtgekommen sei.«

Solche Einschränkungen der persönlichen Freiheit würden in den Vereinigten Staaten auf sehr viel Widerstand stoßen. Von der kritischeren Haltung britischer Ärzte hingegen, die den Nutzen einer Behandlung immer erst einmal in Frage stellen, können wir zweifellos etwas lernen. Die medizinische Fachliteratur Großbritanniens gibt uns wertvolle Gedankenanstöße, insbesondere, weil sie die »leichteren« Nebenwirkungen medizinischer Verfahren stärker in den Vordergrund stellt und uns vor Augen führt, daß Behandlungen, auf deren Wirksamkeit amerikanische Ärzte schwören, in England nicht selten mit Skepsis betrachtet werden. Wenn aber selbst britische Ärzte von einem Verfahren überzeugt sind, dann kann man mit ziemlich großer Sicherheit davon ausgehen, daß es auch tatsächlich etwas nützt.

USA:
Der Virus in der Maschine

Kurz und gut, er war, wie schon erwähnt, gesund, normal und zufrieden. Und dann, eines verhängnisvollen Tages, hörte er in seinem Klub von der Gesundheitsinventur.

Die Idee (ich verfalle in den Jargon des Dienstleistungsgewerbes) *sagte ihm auf der Stelle zu.* Er würde seine *Gesundheit inventarisieren* lassen.

Würde er sein Geschäft ein Jahr lang laufen lassen, ohne eine Inventur zu machen? Nein, das würde er *nicht* tun!

Würde er sein Auto drei Monate laufen lassen, ohne es *überholen* zu lassen? Nein.

War sein *Körper* etwa weniger wichtig als sein Auto? ...

Heute besteht er in der Unterhaltung darauf, daß die Gesundheitsinventur sein Leben um zehn Jahre verlängert habe, obwohl er, seit sie vorgenommen wurde, erst zwei Jahre gelebt hat, und er hat die Absicht, sich nächstes Jahr wieder inventarisieren zu lassen.

Logan Clendening, *The Care and Feeding of Adults* (1931)

Selbst als sich in Europa zur Behandlung von Brustkrebs schon die weniger verstümmelnden Verfahren der einfachen Mastektomie und der Lumpektomie durchgesetzt hatten, traten amerikanische Ärzte weiterhin für die radikale Mastektomie und die prophylaktische Entfernung beider Brüste zur Prävention von Brustkrebs ein.[106]

Die amerikanische Medizin ist aggressiv. Von der Geburt – bei der es sehr viel häufiger zum Kaiserschnitt kommt als in jedem europäischen Land – bis zum Tod im Krankenhaus, von der invasiven Untersuchung bis zum prophylaktischen chirurgischen Eingriff – immer wollen amerikanische Ärzte etwas *tun*, und zwar am liebsten so viel wie möglich. Um es mit den Worten des Amtsarztes in Samuel Shems Buch *The House of God* zu sagen: »Ich bin der Kapitän dieses Schiffes, und ich bin für die medizinische Versorgung zuständig, was, nur zu Ihrer Information, nicht heißt, nichts zu tun, sondern etwas zu tun. Ja, sogar alles zu tun, verstanden?« (Shem 1979)[107]

Amerikanische Ärzte führen mehr diagnostische Tests durch als Ärzte in Frankreich, der Bundesrepublik oder England. Oft verzichten sie zugunsten von chirurgischen Eingriffen auf die medikamentöse Behandlung, die jedoch selbst auch aggressiver ist als in anderen Ländern: Es werden generell höhere Dosen und stärkere Medikamente verschrieben. Auch die offiziellen Dosierungsempfehlungen sind in den Vereinigten Staaten oftmals höher angesetzt als anderswo; selbst wenn jedoch eine niedrige Dosis irgendeines Medikamentes empfohlen wird, geschieht es nicht selten, daß Ärzte dennoch an ihrer Überzeugung festhalten, daß die höhere Dosis wirkungsvoller sei. Antikoagulanzien z. B. (Mittel, die die Blutgerinnung verzögern oder hemmen) verschrieben viele Ärzte trotz gegenteiliger Empfehlung weiterhin in hoher Dosierung, und das, obwohl dadurch die Gefahr von Blutungen nachweislich anstieg.[108]

Besonders hoch – manchmal um das Zehnfache höher als anderswo – sind die Dosierungen in der Psychiatrie. »Ich glaube, bei uns werden höhere Dosen verwendet als überall sonst auf der Welt, außer vielleicht in Rußland«, sagte Jonathan O. Cole vom McLean Hospital in Belmont, Massachusetts. »Man könnte meinen, wir wollten uns in chemischer Kriegsführung gegen die Psychose üben. «[109]

Chirurgische Eingriffe sind nicht nur häufiger, sondern auch tendenziell aggressiver als in anderen Ländern. Das scheint insbesondere für Operationen im Bereich der Geschlechtsorgane zu gelten. Die Wahrscheinlichkeit, daß bei einer Frau eine Hysterektomie für notwendig befunden und durchgeführt wird, ist in Amerika um das zwei- bis dreifache größer als in England, der Bundesrepublik oder Frankreich, und Ärzte aus anderen Ländern machen sich über die amerikanischen »Geburtstags-Hysterektomien« lustig, vielleicht ohne zu wissen, wie jung die Frauen in den Vereinigten Staaten häufig sind, bei denen Hysterektomien vorgenommen werden: Über 60 Prozent von ihnen sind unter 44.

Einige Ärzte nehmen gesunden Frauen um die 40 routinemäßig die Gebärmutter und oft auch die Eierstöcke heraus – eine Maßnahme, die in der 1975er Ausgabe von *Novak's Textbook of Gynecology*, einem der amerikanischen Standardwerke der Gynäkologie, ausdrücklich gebilligt wurde. Viele Ärzte in den Vereinigten Staaten halten, anders als ihre Kollegen in anderen Ländern, die Hysterektomie schon bei Befunden für angezeigt, die auf ein Vorstadium von Krebs hindeuten.[110] Gegen Krebs selbst wird ebenfalls vergleichsweise radikal vorgegangen. Prostata-Operationen werden häufiger als in Europa und sowohl bei älteren als auch bei jüngeren Männern durchgeführt. Und Amerika dürfte außer Israel das einzige Land sein, in dem die Mehrzahl aller Jungen nach der Geburt noch beschnitten werden.[111]

Impfungen werden im öffentlichen Gesundheitswesen oft mit dem vorrangigen Ziel durchgeführt, die jeweilige Krankheit vollständig zu eliminieren, und nicht so sehr, wie in anderen Ländern, um den Einzelnen zu schützen. Als z. B. der Impfstoff gegen Röteln auf den Markt kam, mußten sich in den meisten europäischen Ländern nur die Mädchen impfen lassen, die noch nicht in der Pubertät waren; in den Vereinigten Staaten dagegen wurden in dem Bestreben, die Krankheit völlig auszumerzen – und zwar möglichst schnell –, alle Kinder geimpft.[112]

Die Aggressivität der amerikanischen Medizin zeigt sich unter anderem auch bei der Diagnose und Behandlung von hohem Blutdruck. Noch bevor 1979 im *Journal of the American Medical Association* das sogenannte »Hypertension and Follow-up Program« veröffentlicht wurde, in dem die Behandlung von leicht erhöhtem Blutdruck unter bestimmten Umständen für sinnvoll befunden wurde, verwendeten einige amerikanische Ärzte bereits »Methoden, die aggressiver waren, als es der damalige Kenntnisstand über Risiken und Nutzen der Behandlung von leichter Hypertonie rechtfertigte«.[113]

Selbst dort, wo die amerikanische Medizin zu »sanften« Methoden neigt, benutzt sie eine aggressive Sprache, und das Wort »aggressiv« selbst wird in bezug auf Reihenuntersuchungen, Diagnose und Behandlung von Krankheiten so häufig verwendet, daß man den Eindruck gewinnen könnte, es verschaffe den Amerikanern irgendeine besondere Befriedigung.[114] In einer Erklärung von 1984 z. B., hinter der im Grunde eine Politik der Einsparungen stand, widerriefen amerikanische Experten eine frühere Empfehlung, selbst leicht erhöhten Blutdruck mit aggressiven Medikamenten zu behandeln, und gaben stattdessen die Parole aus, daß von nun an sanftere Verfahren wie Diät-, Bewegungs- oder Verhaltenstherapien »aggressiv zu verfolgen« seien. (Boffey 1984)

Ein anderes Beispiel: Eine Untersuchung, in der 12 Krankenhäuser hinsichtlich der Behandlung von Frühgeborenen miteinander verglichen wurden, ergab, daß die Säuglinge in einem der Krankenhäuser behutsamer behandelt worden waren als in allen anderen und daß bei diesen Kindern weniger Komplikationen aufgetreten waren (interessanterweise hatte hier ein chinesischer Arzt die Oberaufsicht). Der Autor der Studie empfahl daraufhin nicht etwa, daß diese behutsamere Vorgehensweise in allen amerikanischen Krankenhäusern übernommen werden sollte, sondern schlug vor, es solle weiter geforscht werden. (Eckholm 1987) Natürlich ist es immer gut, weiter zu forschen, aber es drängt sich einem hier doch die Frage auf, ob der Autor auch dann dazu geraten hätte, wenn sich bei der Untersuchung die aggressiveren Methoden als wirkungsvoller erwiesen hätten.

In der Aggressivität der Medizin spiegelt sich jene generelle Aggressivität des amerikanischen Charakters wider, von der so oft die Rede ist. Vielfach wird sie auf die »*frontier*-Erfahrung« der amerikanischen Pioniere zurückgeführt, jener Menschen meist europäischer Herkunft, die gekommen waren, um das unerforschte Land zu besiedeln. Die scheinbar unendliche Weite des Landes ließ in ihnen die Überzeugung wachsen, daß alles möglich sei, wenn man nur mit den natürlichen Gegebenheiten – extremen Wetterverhältnissen, wilden Tieren, giftiger Flora und den nicht immer freundlich gesonnenen Eingeborenen – fertigwerde. Auch mit Krankheiten konnte man fertigwerden, aber eben nur, wenn man sie mit aggressiven diagnostischen Methoden verfolgte und mit ebenso aggressiven therapeutischen Mitteln gegen sie vorging, und zwar vorzugsweise, indem man etwas herausnahm, statt – etwa zur Stärkung der Abwehrkräfte – etwas hinzuzufügen. Man glaubte sogar, Krankheiten ließen sich verhindern, wenn man die Umwelt von feindlichen Elementen befreite. Um es mit den Worten Oliver Wendell Holmes' zu sagen: »Wie könnte ein Volk, das alle vier Jahre eine Revolution erlebt, das das Bowie-Messer und den Revolver erfunden hat, ... das nicht müde wird, Yachten und Pferde und Jungens auszusenden, damit sie, jeder auf seine Weise, beim Segeln, beim Laufen, beim Kämpfen, den Rest der Schöpfung Schachmatt setzen; wie könnte ein solches Volk sich je mit etwas anderem als einer ›heroischen‹ Medizin zufriedengeben? Wen wundert's, daß die *Stars and Stripes* über 90 Gran-Dosen Chininsulfat wehen und daß der amerikanische Adler freudige Schreie ausstößt, weil er sieht, wie drei Drachmen [180 Gran] Kalomel [Quecksilber-I-Chlorid; Anm. d. Ü.] mit einem Mal heruntergeschluckt werden?« (Holmes 1988)[115]

Aggressiv waren die Methoden der amerikanischen Medizin schon vor der Revolution. Einer der Unterzeichner der Unabhängigkeitserklärung, Benjamin Rush, ein Arzt, der die amerikanische Medizin nachhaltig beeinflußt hat, glaubte, daß die Medizin unter anderem durch ein »übertriebenes Vertrauen in die Heilkräfte der Natur« in ihrer Entwicklung behindert worden sei (ein Umstand, den er auf Hippokrates zurückführte). John Duffy, Professor für Geschichte an der University of Maryland, erläutert in seinem Buch *The Healer*, Rush sei während einer Gelbfieber-Epidemie zur aggressiven Medizin übergegangen, weil er festgestellt habe, daß große Mengen von Quecksilber und Jalape (Abführmittel) die Patienten offensichtlich zu heilen imstande waren. Duffy vermutet, daß die Patienten, die Rush auf diese Weise behandelte, wahrscheinlich gar kein oder jedenfalls kein sehr schlimmes Gelbfieber hatten, und fügt hinzu: »Wie dem auch sei, für Rush bestand kein Zweifel, daß er das Problem gelöst hatte ... Die Tatsache, daß es Rush gelang, die Allgemeinheit von der Richtigkeit seiner These zu überzeugen, bedeutete, daß für eine lange Zeit das Abführen und der Aderlaß im medizinischen Alltag an der Tagesordnung waren.« Rush »glaubte, der Körper enthalte etwa 13 Liter Blut, das ist mehr als das Doppelte der tatsächlichen Menge, und er hielt seine Schüler dazu an, den Aderlaß so weit zu treiben, bis dem Körper vier Fünftel des Blutes entnommen seien. Wenn es bei starkem Abführen zu Darmblutungen kam, so hieß das für ihn lediglich, daß zwei Fliegen mit einer Klappe geschlagen worden waren.« (Duffy 1976) Rush war erfüllt von dem Gedanken, daß sogar die Natur selbst sich der Amerikanischen Revolution unterordnen mußte. (Vgl. Davies et al. 1983)

Ein anderer Historiker, Martin S. Pernick, schreibt: »Rush überzeugte die Leute z. T. dadurch von seinen Therapien, daß er ihnen einredete, sie seien heroisch, kühn, mutig, männlich und patriotisch; Amerikaner könnten mehr aushalten als Europäer; amerikanische Krankheiten seien deshalb entsprechend schwerer als die leichten europäischen Krankheiten; um Amerikaner zu heilen, bedürfe es besonders starker Dosen, die von heroischen amerikanischen Ärzten verabreicht werden müßten.« (Pernick 1983)

Im frühen 19. Jahrhundert fand Rushs Einstellung schließlich ihre sprachliche Zuspitzung in einer Formulierung, der man in medizinischen Fachzeitschriften der damaligen Zeit immer wieder begegnet: »Extreme Krankheiten erfordern extreme Heilmethoden.« In Louisiana z. B., so Duffy, vertraten die kreolischen Mediziner noch die Überzeugung, der Arzt habe nur der Natur bei ihren Heilungsprozessen zu assistieren, während »die angloamerikanischen Ärzte sich in der Regel Benjamin Rushs Theorien zueigen machten, was bedeutete, daß sie die Heilkräfte der Natur leugneten und für direktes und drastisches Eingreifen eintraten. Wenn ein kranker Patient zu ihnen kam, holten sie ihre Abführ- und Brechmittel herbei, hielten ihre Lanzetten stichbereit und stürmten gegen den Feind an in der festen Absicht, den Patienten so lange bluten, abführen und erbrechen zu lassen, bis die Krankheit besiegt war.« (Duffy 1976)

Pernick zitiert einen bekannten Autor medizinischer Literatur aus Cincinati mit dem Satz »Die wahre Grausamkeit in der Medizin ist die Behutsamkeit.« Was statt dessen benötigt würde, verkünde der Autor, sei »eine zupackende Vorgehensweise; die Krankheiten unseres eigenen Landes machen dies in besonderer Weise erforderlich.«

Pernick schreibt: »›Frontier-Chirurgen‹ wie Ephraim McDowell, Nathan Smith und J. Marion Sims entwickelten neue Operationen, für die, wie sie selbstherrlich behaupteten, die Europäer zu sensibel und ängstlich gewesen seien.... Amerikanische Chirurgen schrieben ihre Erfolge zum Teil einem ›frontier-Stoizismus‹ zu, der den degenerierten Ärzten der Alten Welt fehle; Europäer dagegen verurteilten die amerikanischen Praktiken als ein Beispiel der Barbarei und Grausamkeit, die offenbar eine Folge der ›frontier-Erfahrung‹ sei.« (Pernick 1983)

Als Mitte des 19. Jahrhunderts Frankreich zum Mekka des medizinischen Fortschritts avancierte, lockte es auch eine Reihe amerikanischer Mediziner, dort zu studieren, und einige von ihnen, wie z. B. Oliver Wendell Holmes, machten sich nach ihrer Rückkehr in die Vereinigten Staaten für das Prinzip der Mäßigung stark. Die meisten anderen Mediziner jedoch bewunderten zwar die hervorragenden diagnostischen Fähigkeiten der Franzosen, lehnten aber deren »therapeutischen Nihilismus« ab. Der Historiker John Harley Warner berichtet, die Amerikaner, die zu dieser Zeit in Frankreich studierten, hätten mit Befremden festgestellt, daß die französische Medizin von einem grundsätzlichen Mißtrauen gegenüber der Wirksamkeit von Arzneimitteln sowie von einem Glauben an die Heilkräfte der Natur geprägt war, der eine abwartende Behandlungsweise förderte. Für die amerikanischen Ärzte gehörte dagegen gerade das Gebot, einzugreifen und entschlossen gegen Krankheiten vorzugehen, wesentlich zu ihrem Berufsethos dazu, und in der Haltung der Franzosen sahen sie eine »do-nothing«-Mentalität, die für sie einer Verleugnung ihrer professionellen Verantwortung gleichkam. Warner schreibt: »Das Prinzip, nach Möglichkeit nicht einzugreifen, mochte zwar für die Patienten in den Pariser Krankenhäusern das Richtige sein (was die Amerikaner allerdings bezweifelten), die meisten amerikanischen Mediziner waren sich jedoch darin einig, daß in ihrem eigenen Land entschlossenes Eingreifen gefordert war.« (Warner 1985)

Die Tendenz, aggressive Therapien zu favorisieren und den Heilkräften der Natur zu mißtrauen, ist in den Vereinigten Staaten bis ins 20. Jahrhundert hinein bestehen geblieben. So wird z. B.

heute bei fast jeder Geburt ein Dammschnitt gemacht, ein Verfahren, daß auf den Geburtshelfer Joseph DeLee zurückgeht, der 1920 empfahl, die Verwendung der Zange, den Dammschnitt und die mechanische Ablösung der Plazenta zur Routine zu machen. Ein künstlicher Schnitt, argumentierte DeLee, sei doch viel sauberer und könne besser kontrolliert werden als ein natürlicher Riß. Die Krankenschwester Margarete Sandelowski meint, bei DeLee geradezu eine Abneigung gegenüber dem natürlichen Geburtsvorgang zu entdecken, weil er geäußert habe, er frage sich manchmal, »ob die Natur nicht eigentlich gewollt hat, daß die Frau sich im Prozeß der Fortpflanzung vollständig verausgabt, ähnlich wie der Lachs, der nach dem Laichen stirbt«. Weiterhin schreibt sie: »DeLee meinte, es sei wahrscheinlich für die Gesundheit jedes Kindes besser, wenn es durch Kaiserschnitt zur Welt käme und sich nicht in qualvoller Prozedur durch den engen Geschlechtstrakt der Mutter kämpfen müsse.« (Sandelowski 1984)

Als sich schließlich herausstellte, daß es durch die Praktiken, die DeLee propagierte, bei manchen Entbindungen zu schwerwiegenden Komplikationen gekommen war, kamen ihm doch Zweifel daran, ob sein Eintreten für prophylaktische Maßnahmen in der Geburtshilfe richtig gewesen war. Aber die aggressive Geburtshilfe stand zu sehr im Einklang mit der amerikanischen Mentalität, als daß solche Zweifel etwas hätten ändern können: Bis in die achtziger Jahre hinein ist der Dammschnitt ein fast selbstverständlicher Bestandteil nahezu jeder Entbindung geblieben, und die Zahl der Kaiserschnittgeburten stieg stetig an; mittlerweile kommen über 20 Prozent aller Kinder in den USA durch Kaiserschnitt zur Welt. Dennoch ist die Säuglingssterblichkeit unverändert höher als in Europa, wo erheblich weniger Kinder durch Kaiserschnitt zur Welt kommen. Trotz wiederholter Appelle, die Zahl der Kaiserschnittgeburten zu reduzieren, stieg der Prozentsatz auch im Laufe der achtziger Jahre weiter an.

Der Kaiserschnitt ist heute in den Vereinigten Staaten die am häufigsten durchgeführte Operation. Bereits an zweiter Stelle steht die Hysterektomie, und auch in diesem Eingriff kommt zweifellos ein tiefes Mißtrauen gegenüber der Natur zum Ausdruck. Ralph C. Wright z. B. meint: »Nach der letzten geplanten Schwangerschaft wird die Gebärmutter zu einem nutzlosen, blutenden Organ, das alle möglichen Symptome auslöst und eine latente Krebsgefahr in sich birgt; deshalb sollte sie herausgenommen werden.« Er fügt hinzu: »Wenn zusätzlich noch beide Eierstöcke entfernt werden, kann das nur von Vorteil sein«. (Wright 1969) Was er nicht erwähnt, ist, daß es zu einer ganzen Reihe verschiedener Krankheiten kommen kann, wenn bei einer Entfernung beider Eierstöcke die Ovarialhormone nicht künstlich ersetzt werden, und daß Frauen, denen die Eierstöcke herausgenommen wurden, in der Regel auch eine geringere Lebenserwartung haben. Wrights Ansichten gelten zwar auch in den Vereinigten Staaten als extrem, aber in *Novak's Textbook of Gynecology* etwa liest man in der Ausgabe von 1975: »Die Menstruation ist für viele Frauen äußerst lästig, und wenn man dies ändern könnte, ohne die Eierstöcke in ihrer Funktion zu beeinträchtigen, wäre das wahrscheinlich nicht nur für die Frau, sondern auch für ihren Ehemann eine große Erleichterung ... Für die Hysterektomie auf Wunsch lassen sich also triftige Gründe anführen, und es scheint nicht nur in dieser Gegend, sondern im ganzen Land viele Menschen zu geben, die eine solche Regelung befürworten würden. «[116]

Wer sich ein aggressives Vorgehen zum Programm macht, geht davon aus, daß er auch tatsächlich etwas *tun kann*, und diese Einstellung, daß man »etwas tun kann«, herrscht nicht nur in der amerikanischen Medizin vor, sondern ist für die amerikanische Mentalität generell kennzeichnend.

»Für die pragmatischen Amerikaner«, schreibt Luigi Barzini in *The Europeans* (1983), »ist schon die bloße Existenz von Problemen unerträglich und ein Leben mit Problemen gänzlich inakzeptabel. Sie glauben, ... daß alle Probleme nicht nur gelöst werden müssen, sondern auch gelöst werden können, und daß der Sinn des Lebens in erster Linie in der Lösung von Problemen liegt.« Mit anderen Worten, Amerikaner halten es generell für besser, etwas zu tun als nichts zu tun. »Ich nenne sie die ›Godsakers‹«, sagte der Engländer John Fry. »›For God's sake *do* something.‹«

Dieses ständige Bestreben, etwas zu tun, führt zu einer ungeheuer hektischen Betriebsamkeit, die nicht nur für die Ärzte, sondern für die Amerikaner überhaupt charakteristisch ist. Barzini schreibt: »[...] über zwei Jahrhunderte lang haben Besucher aus dem Ausland immer wieder höchst erstaunt festgestellt, in welch nervöser Anspannung die Bewohner der Vereinigten Staaten herumliefen, immer in großer Eile, und mit welch unermüdlichem Eifer viele von ihnen, wie z. B. Thomas Jefferson, Mittel erfanden, mit deren Hilfe man Zeit sparen konnte.« (Barzini 1983) Ein anderer Autor nannte die amerikanische Medizin »zwanghaft-besessen« (Searle 1981), und die aus England stammende Medizinstudentin Eleanor Moskovic, die einige Zeit im Massachusetts General Hospital arbeitete, schreibt: »Es schien dort eine überwältigende Anzahl von sogenannten »Typ A«-Persönlichkeiten* zu geben – und ich konnte mir das nur so erklären, daß die amerikanische Medizin ihre Studenten offenbar nach anderen Kriterien auswählt und auch einen anderen Typ von Studenten anzieht, als das in England der Fall ist. In Amerika winkt erfolgreichen Ärzten das ›große‹ Geld und eine berufliche Stellung mit enormem sozialen wie akademischen Prestige – vielleicht ist es das, was häufig den Typ des ›Geschäftsmannes‹ bzw. der ›Geschäftsfrau‹ anlockt, die zur Medizin dann eine ähnliche Einstellung haben wie zu einem Privatunternehmen.« (Moskovic 1982) Ein anderer britischer Arzt, der eine Zeitlang in einem amerikanischen Krankenhaus arbeitete, schrieb: »[...] manchmal tun mir morgens um halb sieben die Knochen weh, und ich denke sehnsüchtig an die Visite um halb neun mit anschließendem Tee und Keksen im Schwesternzimmer.« (Sandhu 1982, 287)

Die Einstellung, daß man immer etwas tun kann, hat natürlich auch Vorteile. So hat die amerikanische Medizin es beispielsweise erreicht, daß Masern innerhalb der Grenzen Nordamerikas so gut wie überhaupt nicht mehr vorkommen – was in vielen anderen Industrienationen nicht gelungen ist –, wenngleich die Gefahr der Ansteckung bei Personen aus anderen Ländern natürlich weiterhin besteht. Der Elan, mit dem in der medizinischen Forschung gearbeitet wird, hat den Amerikanern zahlreiche Nobelpreise und der Welt wichtige Entdeckungen beschert. In den Vereinigten Staaten entwickelte technologische Innovationen wie z. B. die Computer-Tomographie, die sicher zu häufig verwendet wird, in vielen Fällen aber unbestritten ein erheblich angenehmeres und effektiveres diagnostisches Verfahren darstellt als ältere Methoden, kommen der Medizin in vielen Ländern zugute. Als vielleicht eindrücklichstes Beispiel dafür, daß ein aggressives Vorgehen in der Medizin auch Positives bewirken kann, mag die Tatsache gelten, daß die Herzinfarkt-Rate in den letzten 20 Jahren um 40 Prozent zurückgegangen ist. Ob dies nun der Behandlung oder der Prävention zuzuschreiben ist – aggressiv waren die Methoden in jedem Fall.

Der unbedingte Wille, etwas zu tun, und die damit einhergehende Aggressivität der amerikanischen Medizin fordern jedoch auch ihren Tribut von der Gesundheit der Amerikaner. Es kommt nicht von ungefähr, daß die Neurasthenie zunächst als »die amerikanische Krankheit« bezeichnet wurde; heute würde man bei den gleichen Symptomen wohl davon sprechen, daß jemand »am Ende seiner Kräfte« sei. Eine Beschreibung, die der französische Psychiater Charcot 1887 von neurasthenischen Amerikanern gab, macht dies deutlich: »Es ist in der Tat wahr, daß viele Amerikaner eine ganz eigene Art zu arbeiten haben: Sobald sie sich ein Ziel gesetzt haben, verfolgen sie dies mit ungeheurer Ausdauer, manchmal jahrelang. Sie lassen nichts unversucht, ihr ganzer Stolz hängt daran, weiterzumachen, sie lassen sich durch nichts ablenken, und nach einer gewissen Zeit fallen sie der Neurasthenie zum Opfer. Nach so viel Arbeit weigert sich ihr armes Gehirn einfach, weiter zu funktionieren.«[117]

Zum Opfer der amerikanischen Einstellung, daß man prinzipiell alles erreichen könne, wenn man es nur ernsthaft versucht, wird auch jener Patient, der entweder nicht willens oder nicht in der Lage ist, an seinem Zustand etwas zu ändern. So hat man z. B. festgestellt, daß in der amerikanischen Psychiatrie ruhige, stille Patienten und ihre Familien häufiger für krank erklärt wurden als andere und daß es in jedem Fall für ein besseres Zeichen gehalten wurde, wenn Patienten Aktivität – und sei es sinnlose Aktivität –

und verzweifelte Fröhlichkeit an den Tag legten, als wenn sie grüblerisch waren und sich in ihr Schicksal zu ergeben schienen.[118]

Analog dazu gebührt nach Meinung vieler amerikanischer Mediziner dem Patienten, der über den Krebs »gesiegt« hat, die höchste Achtung, und derjenige, der gekämpft, aber verloren hat, wird allemal noch mehr respektiert als der Patient, der sich von vornherein zu kämpfen weigert.

»Wenn Sie eine Gruppe von Menschen als ›Sieger‹ bezeichnen, wie würden Sie dann die anderen nennen?« fragte die Tochter eines an Krebs gestorbenen Patienten in einem Leserbrief an das *New York Times Magazine*, in dem sie zu einem Artikel über Menschen, die »über den Krebs gesiegt« hatten, Stellung nahm. Der Artikel impliziere, schrieb sie, »daß der Kampf gegen Krebs eine Art heiliger Kreuzzug ist und daß der Sieg letztlich allein vom Willen abhängt. Was soll man dann, bitte, über Menschen sagen, die sich dem Kampf gestellt, ihn aber nicht ›gewonnen‹ haben?« (Abberman 1984, 142) Eine ähnliche Einstellung, wie sie hier kritisiert wird, kommt auch in einer anderen Formulierung zum Ausdruck, auf die Perri Klass hinweist: Von einem Patienten, dessen Zustand sich nach der Chemotherapie verschlechtere, sage man in Amerika, »he ›failed‹ chemotherapy« – er habe bei der Chemotherapie »versagt«.

Wer jegliche Behandlung ablehnt, wird, selbst wenn es in seinem Fall gar keine Hoffnung auf Besserung mehr gibt, vielerorts auf Argwohn und Verständnislosigkeit stoßen und sich oft genug sogar vor Gericht verantworten müssen. Im Falle William Bartlings z. B., der im Alter von 70 Jahren an fünf verschiedenen tödlichen Krankheiten, unter anderem an inoperablem Lungenkrebs, litt und darum bat, daß man sein Atmungsgerät abschalte, befand der Richter, sein Zustand berechtige zu »einem gewissen vorsichtigen Optimismus«, und entschied, daß er an das Gerät angeschlossen bleiben, nicht jedoch, daß man ihm die Hände losbinden solle. (Annas 1984)

Diese Begebenheit veranschaulicht meines Erachtens einen ganz besonders problematischen Aspekt der amerikanischen Einstellung, daß durch entschlossenes Handeln alles möglich und machbar sei: die Tatsache nämlich, daß die Risiken der Behandlung oft unterschätzt und die der Nicht-Behandlung überschätzt werden.

Perri Klass schreibt über ihre Ausbildung an der Harvard Medical School: »Schon als Medizinstudentin wurde mir klar, daß wir darauf gedrillt werden sollten, uns auf die moderne Technologie zu verlassen, und man uns beibringen wollte, daß das Risiko des Handelns fast immer eher in Kauf zu nehmen sei als das Risiko des Nicht-Handelns ... In meiner Klasse verbreitete sich die Vorstellung, daß in bezug auf Tests, Technologie und ärztliche Intervention das Motto galt: ›Je mehr desto besser‹. Von den negativen Aspekten der Intervention war nie die Rede, und einmal, als ein Student nach der ›Angemessenheit‹ der Kardiotokographie* fragte, erhielt er zur Antwort, um Fragen der ›Angemessenheit‹ zu diskutieren, fehle die Zeit.« (Klass 1984)

Ergebnisse klinischer Studien, die die Engländer mit großer Vorsicht interpretieren, werden in den Vereinigten Staaten oftmals bereits als gültiger Beweis für die Wirksamkeit einer Therapie betrachtet. Aus einer Studie z. B., bei der es um die Behandlung von Patienten mit leichter Hypertonie ging, zogen amerikanische Mediziner den Schluß, daß die richtige Behandlung die Sterberate um 20 Prozent verringere; der gebürtige Engländer Thomas Pikkering vom New York Hospital wies jedoch darauf hin, daß die Sterberate in der Gruppe von Patienten, die entsprechend behandelt worden waren, 6,4 Prozent betrug und in der anderen Gruppe, die man zum Kontrollvergleich anders behandelt hatte, 7,7 Prozent – es bestand also nur ein Unterschied von 1,3 Prozent. »1,3 von 100 Patienten nützte die Behandlung also etwas, 98,7 von ihnen nicht.« Die Studie wurde in England von vielen auch deshalb kritisiert, weil es in ihr keine Gruppe von Patienten gegeben habe, die *gar* nicht behandelt worden seien. Die amerikanischen Ärzte waren offenbar derart überzeugt davon, daß leichter Bluthochdruck auf jeden Fall behandelt werden müsse, daß sie es aus moralischen Gründen für nicht vertretbar hielten, einige Patienten gar nicht zu behandeln, obwohl noch gar nicht erwiesen war, ob eine Behandlung ihnen mehr nützte als schadete.[119]

146

Fragt man amerikanische Ärzte, ob ihrer Meinung nach aggressive Behandlungsweisen wirklich immer vorzuziehen seien, geben viele die Antwort, sie müßten aggressiv vorgehen, weil sie sonst Gefahr liefen, wegen Fahrlässigkeit oder falscher Behandlung verklagt zu werden. Das ist noch nicht einmal so abwegig: Nach amerikanischem (ebenso wie nach englischem) Recht ist der Arzt verpflichtet, alles in seiner Macht stehende für den Patienten zu tun, und die meisten Ärzte gehen sicherlich davon aus, daß die Richter für Fehler, die sich aus der Befolgung dieses Prinzips ergeben, mehr Verständnis haben als für Unterlassungssünden.[120]

Hinzu kommt, daß nationale Organisationen wie etwa die *American Heart Association* ebenfalls sehr häufig aggressive Behandlungsweisen empfehlen. Ein Internist, den ich zum allerersten Mal aufsuchte, stellte fest, daß der scharfe Ton an meinem Herzen, den andere Internisten schon vor Jahren wahrgenommen hatten, auf einen Herzklappenfehler zurückzuführen sei, und sagte mir, ich solle bei jeder wie auch immer gearteten zahnärztlichen Behandlung, und sei es nur das Reinigen der Zähne, Antibiotika nehmen. Diese Empfehlung schien mir in zweierlei Hinsicht typisch für die amerikanische Einstellung zu sein: Erstens zeugte sie von jener »Xenophobie des Körpers«, die die Amerikaner mit den Engländern gemein haben und die dazu führt, daß sie ihr Augenmerk in erster Linie auf die Krankheit richten (in diesem Fall auf die Bakterien, die während der zahnärztlichen Behandlung in den Blutstrom gelangen können), und nicht auf das *terrain* (in diesem Fall die Fähigkeit meines Immunsystems, mit den Bakterien allein fertig zu werden); und zweitens spiegelte sie jene Überzeugung der Amerikaner wider, daß es in jedem Fall besser sei, irgend etwas als überhaupt nichts zu tun. Daher hegte ich den Verdacht, daß diese Empfehlung des Internisten sich möglicherweise nicht auf gesicherte Forschungsergebnisse stützte. Ein Gang in die medizinische Fachbibliothek genügte, um mich davon zu überzeugen, daß ich recht hatte: Aus der Literatur ging hervor, daß es keine eindeutigen wissenschaftlichen Erkenntnisse darüber gab, ob für Patienten wie mich die Risiken, die durch das Einnehmen von Antibiotika entstehen, vielleicht sogar größer waren als das extrem geringe Risiko einer Endokarditis. Dennoch wurde empfohlen, Antibiotika einzunehmen, denn da man nichts Genaues über Nutzen und Risiken sagen könne, so hieß es dort, sei es besser, etwas zu tun, als nichts zu tun. (Liebson/Davidson 1987)

Daraufhin schrieb ich meinem Zahnarzt einen Brief, in dem ich ihm erklärte, ich sei mir des theroetisch vorhandenen Risikos einer Endokarditis zwar bewußt, lehne es aber trotzdem ab, bei kleinen zahnärztlichen Eingriffen Antibiotika zu nehmen, weil ich glaube, es sei in solchen Fällen das beste, gar nichts zu tun. Eine Kopie dieses Briefes schickte ich dem Internisten, der mir später sagte, er stimme mit mir überein, habe aber geglaubt, mir Antibiotika verschreiben zu müssen, weil die *American Heart Association* dies empfehle.

Um sicher zu gehen, daß ich es hier mit kulturbedingten Einstellungen zu tun hatte, berichtete ich später einem französischen Medizinprofessor von diesem Vorfall, weil ich wissen wollte, wie Ärzte in Frankreich in einer vergleichbaren Situation handeln würden. Er erklärte mir, daß ein französischer Arzt einem Patienten mit besonders ausgeprägtem Herzklappenfehler *eventuell* Antibiotika verschreiben würde, wenn dieser sich einen Zahn ziehen lassen müsse. Ich fragte ihn, ob das wie in Amerika auch für Patienten gelte, die sich die Zähne reinigen lassen wollten. Er sah mich erstaunt an. Warum, fragte er, sollte jemand mit gesunden Zähnen ein- bis zweimal im Jahr zum Zahnarzt gehen, nur um sich die Zähne reinigen zu lassen?

Daß ein Arzt aggressiv gegen Krankheiten vorgeht, mag zwar im Falle eines Kunst- bzw. Behandlungsfehlers zu seinen Gunsten ausgelegt werden, für den Patienten jedoch ist es keineswegs in jedem Fall besser, da die Nebenwirkungen aggressiver Behandlungsmethoden zuweilen gravierender sind als die ursprüngliche Krankheit.

Eine Untersuchung in einer Universitätsklinik ergab, daß 36 Prozent der über einen gewissen Zeitraum beobachteten Patienten iatrogene (durch Behandlung ausgelöste) Krankheiten hatten, die in einem Viertel der Fälle entweder lebensbedrohend waren oder erhebliche Körperbehinderungen nach sich zogen und in 2 Prozent der Fälle nach Meinung von Experten den Tod der Patienten mit herbeigeführt hatten. Diese Zahlen seien sogar als das Ergebnis sehr vorsichtiger Rechnungen zu betrachten, meinten die Autoren der Studie, denn folgende Fälle wurden nicht mitgezählt: alle Komplikationen, bei denen nicht völlig ausgeschlossen werden konnte, daß sie von der Krankheit und nicht von der Behandlung herrührten; offensichtlich unbedeutende Nebenwirkungen; Nebenwirkungen, die sich nicht dokumentieren ließen, obwohl die Ärzte der Ansicht waren, daß sie der Behandlung zuzuschreiben waren. Auch Krebspatienten, die ja besonders häufig unter Nebenwirkungen bestimmter Behandlungen zu leiden haben, wurden in der Studie nicht berücksichtigt. Ob iatrogene Krankheiten in den Vereinigten Staaten generell häufiger sind als anderswo, konnte bisher nicht nachgewiesen werden, aber die Experten sind sich weitgehend darüber einig, daß um so mehr Nebenwirkungen auftreten, je aggressiver die Behandlungsmethoden sind.[121]

»In Frankreich«, sagte der französische Hepatologe Jean-Pierre Benhamou, »werden ineffektive Arzneimittel auf ineffektive Weise verwendet. In den Staaten verwendet man effektive Arzneimittel auf ineffektive Weise.« Folglich, meinte er, seien therapeutische Unfälle in Amerika auch häufiger als in Frankreich, weil die Medikamente stärker seien.

Eine von Nathan Couch geleitete Forschergruppe am Peter Bent Brigham Hospital in Boston analysierte chirurgische Behandlungsfehler über einen Zeitraum von einem Jahr und fand heraus, daß die Fehler in zwei Dritteln der Fälle auf irgendein Tun und nicht auf ein Unterlassen zurückzuführen waren. Bei der Ursachenforschung stießen sie auf eine Reihe typisch amerikanischer Denkweisen: Manche Fehler waren die Folge eines unangebrachten Optimismus, etwa einer Überschätzung der eigenen chirurgischen Fähigkeiten und der Robustheit des Patienten; andere Fehler waren durch Operationen entstanden, deren Ausmaß in keinem Verhältnis zur Aussicht auf Erfolg stand, etwa größere chirurgische Eingriffe bei schwerkranken Krebspatienten, die unmöglich zur Heilung führen konnten und häufig sogar ein ohnehin begrenztes Leben noch verkürzten; wieder andere Fehler ließen sich auf einen Perfektionismus zurückführen, der die Chirurgen zuweilen zu operativen Manipulationen verleitete, die weit über das hinausgingen, was für die Heilung der jeweiligen Erkrankung notwendig war und dem Patienten Linderung verschaffte; und eine letzte Ursache für Behandlungsfehler schließlich waren neue oder erneut in Mode gekommene Verfahren, wie etwa die neuerdings wieder häufiger angewandte radikale Tumorresektion. (Couch 1981)

Mit der Einstellung, daß bei entschlossenem Vorgehen alles möglich und machbar sei, haben die Amerikaner zwar, wie erwähnt, die Häufigkeit von Herzinfarkten und Schlaganfällen reduzieren und bestimmte Infektionskrankheiten beinahe völlig ausschalten können, aber es gibt offenbar auch einige Krankheiten, denen mit aggressiven Mitteln nicht beizukommen ist. Obwohl der Kampf gegen den Krebs hartnäckig immer weiter geführt wird und seit nunmehr 50 Jahren immer wieder einmal davon die Rede ist, daß es nicht mehr lange dauern könne, bis ein Heilmittel gefunden wäre, sterben heute mehr Menschen an Krebs als je zuvor. Das läßt in Amerika jedoch keineswegs grundsätzliche Zweifel daran aufkommen, ob Krebs *überhaupt* geheilt werden könne. Senator George McGovern etwa formulierte es so: »Ich hege die Befürchtung, daß wir den Kampf gegen den Krebs verlieren werden, weil wir falsche Prioritäten setzen und unsere finanziellen Mittel falsch verteilen.«[122]

Niederlagen scheinen jedenfalls das aggressive Vorgehen nie generell in Frage zu stellen, sondern bringen im Gegenteil sogar häufig noch aggressivere Methoden hervor. Z. B. halten viele Amerikaner aggressivere Reihenuntersuchungen für die angemessene Reaktion darauf, daß die Zahl der Frauen, die an Brustkrebs sterben, steigt, obwohl nicht viel dafür spricht, daß sich die Überlebenschancen der Frauen durch Reihenuntersuchungen erhöhen. Und das Scheitern des im Rahmen einer Kurzzeit-Studie durchgeführten Versuchs, die Metastasenbildung bei Brustkrebs dadurch zu verhindern, daß man die Frauen auf eine fettarme Diät setzte, hielten die Ärzte lediglich für ein Zeichen dafür, daß die Diät eben nicht fettarm genug gewesen war.[123]

Amerikaner wollen nicht nur *handeln*, sie wollen auch möglichst *schnell* handeln, und wenn sie das nicht können, sind sie häufig frustriert. »Amerikaner kommen mit chronischen Situationen nicht gut zurecht«, meinte Zoltan Zarday, der – als gebürtiger Ungar mit deutscher Ausbildung – heute selbst als Internist in New York praktiziert. »Sie wollen möglichst sofort ein Ergebnis sehen, in der Medizin ebenso wie auf allen anderen Gebieten. Ich amüsiere mich immer wieder über eine bestimmte Art von Zeitungsüberschriften, in denen es z. B. heißt: ›Hilfsmittel nach Afrika geschickt, doch Hunger nimmt kein Ende‹ – als wenn man Probleme wie Hunger über Nacht in den Griff bekommen könnte.«

Entsprechend wissen die Amerikaner in den Augen vieler auch mit chronischen Krankheiten nicht besonders gut umzugehen. »Die Behandlung von chronischen Krankheiten wie chronischer Bronchitis oder chronischem Rheumatismus läßt in den Vereinigten Staaten sehr zu wünschen übrig«, sagte Jan J. de Blecourt, ein Rheumatologe aus Groningen in Holland. »Nur Krankheiten, die zum Tode führen, und Infektionen werden dort für wichtig erachtet.« Dies schlägt sich auch in den Richtlinien der staatlichen Krankenversicherung (*Medicare*) nieder. Anders als in Europa, wo die Versicherungen alle Krankheiten, ob akut oder chronisch, abdecken, übernimmt *Medicare* nur die Kosten für Krankheiten, die als »heilbar« gelten, und läßt Patienten mit chronischen, unheilbaren Erkrankungen wie z. B. der Alzheimer Krankheit vor der Tür stehen. Die Rehabilitation ist ebenfalls ein Stiefkind der amerikanischen Medizin; um überhaupt an einem Rehabilitationsprogramm teilnehmen zu können, muß sich etwa ein Patient, der einen Schlaganfall erlitten hat, häufig erst einmal durch zwei typisch amerikanische Eigenschaften ausweisen – er muß »Genesungspotential« und »Motivation« erkennen lassen.[124]

Ein Problem ist natürlich, daß es in den Vereinigten Staaten keine Kurorte gibt; und Kurorte sind, welche Zweifel man auch immer an den tatsächlichen Heilkräften der Quellen haben mag, in Europa zu Zentren der Behandlung chronischer Krankheiten geworden. Ein Mitarbeiter des State Department, der namentlich nicht genannt werden wollte, erzählte, seine Frau habe, als sie in der DDR lebten, multiple Sklerose bekommen und sei in der Tschechoslowakei und in der DDR deutlich effektiver behandelt worden als in den Vereinigten Staaten. Im tschechischen Kurort Piestanny habe man mit großer Ausdauer krankengymnastische Übungen mit ihr gemacht, und sie habe dort wieder zu laufen begonnen. Als sie dagegen wieder nach Amerika zurückgekehrt seien und man sie ins Georgetown Hospital in Washington D. C. eingewiesen habe, seien eine ganze Reihe neuer Beschwerden, unter anderem Druckgeschwüre, aufgetreten.

»Meine Frau hatte eindeutig das Gefühl, daß die vielen Übungen, die man in der Tschechoslowakei mit ihr gemacht hatte, ihr mehr geholfen hatten«, sagte er. »Hier haben die Krankengymnasten immer einen vollen Terminkalender.« Er habe den Eindruck, fuhr er fort, daß Ärzte in den Vereinigten Staaten Krankengymnastik bei multipler Sklerose zwar befürworteten, im Grunde jedoch nicht glaubten, daß sie von großem Nutzen sei. In der DDR dagegen sei die Krankengymnastin um 2 Uhr gekommen und bis 5 Uhr geblieben, habe mit seiner Frau geplaudert, mit ihr Kaffee getrunken und ihre Kinder mitgebracht. »Vielleicht hat das vor allem psychisch geholfen«, räumte er ein, weil seine Frau gespürt habe, daß ihrer Krankheit mehr Aufmerksamkeit gewidmet wurde.

Das Bestreben, möglichst schnell zu handeln, führt auch dazu, daß chirurgische Eingriffe, die eventuell noch einmal wiederholt werden müssen, sich in den Vereinigten Staaten keiner großen Beliebtheit erfreuen. Als ich z. B. mit amerikanischen Ärzten über Uterusmyome sprach, hoben viele von ihnen hervor, daß die Myomektomie – jene Operation, bei der die Geschwulst herausgenommen wird, die Gebärmutter aber intakt bleibt – nicht immer verhindern könne, daß erneut Myome entstünden, so daß man in manchen Fällen noch einmal operieren müsse; einige der Ärzte waren offenbar der Meinung, dieses Risiko sei so groß, daß die Hysterektomie der Myomektomie unbedingt vorzuziehen sei. (Die Myomektomie dauert im übrigen häufig auch länger als die Hysterektomie.) Von den französischen Ärzten, die ich befragte, erwähnte nicht ein einziger das Risiko, daß erneut

Myome entstehen könnten, auch nur mit einem Wort; vermutlich schien ihnen das ein sehr niedriger Preis dafür zu sein, daß einer Frau die Gebärmutter erhalten bleibt. Weiterhin sagte man mir, französische Ärzte gingen im allgemeinen davon aus, daß eine Patientin erst nach 6 Myomektomien damit rechnen müßte, daß sie, sollte sie schwanger werden, ihr Kind durch Kaiserschnitt zur Welt bringen müßte! – Ähnliche Argumente wie gegen die Myomektomie werden in Amerika auch gegen die Synovektomie* vorgebracht, weil auch bei diesem Eingriff nicht ausgeschlossen werden kann, daß er noch einmal wiederholt werden muß. (Anon. 1978)

Auch in der medizinischen Forschung wird offenbar Wert darauf gelegt, möglichst schnell zu Ergebnissen zu kommen; so fällt auf, daß die Wirksamkeit bestimmter Therapien in den Vereinigten Staaten häufig anhand von Kurzzeit-Studien getestet wird. Dadurch kann z. B. bei psychischen Krankheiten wie etwa der Schizophrenie der Eindruck entstehen, daß Medikamente wirksamer seien als Psychotherapie, obwohl es durchaus möglich ist, daß sie einfach nur *schneller* wirken.[125] Ein anderes Beispiel: Als Ronald Reagan an der Prostata operiert wurde, waren Statistiken im Umlauf, die für diesen Eingriff eine sehr niedrige Letalität angaben, denn diese Statistiken berücksichtigten nur solche Todesfälle, die während der Operation oder unmittelbar danach eingetreten waren. Eine Untersuchung dagegen, in der die Patienten nach der Operation noch ein Jahr lang beobachtet wurden, ergab, daß die Letalität noch einige Monate lang über dem Durchschnitt lag. (Brinkley 1987)

Amerikaner halten sich für von Natur aus gesund. Es ist daher nur logisch, daß es in ihrer Vorstellung für jede Krankheit, die sie befällt, eine Ursache geben muß, und zwar vorzugsweise eine äußere Ursache, die sich schnell erkennen und beseitigen läßt.

Wahrscheinlich ist dies der Grund dafür, daß die Amerikaner eine solche Leidenschaft für die Diagnostik entwickelt haben. Samuel Shem schreibt über Medizinstudenten: »Sie alle teilten die Überzeugung, daß eine Krankheit eine Art, wildes, haariges Monster sei, das man nur in den überschaubaren medizinischen

Käfig der Differentialdiagnostik und Behandlung zu sperren brauche. Ein bißchen übermenschliche Anstrengung genüge, und schon wäre alles in bester Ordnung.« (Shem 1979)

Alistair Cooke weist darauf hin, daß selbst die anspruchsvollsten britischen Biographien über Literaten, Musiker und Künstler nach 500 Seiten der differenziertesten, auf genauester Recherche basierenden Ausführungen unweigerlich in die Bemerkung münden: »Der berühmte Mann oder die berühmte Frau wurde schnell müde, litt unter immer stärker werdenden Schmerzen, und die Freunde wußten, daß ›das Ende nah war‹.« Vor nunmehr beinahe 50 Jahren, so Cooke, habe sich sein erster amerikanischer Freund, der damals Medizinstudent war, nach der Lektüre einer solchen Biographie irgendeines Schriftstellers gefragt: »›Was hatte es bloß mit dieser Müdigkeit auf sich, an der er gestorben ist? War es Anämie, Diabetes, Encephalitis oder was sonst?‹... Der amerikanische Internist ist darauf eingestellt, mit solchen bohrenden Fragen behelligt zu werden, ob von einem Rechtsanwalt, einer Hausfrau, einem Schauspieler oder einem Hausmakler – Fragen nach einer technischen Erklärung, die den eher stoischen Briten langweilen oder verwirren würde.« (Cooke 1981) Jungen Journalisten wird in den Vereinigten Staaten beigebracht, in einem Nachruf niemals zu schreiben, der oder die Betreffende sei »eines natürlichen Todes« gestorben, wohl weil der Tod eben nicht als etwas Natürliches angesehen, sondern immer auf äußere Ursachen zurückgeführt wird. Statt dessen lernen sie, daß es besser sei, sich anhand der Sterbeurkunde über die Todesursache zu informieren, obgleich zahlreiche Untersuchungen bewiesen haben, daß die dort angegebene Todesursache häufig nicht mit dem übereinstimmt, was bei einer etwaigen Autopsie festgestellt wurde.[126]

Der Weg zu einer Diagnose führt in Amerika zumeist über eine Reihe von Tests, denn die Amerikaner sind nicht eben für besondere Fähigkeiten bei der klinischen Untersuchung der Patienten bekannt. Dieses Phänomen war Besuchern aus anderen Ländern schon zu Beginn dieses Jahrhunderts aufgefallen. Stanley Joel Reiser berichtet in seinem Buch *Medicine and the Reign of Technology* (1978) von dem britischen Arzt Sir Hymphrey Rolleston, der 1908 nach Amerika reiste, um sich die dortigen medizinischen Einrichtungen anzusehen, und den Eindruck gewann, daß die amerikanischen Mediziner die Untersuchung und Beobachtung des Patienten am Krankenbett in besorgniserregendem Maße vernachlässigten. Vier Jahre später äußerte ein Pariser Arzt, nachdem er zahlreiche amerikanische Krankenhäuser besichtigt hatte, seine Verwunderung über die große Anzahl von Labortests, die die Patienten routinemäßig über sich ergehen lassen mußten. Diese Tests schienen ihm »wie der Regen des Herrn in denkbar unparteiischer Manier vom Himmel auf Gerechte und Ungerechte gleichermaßen herabzukommen«, und er vermutete, daß »Diagnose und Behandlung eines Patienten mehr vom Ergebnis dieser Tests als von den vorliegenden Symptomen abhingen«.

In praktisch keinem europäischen Land müssen Patienten bei Arztbesuchen derart viele Tests über sich ergehen lassen wie in den Vereinigten Staaten. Es kommt hinzu, daß es in Amerika vergleichsweise wenige Allgemeinärzte gibt und statt dessen meist Internisten aufgesucht werden, die normalerweise – auch in anderen Ländern – in besonderem Maße auf Tests vertrauen.[127]

Für Krankenhäuser gilt das gleiche; hier werden vor allem auch mehr invasive Tests vorgenommen als in anderen Ländern (Lindhardt et al. 1982) Bei einer Untersuchung von Krankenhäusern in verschiedenen europäischen Ländern stellte Steven A. Schroeder fest, daß »zwar sonst alles ähnlich ist wie in den Vereinigten Staaten, in amerikanischen Krankenhäusern aber insgesamt mehr diagnostische Tests und mehr Therapien durchgeführt werden. Dies scheint sowohl für kleinere Maßnahmen wie Blutuntersuchungen und intravenöse Therapien als auch für größere Prozeduren wie Ultraschall, koronare Bypass-Operationen oder Biotelemetrie [Funkübermittlung von biologischen Meßwerten;. Anm. d. Ü.] zu gelten.« (Schroeder 1984) Ein Vergleich französischer und amerikanischer Intensivstationen brachte ähnliche Ergebnisse. (Knaus et al. 1982)

Die britische Ärztin Eleanor Moskovic, die als Studentin einige Zeit am Massachusetts General Hospital arbeitete, stellte fest, daß »die Patienten dort im großen und ganzen viel mehr ›Prozeduren‹ über sich ergehen lassen mußten als britische Patienten. Viele der Herzinfarkt-Patienten wurden routinemäßig ›katheterisiert‹, kaum einem Patienten blieb die tägliche Röntgenuntersuchung erspart, bei den meisten wurde irgendwann zu irgendeinem Zweck Ultraschall angewendet, tägliche *Pan-scans* sowie jede Menge Blutgasanalysen – hier schien man besonders wenig Vorbehalte zu haben – waren selbstverständlich. Auch die Computer-Tomographie war äußerst beliebt – ein Arzt sagte mir, sie eigne sich hervorragend zur Feststellung von Nasennebenhöhlenentzündungen.« (Moskovic 1982)

Natürlich glauben viele Amerikaner, die große Anzahl von Tests spräche für die Qualität ihrer Medizin. Experten sind jedoch vielfach anderer Auffassung. Donald Young von der Abteilung für Biochemie an der Mayo Clinic sagte in einem Vortrag, den er beim 48. Jahrestreffen des *Royal College of Physicians and Surgeons* in Kanada hielt, bei den meisten Tests würden die Ärzte »im Trüben fischen und versuchen, irgendetwas zu finden, ohne daß es dafür gute Gründe gibt«. Er behauptete, daß bis zu 75 Prozent der Diagnosen unmittelbar aufgrund der Befragung des Patienten gestellt werden könnten, eine gründliche Untersuchung wahrscheinlich weitere 15 bis 20 Prozent ergeben würde, und Labortests, EKGs usw. nur für 5 bis 10 Prozent der endgültigen Diagnose notwendig seien. (Young 1979)

»Ich bin davon überzeugt«, schreibt Mike Oppenheim im *New England Journal of Medicine,* »daß die Amerikaner eine geradezu mystische, atavistische Befriedigung erleben, wenn sie dem Arzt eine kleine Menge ihres Blutes übergeben und ihnen ein paar Tage später feierlich verkündet wird: ›Alles ganz normal‹. Dabei sind Bluttests und Röntgenuntersuchungen, wenn sie bei Leuten ohne besondere Beschwerden regelmäßig durchgeführt werden, gar nicht geeignet, um versteckte, behandelbare Krankheiten ans Licht zu fördern.« (Oppenheim 1980)

Solche umfangreichen Tests sind nicht nur teuer und verschlingen Geldmittel, die in anderen Bereichen, wie etwa der Behandlung chronischer Krankheiten, dringend gebraucht würden; sie können außerdem auch Nebenwirkungen haben. Darüber hinaus bereiten aggressive Diagnose-Verfahren häufig den Boden für aggressive Therapien. Es hat sich z. B. gezeigt, daß die Kardiotokographie das Risiko, daß es zu einer Kaiserschnittentbindung kommt, um das Dreifache ansteigen läßt, ohne daß sie für Mutter oder Kind von meßbarem Nutzen wäre. (Anon. 1982b) Ein Geburtshelfer erklärte, daß die Patientin bei der elektronischen Kardiotokographie im Bett liegen müsse, und dabei könne es zu einer Dysfunktion des Uterus kommen. Oft würde dann Oxytozin gegeben, und der Monitor registriere Bewegungen, die als Zeichen von *fetal distress* interpretiert würden, was dann unter Umständen die Entscheidung herbeiführe, einen Kaiserschnitt zu machen.

In ähnlicher Weise kann auch der zur Diagnose von Gebärmutterhalskrebs häufig angewendete Vaginalabstrich (Papanicolaou-Abstrich) aggressive Therapien nach sich ziehen. Offiziell wird in den Vereinigten Staaten heute immerhin empfohlen, diesen Abstrich nur noch alle 1 bis 3 Jahre machen zu lassen (zum Vergleich: in Großbritannien glaubt man, daß ein Abstrich alle 5 Jahre ausreiche); viele amerikanische Ärzte raten ihren Patientinnen jedoch noch immer zu einem Abstrich alle 6 Monate[128], und jede noch so geringe Abweichung, die sie dabei feststellen, behandeln sie oftmals sehr viel aggressiver, als es in jedem anderen Land üblich ist.

Ein kalifornischer Arzt erläuterte: »Die Empfehlung, daß jede Frau einen Papanicolaou-Abstrich machen lassen solle, wird jetzt sogar schon über das Fernsehen verbreitet. Viele Patientinnen kommen dann wegen dieses Abstrichs zum Arzt, weil alle anderen es auch tun. In England mag das kein Problem sein, aber hier in den Vereinigten Staaten kommen wir gar nicht drum herum, bei vielen jungen Frauen diese Tests zu machen, und wenn wir eine Abweichung feststellen, müssen wir auch etwas tun.« (Hill 1979, 21)

Für ein System, in dem die Ärzte für jede einzeln erbrachte Leistung bezahlt werden, erwiesen sich diese aggressiven Diagnose- und Therapieverfahren bald als zu teuer, und es kam zu Reformen, die ihrerseits wiederum etwas sehr Amerikanisches hatten: Anstatt Ärzten wie bisher die Kosten für alles rückzuerstatten, was sie taten, sollte die Rückerstattung nun von der Diagnose abhängig gemacht werden. Auch in dieser Regelung kommt wieder jene Vorstellung zum Ausdruck, daß eine Krankheit ein »wildes, haariges Monster« sei, das sich mithilfe einer Diagnose bändigen lasse, und die europäische Vorstellung, daß der Krankheitsgrad – und die daraus folgende Notwendigkeit ärztlicher Intervention – auch etwas mit Faktoren wie dem *terrain* zu tun hat, tritt demgegenüber in den Hintergrund.

Wenn amerikanische Ärzte bei einem Patienten, der über irgendwelche Beschwerden klagt, trotz diverser Tests keinerlei Abweichungen feststellen können, dann lautet die bevorzugte Verlegenheitsdiagnose, es handle sich wohl um einen Virus, und zwar um einen Virus mit niedriger Pathogenität. »Was Ärzte sich nicht erklären können, schreiben sie einem Virus zu; wenn eine Behandlung nicht anschlägt, machen sie dafür ebenfalls einen Virus verantwortlich«, sagte Iwao Moriyama, der lange Zeit Direktor des *U. S. National Center for Health Statistics* war. (Anderson 1980, 19)

Alistair Cooke schreibt über das »Zauberwort« Virus: »Alle leidenden Menschen benutzen es, ob sie nun ihren Schnupfen oder ihre Abgespanntheit damit erklären wollen. … Auch ich selbst bin damit sehr freizügig umgegangen, bis ein Arzt mich eines Tages in Verlegenheit brachte, indem er, dem Sinne nach, sagte: ›Ich glaube nicht, daß es sich um einen Virus handelt. Ich bezweifle, daß es einen Proteinmantel hat.‹« (Cooke 1981) Und der deutsche Arzt Herbert Viefhues sagte: »Amerika hat eine Virus-Mentalität.« Robert Abrahams, Professor für Volkskunde an der University of Pennsylvania, erläuterte, daß jedes Volk seine eigenen Schutzmechanismen gegen vermeintlich böswillige Kräfte entwickle. »In einigen Gesellschaften sind das Hexen. Bei den Amerikanern sind es Bakterien.« (Blakeslee 1985)

»Infektionskrankheiten«, so Zoltan Zarday, »liegen den Amerikanern, weil sie leicht und schnell besiegt werden können. Eine Infektion kommt von außen, sie ist kein Teil von dir. Das ist ein Grund, warum die Amerikaner bei der Behandlung von Infektionskrankheiten so enorm erfolgreich sind.«

Dem Vorhandensein eines Virus (oder irgendwelcher Bakterien) wird in Amerika allemal mehr Beachtung geschenkt als den

Abwehrkräften des Körpers. Ärzte verweisen in diesem Zusammenhang häufig auf eine Untersuchung, in der man festgestellt hatte, daß sich eine bestimmte Krankheit unter den Bewohnern einer Insel erst ausgebreitet hatte, als Menschen aus anderen Ländern dorthin gekommen waren – ein Beweis dafür, wie sie zurecht hervorheben, daß man eine Viruserkrankung ohne das Vorhandensein des Virus nicht bekommen könne. Französische und deutsche Ärzte betonen demgegenüber, daß ein Virus für das Entstehen einer Viruserkrankung zwar notwendig sei, die körpereigene Resistenz jedoch offensichtlich ebenfalls eine Rolle spiele, da schließlich nicht jeder von der Krankheit befallen werde.

Wie fest Amerikaner davon überzeugt sind, daß Mikroben, und nur Mikroben, für die Entstehung einer Krankheit entscheidend sind, zeigt folgende Begebenheit: Als eine Frau in einem Leserbrief an die Zeitschrift *Fortune* schrieb, in ihrer Familie hätte in den letzten 12 Jahren niemand je eine Erkältung oder eine Grippe gehabt, weil sie alle regelmäßig frischen Knoblauch und Zwiebeln äßen, antworteten vier Leser darauf, der Knoblauch und die Zwiebeln könnten diese Wirkung höchstens deshalb haben, weil sie verhinderten, daß andere Menschen einem zu nahe kämen. Einer von ihnen schrieb: »Es handelt sich hier um Krankheiten, die durch körperlichen Kontakt übertragen werden. Ich vermute, daß in ihrer Familie in den letzten 12 Jahren auch niemand ein Kind bekommen hat.« (Keller 1982, 40)

Während deutsche Ärzte die Ansicht vertreten, Antibiotika sollten nur verschrieben werden, wenn eine Infektion nachweislich von Bakterien verursacht *und dazu* schwerwiegend sei, halten amerikanische Ärzte schon das Vorhandensein von Bakterien allein – manchmal sogar schon das *mögliche* Vorhandensein von Bakterien – für einen ausreichenden Grund, um einem Patienten Antibiotika zu geben. Das erklärt sicherlich zumindest zum Teil, warum der Verbrauch von Antibiotika in den Vereinigten Staaten so hoch ist: Ein Vergleich zeigte, daß amerikanische Ärzte doppelt so viele Antibiotika verschreiben wie schottische Ärzte; und wie wir bereits gesehen haben, ist der Konsum von Antibiotika in Großbritannien wiederum höher als in der Bundesrepublik Deutschland.[129]

Auch in der medizinischen Forschung scheint die Ansicht vorzuherrschen, daß alle Probleme gelöst seien, sobald man einen Virus gefunden habe, der mit einer bestimmten Krankheit in Zusammenhang gebracht werden könne; von einem solchen Zusammenhang wird dann in der Presse immer ungeheuer viel Aufhebens gemacht. Das nationale »War Against Cancer«-Programm gab anfänglich den größten Teil seines Budgets dafür aus, herauszufinden, ob sich irgendein Virus als Ursache für Krebs feststellen lasse. Und erst kürzlich, so Zoltan Zarday, habe zu seinem Erstaunen der Fall eines Kindes Schlagzeilen gemacht, das im Anschluß an eine Virusinfektion Diabetes bekommen habe. »Das Problem ist nicht nur, daß es sich nur um *einen* Fall handelt, sondern daß doch bislang nur ein loser Zusammenhang besteht; der muß erst noch statistisch untermauert werden. Ich bin nicht der Meinung, daß all unsere Probleme gelöst sind, sobald wir einen Virus gefunden haben.«

Die Vorstellung, daß Krankheiten von äußeren Faktoren, und zwar meistens von Bakterien, verursacht werden, liegt wohl auch dem ausgeprägten Reinlichkeitsbedürfnis der Amerikaner zugrunde. In anderen Ländern amüsiert man sich oft über die Mühe, die Amerikaner darauf verwenden, sich selbst und ihre Umgebung sauber zu halten. Von allen Besuchern aus dem Ausland, die nach Frankreich kämen, so behauptete eine Französin, seien »die Amerikaner die einzigen, die kein Wasser trinken, und wenn sie es doch tun, werden sie als einzige davon krank.« (Wisdo 1983) Peter Naumann aus Deutschland sagte mit Blick auf die Zeit nach dem Zweiten Weltkrieg: »[...] wir bewunderten die Familien des amerikanischen Militärs, weil sie so stark auf Sauberkeit achteten. Ständig waren sie dabei, Wasser abzukochen, und sie benutzten ungeheure Mengen chemischer Reinigungsmittel – alles mußte desinfiziert werden. Wir fanden das doch recht erstaunlich.«

In einem amerikanischen Werbespot für ein antiseptisches Reinigungsmittel heißt es: »Wenn Sie die Bakterien sehen könnten, würden Sie es jeden Tag benutzen.« Amerikanern wird häufig geraten, Familienangehörige, die eine Erkältung haben, nicht zu küssen und auch sonstigen körperlichen Kontakt mit ihnen zu vermeiden; in einem Artikel wurde sogar behauptet, daß eine solche Zurückhaltung dazu beitragen würde, die eigenen Abwehrkräfte zu stärken, und dabei ist das genaue Gegenteil der Fall. Ein anderer Artikel, der immerhin zu dem wissenschaftlich fundierten Ergebnis gekommen war, daß selbst schmutzige Toilettensitze höchstwahrscheinlich keine Gefahr für die Gesundheit darstellten, wartete dennoch mit einer Reihe von Ratschlägen wie diesen auf: man solle nach Möglichkeit nicht mit dem Toilettensitz in Berührung kommen, die ersten Blätter des Toilettenpapiers nicht benutzen, die Spülung mit dem Fuß statt mit der bloßen Hand betätigen und nach dem Händewaschen den Wasserhahn mit einem Papierhandtuch zudrehen.[130]

Die Mediziner selbst sind wahrscheinlich weniger überzeugt davon als die Bevölkerung, daß solche peniblen Vorsichtsmaßnahmen notwendig seien, um gesund zu bleiben: »Wir beschäftigen uns zu viel mit ästhetischen Fragen«, meinte Cornelius Kruse. »Wir tun, was die Leute wollen. Wir verwenden ungeheuer viel Zeit darauf, Küchenschaben oder Haare zu finden, die doch nur sehr begrenzt gesundheitsschädlich sind.«

Mafouz Zaki, Mitarbeiter im Gesundheitsamt von Long Island, New York, sagte: »Wenn wir [Leuten, die in Restaurants arbeiten] empfehlen, ihre Haare immer sauber und bedeckt zu halten, so tun wir das vor allem aus ästhetischen Gründen. Wer 15 Dollar für sein Essen bezahlt, möchte ungern ein Haar in seiner Suppe finden.«

Sicherlich hat das amerikanische Reinlichkeitsbestreben gesundheitliche Vorteile, und es besteht kein Zweifel daran, daß bestimmte Krankheiten in den USA seltener sind als in anderen, »schmutzigeren« Ländern. Aber ein zu starkes Hygienebewußtsein kann auch nachteilige Auswirkungen auf die Gesundheit haben. Wie bereits im Kapitel über die französische Medizin erwähnt, ist es z. B. besser, wenn man bestimmte Krankheiten schon in jungen Jahren bekommt, weil sie dann weniger gravierend sind und einem außerdem auf diese Weise eine Art natürlicher Impfung verpaßt wird. Darüber hinaus kann übertriebene Sauberkeit auch ganz unmittelbar Gesundheitsschäden hervorrufen: Entzündungen des äußeren Gehörgangs sind in den USA häufig darauf zurückzuführen, daß die Patienten sich die Ohren mit Wattestäbchen säubern, und einige Frauen bekommen einen Vaginalulcus, weil sie auch zwischen den Menstruationstagen Tampons benutzen, um *jede* Art von Ausfluß zu verhindern. Zuweilen werden sogar Hysterektomien vorgenommen, weil Frauen ihre Menstruation als unhygienisch empfinden, und neugeborene Jungen werden aus »hygienischen« Gründen beschnitten.[131]

Robert E. Hodges, Professor der Inneren Medizin und Direktor der Abteilung für Ernährung an der medizinischen Fakultät der University of California in Davis, meinte: »[...] die Unangemessenheit der amerikanischen Ernährung ist zumindest teilweise unserem übertriebenen Sauberkeitsbedürfnis zuzuschreiben. Gemüse und Obst wird bei uns gründlich gewaschen und geschält. Das Essen wird in Töpfen und Pfannen aus rostfreiem Stahl, mit Porzellan- oder Teflonbeschichtung zubereitet, und das Wasser kommt über Plastik- und Kupferrohre in unsere Haushalte. Die Chance, daß sich Eisen und andere wichtige Mineralien in unser Essen mischen, wie das früher häufig geschah, besteht so gut wie überhaupt nicht mehr.« (Hodges 1980) Und wenn man aufgrund von Eisenmangel anämisch wird, so Paul Saltman von der University of California in San Diego, »nehmen die Abwehrkräfte gegenüber Infektionen ganz stark ab. Menschen, die unter Blutarmut leiden, sind erheblich anfälliger für Infektionskrankheiten, Erkältungen, Viren, bakterielle Infektionen und dergleichen.« (Saltman 1973, 3)

Für viele Krankheiten, die die Amerikaner nicht auf Mikroben zurückführen, machen sie andere äußere Faktoren wie Lebensmittel, Allergene oder Karzinogene verantwortlich, was dann dazu führt, daß bestimmte Substanzen wie etwa Saccharin verboten werden. In Europa treffen solche Maßnahmen häufig auf Unverständnis. Die Franzosen z. B. fanden es äußerst seltsam, daß Saccharin als vermeintlich krebserregende Substanz verboten wurde, weil sie das für keineswegs erwiesen hielten; in Frankreich ist es, außer in Kriegszeiten, zwar ebenfalls verboten, aber aus einem eher gastronomischen Grund: weil es eine »künstliche« Substanz ist.

Ist eine Substanz erst einmal für »schädlich« befunden worden, dann wird auch nicht mehr danach gefragt, ob sie vielleicht für einige Leute oder in kleinen Mengen gut sein könnte. Schwangeren Frauen und sogar Frauen, die schwanger werden möchten, wird in Amerika geraten, überhaupt keinen Alkohol zu trinken, obwohl die meisten Untersuchungen ergeben haben, daß die Frau während der gesamten Schwangerschaft bis zu zwei Gläser Wein pro Tag trinken kann, ohne daß dadurch die Gefahr einer Schädigung des Fötus größer würde. In New York City ist jedes Restaurant und jede Bar gesetzlich verpflichtet, ein Schild mit der Warnung aufzustellen, daß Alkohol für schwangere Frauen gefährlich sei, so daß der Eindruck entstehen könnte, Alkohol sei eine Art von flüssigem Contergan, das dem Fötus auch in noch so niedriger Dosierung Schaden zufügen könne.[132]

Salz, das bei einigen, aber nicht bei allen Menschen den Blutdruck ansteigen läßt, wurde in den USA als »Killer-Salz« gebrandmarkt, das für jeden schlecht sei; man meinte wohl, die Menschen, für die Salz tatsächlich schädlich ist, ließen sich eher dazu bewegen, ihren Salzkonsum einzuschränken, wenn man einfach alle Menschen dazu aufforderte. Viele schienen daraufhin zu vergessen, daß eine gewisse Menge Salz lebensnotwendig ist. Als ein Hersteller von Babynahrung – auch, um die Nachfrage vieler Eltern nach weniger salzhaltiger Nahrung zu befriedigen – für seine Produkte überhaupt kein Salz mehr verwendete, führte das bei zahlreichen Kindern zu erheblichen gesundheitlichen Problemen. Auch schwangeren Frauen wurde geraten, weniger Salz zu essen, bis sich herausstellte, daß die wenigsten Komplikationen bei den Frauen auftraten, die so viel Salz aßen, wie sie wollten. Ein weiterer Sündenbock war lange Zeit das Ei. Archibald Cochrane aus Wales erzählte, ein Amerikaner, der einmal als Hausgast bei ihm gewohnt habe, hätte ihn entsetzt gefragt: »Sie meinen, Sie essen ein ganzes Ei zum Frühstück?« Im Gegensatz zu den meisten amerikanischen Ärzten weisen viele englische Ärzte einen darauf hin, daß ein wenig Cholesterin sogar gut für die Gesundheit sein könne, und nicht selten erzählen sie einem dann, daß die hohe Herzinfarkt-Rate in Japan zur gleichen Zeit gesunken sei, als die Japaner begonnen hätten, mehr cholesterinhaltige Nahrung zu sich zu nehmen. Es sieht manchmal fast so aus, als *wollten* Amerikaner von ihren Ärzten gesagt bekommen, daß sie bestimmte Substanzen nicht einnehmen sollten: Thomas Pickering z. B. sagte, wenn man etwa in der Hypertonie-Abteilung des New York Hospital Leuten mit hohem Blutdruck nicht riete, ihren Salzkonsum einzuschränken, hätten viele von ihnen das Gefühl, daß nicht genügend für sie getan würde.[133]

Dieses in der amerikanischen Medizin vorherrschende Prinzip, bei der Behandlung von Krankheiten – wenn man so will – eher nach den Regeln der Subtraktion als nach den Regeln der Addition zu verfahren (also eher etwas wegzulassen oder herauszunehmen als – z. B. zur Ernährung – etwas hinzuzufügen), hat seine Wurzeln in der amerikanischen Geschichte. Im 19. Jahrhundert, so der Historiker Warner, wurden amerikanische Krankheiten nicht nur generell für schwerer gehalten als europäische, sondern man glaubte auch, daß die Amerikaner im Verhältnis sehr viel mehr Energie und Widerstandskraft hätten. Daraus folgerte man, daß die entkräfteten, degenerierten Europäer zur Behandlung ihrer Krankheiten im allgemeinen eine belebende, aufbauende Therapie bräuchten, die Amerikaner dagegen eine Behandlung, die es ihnen ermöglichte, überschüssige Energien abzugeben. Vielleicht kann der weitgehende Verzicht auf Salz als das moderne Äquivalent des Aderlasses angesehen werden, da er ebenfalls zur Reduzierung des Blutvolumens führt, wenn dabei auch die Kräfte des Patienten freilich nicht in der gleichen Weise beansprucht werden.

Vor dem gleichen Hintergrund ist wohl auch das Phänomen zu betrachten, daß die Amerikaner einerseits so besonders wirksame (manche meinen allzu wirksame) Kriterien dafür entwickelt haben, welche Arzneimittel verwendet werden dürfen und welche nicht, während andererseits in der Chirurgie kaum vergleichbare Kontrollen existieren. Die Chirurgie kommt wohl ihrem Wesen nach der amerikanischen Einstellung sehr entgegen, daß Dinge, die einen stören oder behindern, einfach beseitigt werden sollten. Es ist sicher kein Zufall, daß der Ausdruck »cut it out« mittlerweile in die amerikanische Umgangssprache eingegangen ist.[134]

Die spezifisch amerikanische Einrichtung des »checkup«, der medizinischen »Inspektion«, hieß kurz nach dem Ersten Weltkrieg, als sich bei der Musterung der zukünftigen Soldaten zeigte, wie sehr deren Gesundheitszustand zu wünschen übrig ließ, zunächst »health audit«, also etwa »Gesundheitsinventur«. Dieser der Geschäftssprache entlehnte Ausdruck wurde jedoch bald gegen den aus der Mechanik stammenden Begriff »checkup« eingetauscht, was vielleicht mit der ansteigenden Beliebtheit des Automobils zusammenhing. Stanley Joel Reiser schreibt in seinem Buch *Medicine and the Reign of Technology*: »In den zwanziger Jahren wurden zahlreiche Kampagnen gestartet, mit denen diese Idee unter die Leute gebracht werden sollte und die solche Slogans verwendeten wie: ›Lassen Sie sich an Ihrem Geburtstag von Kopf bis Fuß untersuchen‹, und es gab Plakate mit Aufrufen wie diesem: ›Ihr Körper ist eine wunderbare Maschine. Sie besitzen und beherrschen sie. Sie können sich auch keine neue Lunge und kein neues Herz kaufen, wenn die alten abgenutzt sind. Lassen Sie sich einmal im Jahr von einem Arzt gründlich überholen.‹« Daß darin ein Widerspruch lag – wenn der Körper eine Maschine wäre, müßte es doch *gerade* möglich sein, eine neue Lunge und ein neues Herz zu kaufen – schien niemanden zu stören.

Der Körper als Auto – diese Vorstellung schien den Amerikanern zu gefallen und ihre Phantasie anzuregen. »Denken Sie sich Ihren Körper als ein Super-Automobil«, heißt es in einem jener typisch amerikanischen »how-to«-Ratgeber, *How to Live Cheap But Good*: »Wenn Sie nicht über zu lange Strecken zu schnell fahren, wenn Sie das richtige Benzin tanken, regelmäßig zur Inspektion gehen und gelegentlich auch in eine Waschanlage, dann können Sie größere Probleme vermeiden oder sie zumindest behandeln lassen, bevor sie sich zu einem Getriebeschaden auswachsen.« (Poriss 1971)[135]

Und erst kürzlich schrieb ein Leser an das *New York Times Magazine*: »Wenn er aufhören würde, seinen Körper für einen Chevy, Baujahr 1947 zu halten, und endlich anfinge, sich um den 1937er Rolls Royce zu kümmern, ginge es ihm wahrscheinlich besser. Mein eigenes Modell ist Baujahr 1923 und hat die notwendigen Zahnbehandlungen hinter sich; die Krampfadern sind verödet, die Windschutzscheibe ist durch eine Zweistärken-Brille ersetzt und schärfer eingestellt worden. Die Lackierung ist noch dieselbe, allerdings ist die weichere Außenschicht dünner geworden, so daß die qualitativ hervorragende harte Schicht darunter zum Vorschein kommt.« (Schwarzenbaum 1984, 94) Franzosen machen Urlaub, um sich zu erholen oder »auf andere Gedanken zu kommen«, Amerikaner, um »ihre Batterien neu aufzuladen«.

1985 kündigte das amerikanische Arbeitsministerium an, es wolle einen Vorschlag ausarbeiten, nach dem Angestellte im Staatsdienst für den Verlust bestimmter Körperteile wie der Geschlechtsorgane, der Brüste, der Nieren oder der Lunge von nun an nicht mehr entschädigt werden sollten – ein Vorschlag, in dem die Vorstellung vom Körper als einer Maschine auf besonders deutliche Weise zum Ausdruck kommt. Damaligen Zeitungsberichten zufolge waren die Verantwortlichen der Ansicht, daß diese Körperteile für den Broterwerb nicht unbedingt notwendig seien. Für den Verlust anderer Körperteile wie etwa der Beine, Arme, Hände oder Finger sollten die Arbeitnehmer jedoch weiterhin entschädigt werden. (Punkett 1985)

Daß sich die koronare Bypass-Operation in den Vereinigten Staaten so schnell durchsetzen konnte – es gab Zeiten, in denen dieser Eingriff hier bis zu 28mal häufiger vorgenommen wurde als in einigen europäischen Ländern –, ist angesichts der Tatsache, daß viele Amerikaner ihren Körper als eine Maschine betrachten, kaum verwunderlich. Inzwischen ist diese Operation zwar in den USA etwas seltener und in Europa etwas häufiger geworden als früher, sie wird jedoch in Amerika im Verhältnis immer noch erheblich öfter durchgeführt als in den meisten europäischen Ländern. Dem Eingriff liegt eine äußerst mechanistische Vorstellung vom Herzen zugrunde: Wenn eine Arterie, die dem Herzen Blut zuführt, blockiert ist, muß das Blut über eine andere Arterie, die nicht blockiert ist, umgeleitet werden (bypass = umleiten). Ärzte sprechen sogar oft davon, daß es eines Tages eine Art »therapeutisches Abflußfrei« geben werde; sie setzen also nicht nur das Herz mit einer Maschine, sondern darüber hinaus auch die Arterien mit Wasserleitungen gleich.[136]

Mithilfe einer kontrollierten klinischen Studie fand man schließlich heraus, daß die koronare Bypass-Operation das Leben einiger weniger Patienten (und zwar Patienten mit Erkrankungen der linken Herzschlagader und vielleicht auch solcher mit Erkrankungen der drei Hauptäste der Herzkranzgefäße) verlängerte; für die meisten Patienten hatte sie jedoch keinerlei Auswirkung darauf, wie lange sie lebten, auch wenn sie ihnen immerhin ein angenehmeres Leben ermöglichte, weil sie die Symptome der Angina abmilderte.[137]

Ein Mitglied des Ausschusses, der diesen Eingriff für die *National Institutes of Health* bewertete, meinte, die Beliebtheit dieser mechanistischen Operation hänge mit der »*frontier*-Mentalität« der Amerikaner zusammen: viele Patienten, sagte er, legten großen Wert darauf, »als richtige Männer, als Ehemänner, als Ernährer angesehen zu werden, und sie sind bereit, bei einer solchen Operation ihr Leben zu riskieren, nur um ihre Lebensweise nicht ändern zu müssen« (Kolata 1981).

Auf den ersten Blick scheint die große Zahl der Psychiater in den Vereinigten Staaten – es sind z. B. dreimal so viele wie in England – der Beobachtung zu widersprechen, daß die Amerikaner den Menschen als eine Maschine betrachten; bei genauerem Hinsehen jedoch zeigt sich, daß viele Psychiater offenbar ihrerseits die *Seele* als eine Maschine oder sich selbst gar als eine Art »Seelenklempner« begreifen. (Murray 1979) Michael O'Donnell, früherer Herausgeber von *World Medicine* in London, berichtete, ein britischer Psychiater, der nach Amerika ausgewandert und dort Dekan der psychiatrischen Fakultät der University of Southern California sei, habe ihn in das sogenannte »Saniflush« (etwa: »Gesundspülungs«)-Konzept der amerikanischen Psychiatrie eingeweiht. »Dieses [Konzept] beruht darauf, daß alle Menschen glauben, sie hätten es in sich, Großartiges zu leisten – ja, Präsident zu werden –, wenn nur irgendein Therapeut jene Hemmungen und Komplexe, die ihnen im Weg stehen und sie behindern, herausspülen könnte.« (O'Donnell 1982, 24)

Ein Psychoanalytiker in Janet Malcolms Buch *Psychoanalysis: The Impossible Profession* (1981) sagt: »Die Analyse hat weder etwas mit dem Intellekt, noch mit Moral, noch mit Pädagogik zu tun. Sie ist eine Operation. Sie bringt etwas in der Seele wieder in Ordnung, genauso wie ein chirurgischer Eingriff etwas im Körper wieder in Ordnung bringt – ja, sogar genauso wie ein Mechaniker etwas unter der Motorhaube wieder in Ordnung bringt.«

Und in einem anderen ihrer Bücher, dem umstrittenen *Vater, lieber Vater...: aus dem Sigmund-Freud-Archiv* (1986), zitiert Janet Malcolm Jeffrey Moussaief Masson, der gesagt habe, seine Aufdeckung von Freuds Unehrlichkeit hinsichtlich der Verführungstheorie zöge folgende Konsequenz nach sich: »Sie werden jeden Patienten seit 1901 zurückbeordern müssen – ähnlich wie seinerzeit den Pinto.«*

Sicherlich läßt sich dieser Ansatz darauf zurückzuführen, daß die amerikanischen Psychiater ihre Tätigkeit einem Land gegenüber rechtfertigen mußten, das der Erforschung der Seele von sich aus nicht besonders viel Interesse entgegenbrachte. Descartes hatte zwischen Körper und Geist unterschieden, gab jedoch – Franzose, der er war – dem Geist eindeutig den Vorrang. Die Amerikaner haben seine Unterscheidung von Geist und Körper zwar übernommen, neigen jedoch dazu, dem Körper die größere Bedeutung einzuräumen und den Geist als Funktion des Körpers zu betrachten. In einer Studie, mit der man herausfinden wollte, wie Psychiatrie in den Vereinigten Staaten gelehrt wird, wird von Psychiatern berichtet, die ihren Studenten erzählten, »daß man bei der Beurteilung des geistig-psychischen Zustands eines Patienten im Grunde ganz ähnlich verfährt wie bei der Feststellung eines Herzgeräusches... lernen Sie nicht bei den Kardiologen, die Herztöne systematisch abzuhorchen?« (Johnson 1986)

---

* Ein Ford-Modell, das wegen gefährlicher Konstruktionsmängel aus dem Handel gezogen werden mußte.

Bruno Bettelheim schreibt in seinem Buch *Freud und die Seele des Menschen* (1984), daß Freuds Lehren, als sie ins Englische übersetzt und in den Vereinigten Staaten verbreitet worden seien, viel von ihrer spirituellen Qualität verloren hätten. Freud habe oft über die Seele geschrieben, so Bettelheim, aber wer seine Schriften auf Englisch lese, könne das kaum feststellen, denn nahezu alles, was er über die Seele oder verwandte Themen sage, sei in der Übersetzung ausgemerzt.

Statt dessen wurde Freud den englischsprachigen Lesern »wissenschaftlich« nähergebracht: »Anstatt sie für das Allermenschlichste in jedem von uns zu sensibilisieren, versuchen die Übersetzungen, sie dazu zu bringen, eine ›wissenschaftliche‹ Einstellung zum Menschen und zu seinen Handlungen zu entwickeln, ein ›wissenschaftliches‹ Verständnis des Unbewußten und seines bestimmenden Einflusses auf unsere Verhaltensweisen.«

Bettelheim schreibt weiter: »In den Vereinigten Staaten wird als die Hauptaufgabe der Psychoanalyse natürlich ›die Heilung psychischer Erkrankungen‹ betrachtet, genauso wie die Heilung körperlicher Krankheiten Hauptziel der Medizin ist. Es herrscht die Erwartung, daß jeder, der eine Analyse macht, greifbare Ergebnisse erzielen kann – die Art von Ergebnisse, wie der Arzt sie in bezug auf den Körper erzielt –, und nicht so sehr, daß er zu einem tieferen Verständnis seiner selbst gelangt und sein eigenes Leben besser in den Griff bekommt.«

Diese Verneinung der Seele oder sogar der Gefühle hat ebenfalls deutliche Auswirkungen auf die amerikanische Medizin gehabt. Jedes Phänomen, das sich nicht in die Vorstellung vom Körper als einer Maschine integrieren oder sich quantifizieren läßt, wird häufig schlicht für nicht existent erklärt. Ein Arzt eines amerikanischen Entbindungszentrums sagte: »Wir halten nichts davon, ein zusätzliches Risiko einzugehen, um irgendein emotionales Bedürfnis zu befriedigen. Das ist reiner Luxus.« (Brooks 1983)

Diese Vorstellung vom Körper als einer Maschine, gepaart mit der Einstellung, daß man durch entschlossenes Handeln praktisch alles erreichen könne, hat wahrscheinlich auch dazu beigetragen, daß Ärzte in Amerika mehr als irgendwo sonst auf der

Welt auf denkbar aggressive Weise und oft gegen den Wunsch der Patienten oder ihrer Familien versuchen, todkranke oder sogar hirntote Patienten mithilfe von Maschinen am Leben zu erhalten; andererseits vernachlässigen sie die Bedürfnisse von chronisch Kranken und oft auch die emotionalen Bedürfnisse von akut erkrankten Patienten. Und wahrscheinlich läßt sich mit dieser Grundhaltung auch erklären, warum die Erfindung des künstlichen Herzens in den Vereinigten Staaten so viel Beifall findet. Barney Clark, der erste Mensch, dem ein künstliches Herz eingepflanzt wurde, ist zu einem amerikanischen Helden (oder Opfer, wie man es nimmt) geworden, weil man ihn als Pionier auf dem Gebiet der Medizin betrachtete.

Als Reporter einem Team von Krankenhausärzten die Frage stellten, ob denn das Herz, Symbol der Liebe, Ursprung des Lebens, Heimat der Seele, überhaupt durch eine einfache mechanische Pumpe ersetzt werden könne, antwortete der Direktor der an das Krankenhaus angeschlossenen Abteilung für künstliche Organe: »Es ist zwar richtig, daß wir Herzklopfen bekommen und unser Herz schneller schlägt, wenn wir verliebt sind, aber das ist zweitrangig. Wenn jemand, der ein künstliches Herz besitzt, solche Empfindungen gerne verspüren möchte, dann kann er den Rhythmus der Pumpe beschleunigen.« (Nelkin 1986, 44)

Die künstlichen Herzen versagten am Ende, weil sie anders als das menschliche Herz nicht in der Lage waren, den Erfordernissen des Körpers und vielleicht auch der Seele gerecht zu werden. (Rosch 1985) Möglich, daß sie eines Tages mit Erfolg verwendet werden können, aber fürs erste bleibt festzuhalten: Das Herz mag zwar nur eine Pumpe sein, aber es ist eine zu kompliziert strukturierte Pumpe, als daß Menschen sie – jedenfalls zum gegenwärtigen Zeitpunkt – schon am Band produzieren könnten.

Todkranke Patienten, die gegen ihren Willen am Leben erhalten werden, und vielleicht auch solche wie Clark, sind in gewissem Sinne Opfer der Metaphern, die wir benutzen – im Leben ebenso wie in der Medizin. Wie wir jedoch gesehen haben, sind diese Metaphern von Gesellschaft zu Gesellschaft verschieden, und eine größere Aufgeschlossenheit gegenüber den Metaphern, die in anderen Ländern bestimmend sind, könnte uns zumindest die Augen für den Reichtum und die Vielfalt der – auch für uns – möglichen Handlungs- und Verhaltensweisen öffnen.

Eine solche Aufgeschlossenheit könnte auch zu der Erkenntnis führen, daß unsere Medizin nicht das zwingende Ergebnis medizinischen Fortschritts, sondern das Resultat von Entscheidungen ist, die – ob wir uns dessen bewußt sind oder nicht – aus unseren eigenen kulturell geprägten Überzeugungen erwachsen. Wenn wir diese Überzeugungen differenzierter zu betrachten lernen, werden unsere Entscheidungen vielleicht auch nicht mehr in erster Linie die »*frontier*-Erfahrung«, sondern vor allem unsere Bedürfnisse als Mitglieder einer komplexen modernen Gesellschaft widerspiegeln.

Weitere Aussichten

Im Oktober 1987 diskutierte ich mit einem französischen Medizinprofessor über den Inhalt dieses Buches. Einer seiner Kritikpunkte war typisch für einen Franzosen: Er meinte, ich hätte meinem Thema kein theoretisches Gerüst gegeben. Ein anderer Kritikpunkt war typisch für einen Mediziner: Medizin verändere sich sehr schnell, und einige der Therapien, mit denen ich mich in meinem Buch auseinandersetze, seien inzwischen bereits überholt. Als Beispiel dafür nannte er die Behandlung von Brustkrebs. Kein amerikanischer Arzt, so meinte er, würde heute einer Frau noch die ganze Brust abnehmen, da sich gezeigt habe, daß Brustkrebs genauso effektiv behandelt werden könne, wenn nur ein Teil der Brust entfernt würde. Ein Arzt, der dies dennoch täte, würde von den meisten amerikanischen Frauen sicher verklagt werden. Ausgerechnet am nächsten Tag wurde bei Nancy Reagan eine modifizierte radikale Mastektomie vorgenommen – ein Eingriff, der nicht ganz so aggressiv ist wie die traditionelle, auf den amerikanischen Chirurgen William Halsted zurückgehende radikale Mastektomie, aber allemal aggressiver als die einfache Mastektomie, wie sie in England üblich ist, und als die organerhaltenden Behandlungsweisen, die in Frankreich favorisiert werden.

Einige Wochen später fiel mir ein Artikel in die Hände, in dem es um die neuen medikamentösen Behandlungen erhöhter Cholesterinwerte ging. In dem Artikel behauptete ein kanadischer Arzt, daß Ärzte in England an eine Behandlung erst dächten, wenn der Cholesteringehalt im Blut eines Patienten 300 Milligramm pro Deziliter Cholesterin betrage, während in den Vereinigten Staaten eine Behandlung häufig schon bei 225 Milligramm für notwendig befunden werde und einige amerikanische Ärzte sich sogar dafür aussprächen, bereits bei noch niedrigeren Werten einzugreifen.

Neue Entwicklungen in der Medizinwissenschaft werden auch weiterhin von Land zu Land verschieden beurteilt werden; und wenn auch einige der Therapien, von denen in diesem Buch die Rede ist, im Zuge der internationalen Verbreitung medizinischer Erkenntnisse irgendwann von der Bildfläche verschwinden werden – diejenigen Behandlungsweisen, denen wesentliche kulturbedingte Vorstellungen zugrunde liegen, werden existieren, solange diese Vorstellungen existieren.

Läßt sich das vermeiden? Nein. Diagnostik und Therapie sind *keine* Wissenschaften. Wissenschaftlich durchgeführte Studien können uns zwar zeigen, daß ein bestimmtes Vorgehen oder eine bestimmte Behandlung diese oder jene Vor- oder Nachteile haben; die Beurteilung dieser Vor- und Nachteile aber wird immer von kulturbedingten Überzeugungen und Einstellungen abhängen. Wie wägt ein Arzt etwa den Vorteil, das Leben eines Krebspatienten mithilfe der Chemotherapie um ein paar Monate zu verlängern, gegen den Nachteil ab, daß der Patient sich den größten Teil der Zeit unwohl fühlen und erbrechen muß? Was rät er einem Patienten mit hohem Blutdruck, für den sich bei medikamentöser Behandlung das Risiko eines Herzinfarktes oder Schlaganfalls leicht verringert, der auf der anderen Seite aber das Risiko der Impotenz oder anderer Nebenwirkungen, mit denen vor allem Männer mittleren Alters rechnen müssen, zu gewärtigen hat? Wie beurteilt man, ob ein bestimmter Patient vielleicht besser beraten wäre, wenn er nicht so sehr auf Hygiene achtete, sondern ab und zu mit Bakterien in Berührung käme? Es gibt keine einfache Antwort auf all diese Fragen, keine mathematische Formel, mit der man Nutzen und Risiko gegeneinander aufrechnen könnte, kein Patentrezept dafür, wie oder ob man einen Patienten überhaupt behandeln sollte. Im Grunde genommen ist nur der Patient selbst in der Lage zu entscheiden, welche Therapie am besten ist – und zwar am besten für *ihn*.

War es falsch, daß die Ärzte Nancy Reagan zu einer Mastektomie rieten? Nein, nicht, wenn sie ihr vorher in aller Offenheit erklärt haben, welche Konsequenzen die verschiedenen Behandlungsweisen erfahrungsgemäß haben. Es kann ja durchaus sein, daß eine Frau sich dann nach Abwägung aller Vor- und Nachteile selbst für eine Mastektomie entscheidet: sei es, weil sie traditionellen Verfahrensweisen grundsätzlich mehr Vertrauen entgegenbringt oder weil ihr die Strahlentherapie widerstrebt oder weil sie von der Sorge befreit sein möchte, daß sich in derselben Brust neue Metastasen bilden könnten. Wenn dies z. B. bei Nancy Reagan der Fall war, dann ließe sich daraus folgern, daß ihre kulturbedingten Vorstellungen mit denen der Ärzte in Einklang standen. Es wäre jedoch falsch zu sagen, die Behandlung, für die man sich bei ihr entschied, sei »besser« als andere Verfahrensweisen. Vielleicht war sie besser für sie; für viele andere Frauen aber trifft das wahrsheinlich nicht zu.

Mittlerweile ist zwar immer mehr Medizinern, die sich mit ethischen Fragen befassen, und einigen aufgeklärten Ärzten bewußt geworden, welche große Rolle Wertvorstellungen in der Medizin spielen und daß die Patienten daher an medizinischen Entscheidungsprozessen viel stärker beteiligt werden müßten. Die meisten Ärzte jedoch verschanzen sich weiterhin hinter der »wissenschaftlichen« Medizin, die für sie vor den »unwissenschaftlichen« Wünschen der Patienten Vorrang hat.

Aber wir sollten die Schuld nicht ausschließlich bei den Ärzten suchen. Wie dieses Buch zu zeigen versucht hat, reagieren Ärzte, auch wenn sie sich dessen vielleicht nicht bewußt sind, oft lediglich auf die – tatsächlichen oder vom Arzt nur als solche wahrgenommenen – Wünsche und Forderungen ihrer Patienten. Die amerikanische Medizin ist sicherlich zum Teil deshalb aggressiv, weil Ärzten beigebracht wird, aggressiv vorzugehen, aber es spielt auch eine nicht unwesentliche Rolle, daß die Patienten ihrerseits »aggressiv« mit »besser« gleichsetzen. Wenn ich von einem amerikanischen Arzt höre, der einen guten Ruf hat, dann gehe ich heutzutage davon aus, daß es einer ist, der aggressive Methoden und radikale Operationen favorisiert. Insbesondere in Ländern wie den Vereinigten Staaten, in denen man sich den Arzt selbst aussuchen und nach Belieben wechseln kann, haben Patienten jedoch im Grunde relativ weitreichende Einflußmöglichkeiten; sie müßten nur lernen, sie zu nutzen. Wenn wir Patienten aufhören würden, von den Ärzten zu verlangen, daß sie möglichst aggressive Mittel einsetzen, damit die Maschine möglichst schnell wieder funktioniert, werden die Ärzte auch nach und nach aufhören, uns solche aggressiven, schnellen Lösungen anzubieten.

Anmerkungen

1 Das *World Health Statistics Annual* von 1986, herausgegeben von der Weltgesundheitsorganisation (WHO), Genf, nennt folgende Zahlen: In den USA betrug die durchschnittliche Lebenserwartung im Jahre 1983 für Männer 71 und für Frauen 78,3 Jahre; in England und Wales (1984) für Männer 71,9, für Frauen 77,9 Jahre; in Frankreich (1984) für Männer 71,7, für Frauen 80,1 Jahre; in der Bundesrepublik Deutschland (1985) für Männer 71,6 und für Frauen 78,3 Jahre. Die Säuglingssterblichkeit betrug in den USA (1983) 10,9 pro 1000 Lebendgeburten, in Großbritannien (1983) 10,0, in Frankreich (1982) 9,4 und in der Bundesrepublik (1983) 10,2.

2 3ième Journée Nationale du K (30. Nov. 1982), Le Service National du Contrôle Médical, Caisse Nationale de l'Assurance Maladie des Travailleurs Salariés, Paris 1985.

3 In den letzten Jahren ist dieser Eingriff in den USA zusehends seltener geworden, aber noch 1983 wurden 632000 Kürettagen vorgenommen; damit war dies die dritthäufigste Operation in den USA. I. Am Rutkow, »Obstetric and Gynecologic Operations in the United States, 1979–1984«, in: *Obstetrics and Gynecology* 67 (1986), 755–59.

4 R. K. Schicke, »Socioeconomic Systems of Medicaments«, in: *Social Science and Medicine* 10 (1976), 277–81; P. U. Unschuld, »The Issue of Scientific and Alternative Medical Systems: A Comparison of East and West German Legislation«, in: *Social Science and Medicine* 14B (1980), 15–24.

5 F. Freibal, »Arzneimittelverbrauch«, in: *Deutsche Apotheker Zeitung* 15 (15. Apr. 1982), 815–18 sowie F. H. Gross, »Drug Utilization Data in Risk/Benefit Analyses of Drugs – Benefit Analyses«, in: *Acta Medica Scandinavica Supplementa* 683 (1984), 141–47.

6 Erhebliche Unterschiede in der Dosierung von Medikamenten treten z.B. bei der Verwendung von Wismut als Abführmittel auf: nach

Aussage Karl Kimbels von der Deutschen Arzneimittelkommission in Köln ist in Frankreich eine Dosis von 20 Gramm üblich, wo in der Bundesrepublik 0,5 Gramm verschrieben würden.

7 R. J. C. Pearson et al., »Hospital Caseloads in Liverpool, New England and Uppsala«, in: *The Lancet*, 7. Sept. 1968, 559–66; J. P. Bunker, »Surgical Manpower: A Comparison of Operations and Surgeons in the United States and in England and Wales«, in: *New England Journal of Medicine* 282 (1970), 135–44; Kim McPherson et al., »Regional Variations in the Use of Common Surgical Procedures: Within and Between England and Wales, Canada and the United States of America«, in: *Social Science and Medicine* 15A (1981), 273–88; E. Vayda/W. R. Mindell/I. M. Rutkow, »A Decade of Surgery in Canada, England and Wales and the United States«, in: *Archives of Surgery* 117 (1982), 846–53; Sigrid Lichtner/Manfred Pflanz, »Appendectomy in the Federal Republic of Germany: Epidemiology and Medical Care Patterns«, in: *Medical Care* 9. Nr. 4 (Juli – Aug. 1917), 311–30; T. A. Preston, *Coronary Artery Surgery: A Critical Review*, New York 1977.

8 R. E. Kendell, »Pschiatric Diagnosis in Britain and the United States«, in: *British Journal of Psychiatry Special Publication* 9 (1975), 453–61; Pierre Pichot, »The Diagnosis and Classification of Mental Disorders in French-Speaking Countries: Background, Current Views and Comparison with Other Nomenclature«, in: *Psychological Medicine* 12 (1982), 475–92; vgl. auch Martin Stuart-Harle, »Transcultural Medicine: The Average G. P. Isn't Equipped to Deal with It«, in: *The Medical Post*, 12. Juni 1984, 56–57.

9 Vgl. die *Rote Liste*, Bundesverband der Pharmazeutischen Industrie e. V., Aulendorf 1984; W. Brüggemann, *Kneipp Vademecum Pro Medico*, Würzburg 1980.

10 L. S. Linn et al., »Differences in the Numbers and Costs of Tests Ordered by Internists, Family Physicians, and Psychiatrists«, in: *Inquiry* 21 (Herbst 1984), 266–75; Jay Noren et al., »Ambulatory Medical Care: A Comparison of Internists and Family-General Practitioners«, in: *New England Journal of Medicine* 302 (1980), 11–16; Thomas Hill, »Doctors Differ on Curing Their Ills«, in: *The Medical Post*, 11. Sept. 1979; S. J. Wroe et al., »Differences Between Neurological and Neurosurgical Approaches in the Management of Malignant Brain Tumours«, in: *British Medical Journal* 293 (1986), 1015–18; Joseph B. Kirsner, »Current Medical and Surgical Opinions on Important Therapeutic Issues in Inflammatory Bowel Disease«, in: *American Journal of Surgery* 140 (1980), 391–95.

11 David Mechanic, »Some Comparisons Between the Work of Primary Care Physicians in the United States and England and Wa-

les«, in: *Medical Care* 10 (Sept. – Okt. 1972), 402–20; G. N. Marsh/R. B. Wallace/J. Whewell, »Anglo-American Contrasts in General Practice«, in: *British Medical Journal*, 29. Mai 1976, 1321–25; G. E. Linhardt, Jr./Robert Moore/J. L. Hill, »Comparison of Health Care Delivery in Britain and the United States«, in: *Maryland State Medical Journal*, Juli 1982, 41–45.

12 Ob und auf welche Weise in einem Land kontrollierte klinische Studien durchgeführt werden, hängt in entscheidendem Maße auch von kulturellen Faktoren ab. John M. Goldring z. B. behauptete in einem Artikel in *The Lancet*, Geburtshelfer in den Vereinigten Staaten hätten sich geweigert, an einer Studie mitzuwirken, die Entbindungen im Krankenhaus mit Entbindungen zu Hause vergleichen und die Betreuung durch Hebammen der ärztlichen Überwachung von Geburten gegenüberstellen sollte. Die Geburtshelfer, so Goldring, hätten befürchtet, eine solche Studie könnte ergeben, daß sie bei Entbindungen durchaus nicht unbedingt gebraucht würden, was dann u. U. finanzielle Einbußen zur Folge hätte. (In: *The Lancet*, 27. März 1982, 745). Vgl. ferner D. L. Sackett/M. Gent, »Controversy in Counting and Attributing Events in Clinical Trials«, in: *New England Journal of Medicine* 301 (1979), 1410–12; Geoffrey Rose/D. J. P. Barker, »Aetiology of Disease – Selection of Controls«, in: *British Medical Journal* 2 (1978), 1616–17.

13 Auch hierbei spielen sicherlich neben der Frage der Methodologie kulturbedingte Vorstellungen eine Rolle. Vgl. J. S. Armstrong, »Research on Scientific Journals: Implictions for Editors and Authors«, in: *Journal of Forecasting* 1 (1982), 83–104.

14 »Beyond Calais«, in: *British Medical Journal*, 11. Sept. 1976, 606; J. A. Farfor/J. P. Benhamou, «French-English Medical Glossary: 1–5«, in: *The Lancet*, 6. Okt. – 3. Nov., 788–89, 840, 901–2, 959, 1018–19.

15 R. Johnston/R. S. Sidall, »Is the Usual Method of Preparing Patients for Delivery Beneficial or Necessary?«, in: *American Journal of Obstetrics and Gynecology* 4 (1922), 645–50; H. I. Kantor et al., »Value of Shaving the Pudendal-Perineal Area in Delivery Preparation«, in: *Obstetrics and Gynecology* 25 (1965), 509–12; C. S. Mahan/(S. McKay, »Preps and Enemas – Keep or Discard?«, in: *Contemporary Ob/Gyn*, Nov. 1983, 241–48.

16 J. E. Brody, »Obstetric Panel Says Caesarean Deliveries Needn't Be Repeated«, in: *The New York Times*, 25. Febr. 1982. Trotz der 1982 vom American College of Obstetricians and Gynecologists herausgegebenen Richtlinien wurde 1985 bei 93,4 Prozent der Frauen, die schon eine Kaiserschnittgeburt hinter sich hatten, bei späteren Entbindungen wieder ein Kaiserschnitt gemacht. P. J.

Placek/S. M. Taffel/M. Moien, »Letter: Cesarean Rate Increases in 1985«, in: *American Journal of Public Health* 77 (1987), 241–42.

17 Dem *Demographic Yearbook 1980* (New York: United Nations 1982) sind folgende Zahlen zu entnehmen: Die Letalität bei ischämischer Herzkrankheit betrug 1978 in den Vereinigten Staaten 294,3 pro 100000 Personen (Männer und Frauen); in der Bundesrepublik Deutschland 230,8; in Großbritannien 378,6; und in Frankreich 95,2. Bei anderen Herzkrankheiten betrug die Letalität in den Vereinigten Staaten 29,1, in der Bundesrepublik 98,1, in Großbritannien 33,7 und in Frankreich 95,2. Addiert man diese beiden Zahlen, so ergibt sich für die Vereinigten Staaten eine Summe von 323,4, für die Bundesrepublik 328,9, für Großbritannien 412,3 und für Frankreich 190,4. Vgl. auch B. Junge, »Decline in Mortality in Japan, USA and the Federal Republic of Germany – the Contribution of the Specific Causes of Death«, in: *Klinische Wochenschrift* 63 (1985), 793–801.

18 Sir Derrick Dunlop/R. S. Inch, »Variations in Pharmaceutical and Medical Practice in Europe«, in: *British Medical Journal* 1972 (3), 749–52; Dr. Claudine Escoffier-Lambiotte, »Le Bismuth est-il devenue une substance vénéneuse?« in: *Le Monde*, 19. März 1975, 9; Nicolas Beau, »Les accidents liés au bismuth n'ont pas d'explications scientifiques satisfaisantes«, in: *Le Monde*, 12. Juli 1978; P. Shenon, »Dispute over Intent in Drug Case Divided F. D. A. and Justice Department«, in: *The New York Times*, 19. Sept. 1985, A1.

19 Der Chirurg Geoffrey Keynes z. B., Bruder von John Maynard Keynes, trat schon von 1929 an öffentlich für konservative Behandlungen von Brustkrebs ein. Vgl. G. Keynes, *The Gates of Memory*, Oxford 1981, Kap. 17; Hedley Atkins et al. »Treatment of Early Breast Cancer: A Report after Ten Years of a Clinical Trial«, in: *British Medical Journal*, 20. Mai 1972, 423–29.

20 W. A. Glaser, *Health Insurance Bargaining: Foreign Lessons for Americans*, New York 1978; U. E. Reinhardt/Simone Sandier, *Alternative Methods of Physician Remuneration and Their Effects on Physician Activity: An International Comparison,* Paris: CREDOC 1983.

21 Vgl. auch Phil Adephus, »I Think Therefore I Am . . . French«, in: *Passion*, Sommer 1985.

22 Die Theorie, die hinter dem Impfstoff gegen Grippe stand, beschreibt S. Fazekas de St. Groth, »Evolution and Hierarchy of Influenza Viruses«, in: *Archives of Environmental Health* 21 (1970), 293–302.

23 L. K. Altman, »Search für an AIDS Drug Is Case History in Frustration«, in: *The New York Times*, 30. Juli 1985, C1; Kommentar:

»Cyclosporine Suppressing the Competitive Urge«, in: *The Medical Post*, 12. Nov. 1985, 10.

24 J.-M. Cheynier, »L'Accouchement sans douleur: avec ou sans anesthésie?« in: *Le Monde*, 6.-7. Aug. 1975, 9. Auch in anderen Ländern trifft man zuweilen auf eine cartesianische Denkweise, besonders dann, wenn es um die Verteidigung kulturbedingter Vorstellungen geht. Wie ich in dem Kapitel über die amerikanische Medizin zu zeigen versuche, bestehen Amerikaner häufig selbst dann darauf, daß »aggressive Therapien« am wirkungsvollsten seien, wenn das Gegenteil bewiesen ist, und finden dann alle möglichen Wege, um sich über diese Beweise hinwegzusetzen. Besonders charakteristisch für die Franzosen jedoch ist ihre Vorliebe für »elegante« Ideen. So war z. B. in der Diskussion darüber, welche Rolle die Haut hinsichtlich der Immunität spielt, in der amerikanischen Presse schlicht von einer »Abwehrfunktion«, in französischen Zeitungen dagegen von einem »Dialog zwischen Dermis und Epidermis« die Rede. P. Sengel, »Le dialogue du derme et de l'épiderme«, in: *Le Monde de la Médecine*, 19. Okt. 1977, 19.

25 Bernie O'Brien, *Patterns of European Diagnoses und Prescribing*, London: Office of Health Economics 1984; E. Bloomfield/R. C. Gilbertson/J. L. Skinner, »French General Practice«, in: *Journal of the Royal College of General Practitioners,* Mai 1979, 297–301.

26 Vgl. ferner P. J. Pichot, »The French Approach to Psychiatric Classification«, in: *British Journal of Psychiatry* 144 (1984), 113–18; P. J. Pichot, »The Diagnosis and Classification of Mental Disorders in French-Speaking Countries: Background, Current Views and Comparison with other Nomenclatures«, in: *Psychological Medicine* 12 (1982), 475–92.

27 Statistiken des *Department of Health and Social Security* zufolge gab es 1980 in Großbritannien 821 Röntgenologen und 1 466 Anästhesisten. Die Zahlen für Frankreich sind dem *Eurohealth Handbook* entnommen (White Plains, New York 1985).

28 H. Tristan/M. Benmussa, *Atlas de l'hystérosalpingographie,* Paris 1981. In der Einleitung dieses Buches schreibt Professor Guy Ledoux-Lebard, bisher sei es durch das Hysterosalpingogramm noch nie nachweislich zu Mißbildungen des Fötus gekommen, da die Strahlen sehr vorsichtig dosiert würden; dabei läßt er allerdings außer acht, daß durch Röntgenstrahlen verursachte Nebenwirkungen sich selten auf eine bestimmte Untersuchung zurückführen lassen, sondern sich meist aus der »Summe« der Strahlen ergeben.

29 Es war mir nicht möglich herauszufinden, seit wann französische

Märchen mit diesem Zusatz enden. Als ich mich mit Franzosen darüber unterhielt, stellte ich fest, daß diejenigen, denen vor allem die ältere Märchenliteratur vertraut war, in der Regel diesen Schlußsatz nicht kannten, während er Franzosen der jüngeren Generation durchweg bekannt war. Meine Vermutung ist, daß der Satz »und hatten viele Kinder« möglicherweise als Teil jener Kampagne, mit der die Geburtenziffer wieder in die Höhe getrieben werden sollte, hinzugefügt wurde.

30 G. Suffert, »Natalité: le déclin français«, in: *Le Point* 566 (25. Juli 1983), 31–36; »Low Birth Rate in Western Europe Means Big Social, Economic Changes Are Likely«, in: *The Wall Street Journal*, 30. Dez. 1985, 16.

31 Interessant ist in diesem Zusammenhang auch folgendes: Während die Franzosen normalerweise einen Teil der Kosten für ärztliche Untersuchungen und für Medikamente selbst bezahlen müssen, haben Frauen in den letzten vier Monaten ihrer Schwangerschaft Anspruch auf kostenlose medizinische Betreuung; »Mme. Simone Veil a annoncé la gratuité des soins pendant les quatre derniers mois de la grossesse«, in: *Le Monde,* 22. Sept. 1978.

32 J. H. Soutoul / F. Pierre, »La stérilisation humaine volontaire«, in: *Revue Française Gynécologie Obstétrique* 81 (1986), 483–91; »L'Ordre des médecins engage la bataille contre la stérilisation volontaire«, in: *Le Monde,* 12. Jan. 1978.

33 Erst als 1985 zwei Studien veröffentlicht wurden, die zeigten, daß die Verwendung der Spirale zur Unfruchtbarkeit führen kann, stellten sich auch bei amerikanischen Ärzten und Patientinnen Bedenken ein: Janet Dalin et al., »Primary Tubal Infertility in Relation to the Use of an Intrauterine Device«, in: *New England Journal of Medicine* 312 (1985), 937–41; D. W. Cramer et al., »Tubal Infertility and the Intrauterine Device«, in: *New England Journal of Medicine* 213 (1985), 941–47.

34 »Contraception 80: Tout ce que vous voulez savoir«, in: *Marie-Claire,* Nov. 1980, 63; »Avantages et inconvénients du stérilet«, in: *Le Monde,* 19. Nov. 1980, 20.

35 »WFS [World Fertility Survey] Surveys Show That Western, Eastern Europe Differ Greatly in Use of Modern Contraception«, in: *Family Planning Perspectives* 15, März/April 1983, 82–84.

36 I. M. Rutkow, »Obstetric and Gynecologic Operations in the United States, 1979–1984«, in: *Obstetrics and Gynecology* 67 (1986), 755–59; Centers for Disease Control, »Surgical Sterilization Surveillance; Hysterectomy in Women Aged 15–44, 1976–78«, März 1981, 3; P. A. von Keep / D. Wildermeersch / P. Lehert, »Hysterectomy in Six European Countries«, in: *Maturitas* 5 (1983), 69–75.

37 P. Kilkku, »Supravaginal Uterine Amputation vs. Hysterectomy: Effects on Coital Frequency and Dyspareunia«, in: *Acta obstetrica et Gynecologica Scandinavica* 62 (1983), 141–45; P. Kilkku et al., »Supravaginal Uterine Amputation vs. Hysterectomy: Effects on Libido and Orgasm«, in: *Acta Obstetrica et Gynecologica Scandinavica* 62 (1983), 147. Vgl. auch L. Zussman et al., »Sexual Response After Hysterectomy–Oophorectomy: Recent Studies and Reconsideration of Psychogenesis«, in: *American Journal of Obstetrics and Gynecology* 140 (1. Aug. 1981), 725–29.

38 Von dem französischen Sozialisten Charles Fourier z. B. wird berichtet, er habe mit großer Sorgfalt detaillierte Speisepläne aufgestellt, damit die Mitglieder der Gemeinschaft sich auf jede Mahlzeit im voraus freuen konnten, und er habe vorgeschlagen, Kriege durch internationale Kochwettbewerbe zu ersetzen. Jonathan Beecher, *Charles Fourier: The Visionary and His World,* Berkeley 1986.

39 Jean-Michel Warnet et al., »Relation Between Consumption of Alcohol and Fatty Acids Esterifying Serum Cholesterol in Healthy Men«, in: *British Medical Journal* 290 (1985), 1859–61; »Food and Mortality in France«, in: *The Lancet,* 16. Juli 1977, 133.

40 D. Dhumeaux, »La Recherche en hépatologie: Le mythe de la ›crise de foie‹«, in: *Cahiers médicaux* 2, 11. Okt. 1976, 337–38; Charles Lenoir/ Simone Sandier, *La Consommation pharmaceutique en France et aux U.S.A.,* Paris: CREDOC 1976, 90.

41 Ein negativer Aspekt von Zäpfchen ist, daß sie Hämorrhoiden verursachen können. Vgl. Jean Duhamel, »Les Hémorroides: un mal qu'il est possible de guérir, mais aussi d'éviter«, in: *Le Monde,* 10. Aug. 1970, 10.

42 Martin Shapiro untersuchte zusammen mit anderen Forschern die Diagnose und Behandlung von niedrigem Blutdruck in einem Gebiet in Kanada und fand heraus, daß dort zur Behandlung u. a. auch Kalbsleber-Extrakt und Vitamin B 12 verwendet wurde. M. F. Shapiro/ H. Korda/ J. Robbins, »Diagnosis and Treatment of Low Blood Pressure in a Canadian Community«, in: *Canadian Medical Association Journal* 126 (1982), 918–20.

43 P. Shenon, »Dispute Over Intent in Drug Case Divided F.D.A. and Justice Department«, in: *The New York Times,* 19. Sept. 1985, A1; »Man Sees What He Suspects«, in: *British Medical Journal* 290 (1985), 1654.

44 Vgl. ferner H.-P. Klotz, *Etre Spasmophile et bien-portant,* Paris 1982; J. Heim/ B. Plouvier, »Pour (tenter d') en finir avec la spasmophilie«, in: *Concours médicaux,* 20. Nov. 1982, 6483; R. Gérard et al., »Prolapsus valvulaire mitral et spasmophilie chez l'adulte«,

in: *Archives des Maladies du Coeurs et des Vaisseaux* 72, Nr. 5 (1979), 449–53; Y. Numera et al., »Symptomatologie observée chez 162 malades classés comme spasmophile (Tétanie chronique idiopathique ou constitutionelle)«, in: *Annales de Médecine interne* 129, Nr. 1 (Jan. 1979), 9–15.

45 T. F. Waites, »Hyperventilation – Chronic and Acute«, in: *Archives of Internal Medicine* 138 (1978), 1700–01; R. Liberthson et al., »The Prevalence of Mitral Valve Prolapse in Patients with Panic Disorders«, in: *American Journal of Psychiatry* 143, Nr. 4 (1986), 4, 511–15; L. D. Galland/S. M. Baker/R. K. McLellan, »Letter: Irritable Bowel, Mitral Valve Prolapse, and Associate Conditions«, in: *Journal of the American Medical Association* 254 (1985), 358–59.

46 Nicolas Beau, »Huit malades sur cent ont recours à l'homéopathie«, in: *Le Monde,* 23.-24. Apr. 1978, 8; J. Lyall, »Attitudes to Medicine: France«, in: *Self Health,* Juni 1984; George Dunea, »Counting Sheep and Eating Herbs«, in: *British Medical Journal* 293 (1986), 1019–20.

47 In Frankreich bekannte man sich schon sehr früh zu sanften Heilmethoden: Bereits François Magendie (1783–1855), der Lehrer von Claude Bernard, war äußerst skeptisch gegenüber herkömmlichen medizinischen Praktiken; er glaubte, eine Behandlung sei um so besser für den Patienten, je behutsamer sie sei. Aus: J. Tarshis, *Claude Bernard, Father of Experimental Medicine,* New York 1968.

48 A. Corbin, *The Foul and the Fragant: Odor and the French Social Imagination,* Cambridge, Mass. 1986 (dt.: Pesthauch und Blütenduft, Berlin 1984); »La Peau sans répit«, in: *Le Monde,* 6. Sept. 1972, 13; H. Laskey, »A Shower of Arguments Against Being Squeaky Clean«, in: *The Medical Post,* 21. Apr.; »Views«, in: *British Medical Journal* 291 (1985) 145.

49 Als ich 1971, kurz nach meiner Ankunft in Frankreich, zum ersten Mal davon hörte, war ich einigermaßen erstaunt. Nach meiner Rückkehr in die Vereinigten Staaten in den achtziger Jahren stellte ich dann aber fest, daß einige amerikanische Dermatologen mittlerweile ähnliche Ansichten vertraten.

50 »Mises en Garde des autorités sanitaires contre des patés de foie«, in: *Le Monde,* 21. Okt. 1977; Judith Miller, »In Périgord, a Furor over Foie Gras«, in: *The New York Times,* 18. Dez. 1985.

51 Die Informationen über Antikörper gegen Hepatitis A stammen von Dr. Benhamou. Kürzlich ergab eine amerikanische Studie, daß Studenten, die regelmäßig rohe Milch trinken, sehr viel stärkere Abwehrkräfte gegen eine Campylobacter-Infektion hatten als Studenten, die normalerweise keine rohe Milch tranken: Nach einem Aufenthalt auf einer Farm in Oregon wurden 76 Prozent

der Studenten, die nicht regelmäßig rohe Milch tranken, krank, von den anderen Studenten dagegen kein einziger. M. J. Blaser/E. Sazie/L. P. Williams, Jr., »The Influence on Raw Milk-Associated Campylobacter Infection«, in: *Journal of the American Medical Association* 257 (1987), 43–46.

52 Thérèse Lecomte/P. Le Fur, *Les Médecines libéraux: Clientèle et prescription-enquête pilote,* Paris: CREDOC 1982, 34; H. Bouchet, »Les 4e Thermalies«, in: *La Presse Médicale* 14, Nr. 14 (6. Apr. 1985), 796; G. Ebrard, *Le Thermalisme en France; Situation actuelle et perspectives d'avenir,* Paris 1981.

53 Vgl. Anmerkung 121.

54 EVaS Study 1981/82, Zentral-Institut für die Kassenärztliche Versorgung in der Bundesrepublik Deutschland, Köln, in: *Third International Conference on System Science in Health Care,* hg. von W. van Eimeren/R. Engelbrecht/Ch. D. Flagle, Berlin 1984; Bernie O'Brien, *Patterns of European Diagnoses and Prescribing,* London, Office of Health Economics 1984; J. R. Moehr/K. D. Haehn, *Verdenstudie,* Köln-Lövenich 1977; J. Schaefer, »The Case Against Coronary Artery Surgery: A Paradigm for Studying the Nature of a So-called Scientific Controversy in the Field of Cardiology«, in: *Metamedicine* 1 (1980), 155–76.

55 Vgl. Paul Unschuld, »The Issue of Structured Coexistence of Scientific and Alternative Medical Systems: A Comparison of East and West German Legislation«, in: *Social Science and Medicine* 14B (1980), 15–24; Tony Smith, »Limited List of Drugs: Lessons from Abroad«, in: *British Medical Journal* 290 (1985), 532–34.

56 In der Bundesrepublik gibt es pro 100000 Einwohnern 232 Ärzte, in den Vereinigten Staaten sind es 207, in Frankreich 214 und in Großbritannien 154. Yan Blanpain/Bjorn Lindgren/Simone Sandier, *Comparaisons internationales des systèmes de santé,* Paris, CREDOC 1985; U. E. Reinhard/Simone Sandier, *Alternative Methods of Physician Remuneration and Their Effects on Physician Activity: An International Comparison,* Paris, CREDOC 1983; Bernie O'Brien, *Patterns of European Diagnoses and Prescribing,* London, Office of Health Economics 1984.

57 Moehr/Haehn, *Verdenstudie,* Köln-Lövenich 1984, 75; Reinhardt/Sandier, *Alternative Methods.*

58 H. Freibel, »Arzneimittelverbrauch«; O'Brien, *Patterns of European Diagnoses;* Franz Gross, »Drug Utilization Data in Risk/ Benefit Analysis«, in: *Acta Medica Scandinavica Supplementa* 683 (1984), 141–47; B. Junge, »Decline in Mortality in Japan, USA, and the Federal Republic of Germany – the Contribution of the Specific Causes of Death«, in: *Klinische Wochenschrift* 63 (1985), 793–801.

59 Schaefer, »The Case Against Coronary Artery Surgery«; »Lapses of the Heart«, *Hastings Center Report,* Juni 1986, 46; K. Lempke/ H. H. Klare, »Er starb zwei Jahre«, in: *Stern,* 14. Aug. 1986, 114.

60 Daß die Bundesrepublik bei der Entwicklung von Kalziumblokkern – Mitteln gegen Spasmen der Koronararterien – eine entscheidende Rolle gespielt hat, wurde auf einer Pressekonferenz der Arzneimittelfirma Pfizer Pharmaceuticals am 10. Juni 1983 in New York offiziell bestätigt.

61 Moehr/Haehn, *Verdenstudie;* O'Brien, *Patterns of European Diagnoses;* van Eimeren et al., EVaS Study 1981/82.

62 In der Bundesrepublik werden bei 2,9 Prozent der Patienten, die zur Sprechstunde in eine Privatpraxis kommen, EKGs gemacht (EVaS Study), in den Vereinigten Staaten bei 2,7 Prozent (Thomas McLemore, »1979 Summary, National Ambulatory Medical Care Survey«, in: *NCHS Advance Data* Number 66, 2. März 1981).

63 Ulrich Geissler vom Research Institute of the Federation of Local Health Insurance Funds Association in Bonn schätzte, daß 1979 im Ruhrgebiet, das damals eine Bevölkerung von 5,2 Millionen hatte, etwa 1 267 000 EKGs durchgeführt wurden – mit anderen Worten, innerhalb eines Jahres wurde bei jedem fünften Bewohner des Ruhrgebietes ein EKG gemacht.

64 Vgl. auch Moehr/Haehn, *Verdenstudie,* 108; R. Dreibholz et al., »Häufigkeit von Krankheitsbezeichnungen in fünf Allgemeinpraxen«, in: *Allgemeinmedizin International* 1 (1974), 21–25.

65 Vgl. Moehr/Haehn, *Verdenstudie,* die zeigen, daß Hypotonie unter den häufigsten Diagnosen an siebzehnter Stelle steht und damit immerhin etwa ein Sechstel so häufig diagnostiziert wird wie Hypertonie (108).

66 J. M. Robbins/H. Korda/M. F. Shapiro, »Treatment for a Nondisease: The Case of Low Blood Pressure«, in: *Social Science and Medicine* 16 (1982), 27–33; M. F. Shapiro, »Low Blood Pressure: An Extinct Diagnosis«, in: *Canadian Medical Association Journal* 126 (1982), 887–88.

67 In der Bundesrepublik ist sogar für Hunde ein Medikament gegen Kreislaufstörungen entwickelt worden: »Making Rexy Sexy«, in: *MD,* Nov. 1985, 28. Weiterhin hat man hier einen diagnostischen Test entwickelt, mit dem sich Krampfadern, Venenentzündungen und andere Erkrankungen der venösen Gefäße feststellen lassen; dabei werden Infrarotstrahlen durch die Haut in die Venen gesendet, während der Patient eine Reihe von Übungen ausführt. Monica Shea, »What Your Patients Are Reading«, in: *Medical Post,* 3. April 1984, 38.

Vgl. auch die Liste der zwanzig häufigsten Diagnosen in der Bundesrepublik in O'Brien, *Patterns of European Diagnoses:* an erster Stelle steht demnach Herzinsuffizienz, an dritter Stelle Hypertonie, an zehnter Stelle Krampfadern und an siebzehnter Stelle zerebrovaskuläre Insuffizienz. Im Gegensatz dazu fand sich unter den zwanzig häufigsten Diagnosen in Großbritannien nur ein einziger mit dem Herz bzw. dem Kreislauf zusammenhängender Befund, nämlich Hypertonie und die dazugehörigen Symptome. Die EVaS Study zeigt, daß in Deutschland unter den zehn häufigsten Gründen für einen Besuch beim Allgemeinarzt Schwindelgefühl an zweiter Stelle rangiert, Kurzatmigkeit an sechster, Herzschmerzen an siebenter und Beinödeme an zehnter Stelle.

68 Vgl. auch A. Schalle, *Die Kneipp Kur: Therapie, Anwendung, Erfolg,* München o. D.; Moyle, in: *A Visual Encyclopedia of Unconventional Medicine,* hg. von A. Hill, New York 1979.

69 Vgl. Erwin Ackerknecht (1957); G. A. Silver, »Virchow, the Heroic Model in Medicine: Health Policy by Accolade«, in: *American Journal of Public Health* 77 (1987), 82–88.

70 Vgl. O'Brien, *Patterns of European Diagnoses,* 31; Freibel, »Arzneimittelverbrauch«.

71 Dennis Maki, Direktor der Abteilung für Infektiöse Krankheiten an der medizinischen Fakultät der University of Wisconsin meint, die Tatsache, daß sich Patienten in den Vereinigten Staaten so häufig im Krankenhaus infizierten, lasse sich auch darauf zurückführen, daß von Betalaktam-Antibiotika wie etwa den Cephalosporinen in den letzten zehn Jahren übertrieben viel Gebrauch gemacht worden sei. T. Sellers, »Prophylactic Antibiotics ›Overused‹ in Surgery«, in: *The Medical Post,* 19. Aug. 1986, 68.

72 A. Bloomfield, »Origin of the Term ›Internal Medicine‹«, in: *Journal of the American Medical Association* 168 (1959), 1628; R. A. Hahn, »Treat the Patient, Not the Lab: Internal Medicine and the Concept of ›Person‹«, in: *Culture, Medicine and Psychiatry* 6, 219–36.

73 J. Marshall Townsend, »Cultural Conceptions and the Role of the Psychiatrist in Germany and America«, in: *International Journal of Social Psychiatry* 24 (1978), 250–58; G. Ammon, »Germany: Psychiatry«, in: *International Encyclopedia of Psychiatry, Psychology, Psychoanalysis and Neurology,* New York 1977.

74 H. Bouchet, »Les 4e Thermalies«, in: *La Presse médicale* 14, Nr. 14, 6. Apr. 1985, 796; R. K. Schicke, »Socio-Economic Systems of Medicaments«, in: *Social Science and Medicine* 10 (1976), 277–81.

75 »Homeopathic Remedies«, in: *Consumer Reports,* Jan. 1987, 60–62;

David T. Reilly et al., »Is Homeopathy a Placebo Response?«, in: *The Lancet*, 18. Okt. 1986, 881–85; R. G. Gibson et al., »Homeopathic Therapy in Rheumatoid Arthritis: Evaluation by Double Blind Clinical Therapeutic Trial«, in: *British Journal of Clinical Pharmacology* 1980, 9 (1980), 453–59. Vgl. auch Andrew Weil, *Health and Healing,* Boston 1983.

76 Vgl. U. E. Reinhardt/Simone Sandier, *Alternative Methods;* G. N. Marsh/R. B. Wallace/J. Whewell, »Anglo-American Contrasts in General Practice«, in: *British Medical Journal,* 29. Mai 1976, 1321–25; David Mechanic, »General Medical Practice: Some Comparisons Between the Work of Primary Care Physicians in the United States and England and Wales«, in: *Medical Care* 10 (1972), 402–20; A. M. W. Porter/J. M .T. Porter, »Anglo-French Contrasts in Medical Practice«, in: *British Medical Journal,* 26. Apr. 1980, 1109–12; G. Worrall, »Our Way: Long Hours, Few Vacations, Poor Records«, in: *The Medical Post,* 3. Apr. 1984, 54; F. M. Hull, »International Sore Throats«, in: *Journal of the Royal College of General Practitioners* 31 (1981), 45–48.

77 Henry J. Aaron/William B. Schwartz, *The Painful Prescription,* Washington D. C. 1984; »Spotty Shadows on Chest X-ray Pose Diagnostic Dilemma for Physicians«, in: *The Medical Post,* 23. Mai 1978.

78 O'Brien, *Patterns of European Diagnoses;* Sir Derrick Dunlop/R. S. Inch, »Variations in Pharmaceutical and Medical Practice in Europe«, in: *British Medical Journal* 3 (1972), 749–52; Kommentar, »Vasodilators in Senile Dementia«, in: *British Medical Journal,* 1. Sept. 1979, 511–12; Freibel, »Arzneimittelverbrauch«; Aaron/Schwartz, *The Painful Prescription;* J. P. Horder/John Hunt, »A French View of English General Practice«, in: *Journal of the Royal College of General Practitioners* 25 (1975), 365–67; C. Francome/P. J. Huntingford, »Births by Cesarean Section in the United States of America and in Britain«, in: *Journal of Biosocial Science* 12 (1980), 353–62; R. J. C. Pearson et al., »Hospital Caseloads in Liverpool, New England, and Uppsala«, in: *The Lancet,* 7. Sept. 1968, 559–66; T. B. Hargreave, »Radical Cystectomy«, in: *British Medical Journal* 290 (1985), 338–39. Britische Ärzte verabreichen auch sehr viel seltener Impfungen gegen Masern: N. D. Noah, »Measles Eradication Policies«, in: *British Medical Journal* 284 (1982), 997–98.

79 R. A. Sells/S. MacPherson/J. R. Salaman, »Assessment of Resources for Renal Transplantation in the United Kingdom«, in: *The Lancet,* 27. Juli 1985, 195–97; Kommentar, »Death by a Thousand Cuts«, in: *British Medical Journal* 285 (1982), 1–2.

80 Vgl. »Round Table on Comparison of Dietary Recommendations in Different European Countries«, in: *Nutrition and Metabolism* 21 (1976), 223. Vgl. auch W. P. T. James et al., »A Discussion Paper on Proposals for Nutritional Guidelines for Health Education in Britain«, vorbereitet für das National Advisory Committee on Nutrition Education, London, Health Education Council 1983.

81 Bev. Daily, »The Way You Say It«, in: *MD*, Juni 1986, 49ff.; Kommentar, »Management of Abnormal Cervical Smears«, in: *British Medical Journal*, 24. Mai 1980, 1239–40. 1987 kündigte die britische Regierung an, es werde ein Programm zur Früherkennung von Brustkrebs entwickelt, nach dem bei allen Frauen zwischen 50 und 64 alle drei Jahre ein Screening gemacht werden solle. Von Frauen unter 50 war dabei nicht die Rede. »Breast Cancer Screeenings for Brits. 50–64«, in: *The Medical Post*, 7. Apr. 1987; I. Goldman, »Lax Cancer Screening Attitudes have to Change«, in: *The Medical Post*, 14. Mai 1985, 28.

82 J. Mesker/P. Mesker, »Some Difficulties in Comparing Morbidity Between Countries«, in: *Journal of the Royal College of General Practitioners* 29 (1979), 92–96. M. von Cranach, »The Cross-National Comparability of Psychiatric Diagnoses«, in: *Cross-National Sociomedical Research: Concepts, Methods, Practice*, hg. von Manfred Pflanz und Elisabeth Schach, Stuttgart 1976; M. G. Sandifer et al., »Similarities and Differences in Patient Evaluation by U.S. und U.K. Psychiatrists«, in: *American Journal of Psychiatry* 126 (1969), 206–12; Robin M. Murray, »A Reappraisal of American Psychiatry«, in: *The Lancet*, 3. Feb. 1979, 255–58; Kommentar, »Risks of Antihypertensive Therapy«, in: *The Lancet*, 8. Nov. 1986, 1075–76. Kanadische Ärzte dagegen behandeln hohen Blutdruck eher wie britische Ärzte; die Canadian Hypertension Society empfiehlt medikamentöse Behandlung von diastolischem Blutdruck ab 100 mm Hg. J. Cotter, »Use Drug Therapy on Diastolic BP Over 100 mm HG.«, in: *The Medical Post*, 26. Juni 1984, 43.

83 Eine etwas differenziertere Version dieser Interpretation findet sich bei Aaron/Schwartz, *The Painful Prescription*, die immerhin einräumen, daß diese Sparsamkeit nicht überall gleichermaßen ausgeprägt ist. Aber auch sie heben nicht genügend hervor, daß die Briten in bestimmten Bereichen vergleichsweise viel Zeit und Mühe investieren. Entsprechende Kritik an Aaron/Schwartz üben Frances H. Miller/Graham A. H. Miller, »The Painful Prescription: A Procrustean Perspective«, in: *New England Journal of Medicine* 314 (1986), 1383–86.

84 *Compendium of Health Statistics,* 4. Aufl., London 1981, 22. Auch die langen Wartelisten sind hinlänglich bekannt: »Brits Must Wait Up to 8 Months for Operations«, in: *The Medical Post,* 19. März 1985.

85 A. R. Henderson et al., »Letter: Clinical Chemistry Usage in Britain and Canada«, in: *New England Journal of Medicine* 303 (1980), 113–14; »British Oncologists Tepid on Adjuvants«, in: *Oncology News,* Jan./Feb. 1983; D. S. Greer, »Editorial«, in: *Comparative Health Systems Newsletter* 8, Nr. 2 (Okt. 1986).

86 »British Study Points Finger at ›Lazy GPs‹«, in: *The Medical Post,* 19. Feb. 1985. Ein Vergleich englischer und kanadischer Ärzte ergab, daß 80 Prozent der Allgemeinärzte in England, aber nur ein Drittel der kanadischen Allgemeinärzte 5 bis 6 Wochen Urlaub nahmen. J. Henahan, »English and Canadian MDs Aren't the Same«, in: *The Medical Post,* 27. Juli 1982, 16.

87 1984 waren nur 5 Millionen Briten privat versichert, das entspricht sogar weniger als 10 Prozent der Bevölkerung. »Why the Insurers Were the First to Put the Brakes on Costs«, in: *The Times* (London), 14. Juni 1984, 17.

88 Vgl. D. J. Hall, *The Relationship Between General Practitioners and Hospital Doctors, with Particular Reference to the Referral of Patients,* Bericht an das Department of Health and Social Security, London 1979; B. Jennet, »How Many Specialists?«, in: *The Lancet,* 17. März 1979, 594–97; »Letter«, in: *The Lancet,* 31. März 1979, 729; N. Timmines, »GPs Prescribe an End to Patients' Sick Notes«, in: *The Times* (London), 19. Juni 1981.

89 Mehr über diese sog. »friendly societies« findet sich bei Brian Abel-Smith, *The Hospitals in England and Wales,* 1800–1948, Cambridge, Mass. 1964.

90 Salvador de Madariaga (1930b). Der Engländer John Hunter sagte vor vielen Jahren: »Don't think: try« (zit. in U. R. Forbes, »Myth and Mumpsism«, in: *The Lancet,* 31. Aug. 1946). Von Disraeli wird berichtet, er habe empfohlen, Biographien zu lesen, weil darin das Leben unmittelbar ohne theoretische Vermittlung zum Ausdruck komme (*New York Daily News,* 28. Juli 1987, 8). Daß die Engländer dem Denken nicht so viel Bedeutung beimessen wie z. B. die Franzosen, mag auch erklären, warum englische Psychiater in einem direkten Vergleich bei denselben Patienten sehr viel seltener Denkstörungen feststellten als ihre französischen und deutschen Kollegen. R. E. Kendell/Pierre Pichot/M. von Kranach, »Diagnostic Criteria of English, Fench and German Psychiatrists«, in: *Psychological Medicine* 4 (1974), 187–95.

91 Im sog. »Hypertension Detection and Follow-up Program« z. B., einer in den Vereinigten Staaten durchgeführten Studie, wurde die Verwendung von Placebos für moralisch unvertretbar befunden, und zum Kontroll-Vergleich wurden Patienten herangezogen, die von ihren Hausärzten behandelt wurden. In der Studie des British Medical Research Council dagegen wurden Placebos verwendet. Hypertension Detection and Follow-up Program Cooperative Group, »Five-year findings of the Hypertension Detection and Follow-up Program. I. Reduction in mortality of persons with high blood pressure, including mild hypertension«, in: *Journal of the American Medical Association* 242 (1979), 2562–71, und »II. Mortality by race, sex and age«, in: *Journal of the American Medical Association* 242 (1979), 2572–77; Medical Research Council Working Party, »MRC trial of treatment of mild hypertension: principal results«, in: *British Medical Journal* 291 (1985), 97–104; J. Corrigan, »U.S. Hypertension Trial ›Absurdly Designed‹«, in: *The Medical Post,* 19. Okt. 1982, 56.

92 Kommentar, »Hypercholesterolaemia and Coronary Heart Disease: An Answer«, in: *British Medical Journal* 288 (1984), 423–24; Philip M. Boffey, »Study Backs Cutting Cholesterol to Curb Heart Disease«, in: *The New York Times,* 13. Jan. 1984, 1; »Millions of Mild Hypertensives«, in: *British Medical Journal* 281 (1980), 1024; A. S. Relman, »Mild Hypertension: No More Benign Neglect«, in: *New England Journal of Medicine* 302 (1980), 293–94; A. Breckenridge, »Treating Mild Hypertension«, in: *British Medical Journal* 291 (1985), 89–90; S. Manek et al., »Persistence of Divergent Views of Hospital Staff in Detecting and Managing Hypertension«, in: *British Medical Journal* 289 (1984), 1433–34; »Hypertension in the Over-60s«, in: *The Lancet,* 28. Juni 1980, 1396–97; »Transatlantic Contrasts: the BMA at San Diego«, in: *British Medical Journal* 283 (1981), 1234–39.

93 Earl Damude, »Study to Prove Effects of Amniocentesis«, in: *The Medical Post,* 7. Apr. 1981; Helen Bantock/Ian Sutherland, »Risks of Amniocentesis«, in: *British Medical Journal,* 13. Okt. 1979, 933–34; A. Colling et al., »Teesside Coronary Survey: An Epidemiologic Study of Acute Attacks of Myocardial Infarction«, in: *British Medical Journal,* 13. Nov. 1976; M. H. Hall/P. K. Ching/I. MacGillivray, »Is Routine Antenatal Care Worth While?« in: *The Lancet,* 12. Juli 1980, 78–80.

94 H. G. Turney, »Periodical Medical Examination«, Rede vor den Life Insurance Physicians of London, in: *The Lancet,* 18. Feb. 1928; G. C. Wilkinson/R. Pearson, »Letter: Well Man Clinic in General Practice«, in: *British Medical Journal* 288 (1984), 642–43.

95 Die Autoren weisen darauf hin, daß man normalerweise schon auf der Grundlage des reinen Datenmaterials leicht zwischen amerikanischen und britischen Berichten unterscheiden könne, indem man einfach die Anzahl der Daten miteinander vergleiche. M. G. Sandifer, »Similarities and Differences in Patient Evaluation by U.S. and U.K. Psychiatrists«, in: *American Journal of Psychiatry* 126 (1969), 206–12.

96 R. E. Kendell/P. Pichot/M. von Cranach, »Diagnostic Criteria of English, French, and German Psychiatrists«, in: *Psychological Medicine* 4 (1974), 187–95. Vgl. auch J. Leff, »International Variations in the Diagnostic of Psychiatric Illness«, in: *International Journal of Psychiatry* 131 (1977), 329–38; M. G. Sandifer et al., »Psychiatric Diagnosis: A Comparative Study in North Carolina, London and Glasgow«, in: *British Journal of Psychiatry* 114 (1968), 1–9; M. M. Katz/J. O. Cole/H. A. Lowery, »Studies of the Diagnostic Process: The Influence of Symptoms Perception, Past Experience and Ethnic Background on Diagnostic Decisions«, in: *American Journal of Psychiatry* 125 (1969), 937–47. Britische Psychiater sind mit der Diagnose der Schizophrenie bei Einwanderern nachweislich schneller bei der Hand als bei gebürtigen Briten. Eine Untersuchung z. B. ergab, daß asiatische, afrikanische und westindische Einwanderer sechsmal so häufig für schizophren befunden worden waren wie gebürtige Briten, obwohl die Diagnose der neurotischen Depression unter letzteren erheblich häufiger war; und Einwanderer aus osteuropäischen Ländern, von denen 50 Prozent aus Polen und Rußland stammten, wurden immerhin viermal so häufig für schizophren befunden wie gebürtige Briten. Eine mögliche Erklärung dafür ist natürlich, daß Wahnvorstellungen, die als ein typisches Symptom der Schizophrenie gelten, in hohem Maße kulturabhängig sind. In einem Kommentar im *British Medical Journal* hieß es, die Tatsache, daß britische Psychiater auch bei Menschen osteuropäischer Herkunft so viel häufiger Schizophrenie festgestellt hätten als bei gebürtigen Briten, widerlege die Behauptung, Schizophrenie werde oft fälschlich diagnostiziert, weil die Ärzte mit der Kultur des Landes, aus dem der jeweilige Patient stamme, nicht vertraut seien, denn: »Es ist kaum anzunehmen, daß britische Psychiater sich hier irren und paranoide Wahnvorstellungen diagnostizieren, wo gar keine vorliegen, denn zwischen der britischen und der osteuropäischen Kultur bestehen keine großen Unterschiede.« Meine eigene These dagegen lautet, daß die Unterschiede auch innerhalb Europas erheblich sein können. »Paranoia and Immigrants«, in: *British Medical Journal* 281 (1980), 1513–14. Vgl. auch J. K. Wing, »Internatio-

nal Comparisons in the Study of the Functional Psychoses«, in: *British Medical Bulletin* 27, Nr. 1 (1971), 77–81. In einem Vergleich zwischen türkischen und britischen Patienten wurden bei den türkischen häufiger Größenwahn und bei den englischen Patienten häufiger Schuldgefühle festgestellt. E. Gilleard, »A Cross-Cultural Investigation of Foulds' Hierarchy Model of Psychiatric Illness«, in: *British Journal of Psychiatry* 142 (1983), 518–23.
Einen historischen Überblick über die englische Melancholie gibt Vieda Skultans, *English Madness,* London/Boston/Henley 1979.

97 M. B. Balter/J. Levine/D. I. Manheimer, »Cross-National Study of the Extent of Anti-Anxiety/Sedative Drug Use«, in: *New England Journal of Medicine* 290 (1974), 769–74; O'Brien, *Patterns of European Diagnoses;* Editorial: Beta-Blockers in Situational Anxiety«, in: *The Lancet,* 27. Juli 1985, 193.

98 C. Brewer, »Letter: Royal Organs«, in: *British Medical Journal,* 15. März 1980, 794; *Compendium of Health Statistics,* 4. Aufl., London, Office of Health Economics 1981, 22. 1982 wurden, hauptsächlich für die Schmerzbekämpfung, in Großbritannien 155 kg Heroin verwendet, 1975 waren es 57 kg. (Aussage von H. B. Spear vom Home Office in Great Britain auf einer Sitzung des *House Subcommittee on Health* unter Vorsitz von Henry Waxman am 8. März 1984). Ich vermute, daß dieser Aspekt der britischen Mentalität (der Wille, sich nicht gehen zu lassen) auch erklärt, warum britische Ärzte sowohl der Elektrokrampftherapie als auch der Psychochirurgie gegenüber relativ aufgeschlossen sind. Zwar wurde ein britischer Allgemeinarzt, der jedem siebten Patienten, der zu ihm kam – selbst Patienten mit rheumatoider Arthritis –, eine Elektrokrampftherapie verpaßte, zur Kündigung gezwungen (H. Griffiths, »›Shock‹ Doctor Forced to Quit«, in: *The Medical Post,* 27 Nov. 1984); trotzdem wird diese Therapie von britischen Psychiatern immer noch mehr oder weniger gutgeheißen, während sie in vielen anderen Ländern überhaupt nicht mehr angewendet wird. Einige britische Psychiater meinen, sie sei vor allem bei schweren depressiven Erkrankungen außerordentlich wirksam (R. E. Kendall, »Electroconvulsive Therapy«, in: *Journal of the Royal Society of Medicine* 71 [1978], 319–21). Bzgl. der Psychochirurgie vgl. B. M. Barraclough/N. A. Mitchell-Heggs, »Use of Neurosurgery for Psychological Disorder in British Isles during 1974–76«, in: *British Medical Journal* 2 (9. Dez. 1978), 1591–93. Eine Untersuchung aus dem Jahr 1984 zeigt, daß über 75 Prozent der Psychiater in zwei verschiedenen Gegenden Großbritanniens der Ansicht waren, es würden in ihrem Bezirk psychochirurgische Einrichtungen benötigt, an die sie ihre Patienten

überweisen könnten. R. P. Snaith/D. J. E. Price/J. F. Wright, »Psychiatrists' Attitudes to Psychosurgery: Proposals for the Organization of a Psychosurgical Service in Yorkshire«, in: *British Journal of Psychiatry* 144 (1984), 293–97.

99 »Editorial: Investigating Constipation«, in: *British Medical Journal*, 8. März 1980, 669–70; »Minerva«, »Views«, in: *British Medical Journal*, 7. Jan. 1978, 54.

100 Der Filmkritiker John Lownsbrough schreibt in seiner Rezension des Films *A Private Function*, der amerikanische Humor zeuge von einer Vorliebe für das Thema Sex, der englische Humor dagegen kreise immer wieder um das Thema des Stuhlgangs. »Status the Thing in This Class Act«, in: *The Medical Post*, 30. Apr. 1985, 30.

101 O'Brien, *Patterns of European Diagnoses;* A. M. W. Porter/J. M. T. Porter, »Anglo-French Contrasts in Medical Practice«, in: *British Medical Journal*, 26. Apr. 1980, 1109–12.

102 J. Wetz, »On ne badine pas avec la rage«, in: *Le Monde*, 25./26. Juli 1976, 11; D. Fitzpatrick, »The Light at the End of the Chunnel?« in: *MD*, Sept. 1986, 55–58; »Minerva«, »Views«, in: *British Medical Journal* 290 (1985), 1830; D. Armstrong et al., »Letter: British AIDS Regulations Show an Uninformed Response«, in: *The New York Times*, 4. Apr. 1985; J. F. Clarity, »Britain Begins Crash Campaign to Educate Public About the Spread of AIDS«, in: *The New York Times*, 29. Jan. 1987, B24; »Knowledge Lessens AIDS Fears«, in: *The Medical Post*, 23. Sept. 1986, 24; »Firemen Told: Don't ›Kiss‹ Homosexuals«, in: *The Medical Post*, 2. Apr. 1985, 1.

103 Also etwa: »Durch Kälte hervorgerufene Unterhautfettgewebsentzündung bei Reitern«. B. E. Beachem et al., »Equestrian Cold Panniculitis in Women«, in: *Archives of Dermatology* 116 (1980), 1025–27; Renwick Vickers, »Letter: Equestrian Cold Panniculitis«, in: *British Medical Journal* 282 (1981), 405.

104 T. B. Brewin, »Uncritical Appraisal of Cancer Chemotherapy«, in: *British Medical Journal* 290 (1985), 232–33; Jean McCann, »Briton Resists American Adjuvant Cancer Dogma«, in: *The Medical Post*, 1. Mai 1984. Die Hormontherapie bei Brustkrebs, die wesentlich weniger Nebenwirkungen hat und, wie sich mittlerweile herausgestellt hat, keineswegs weniger effektiv ist als die Chemotherapie, hatte sich in Großbritannien schon durchgesetzt, als in den Vereinigten Staaten die Chemotherapie noch als die einzige wirksame Methode galt.

105 Vgl. Harvey McConnell, »British Get Protection from ›Informed Consent‹«, in: *The Medical Post*, 3. Apr. 1984; Robert Schwartz/Andrew Grubb, »Why Britain Can't Afford Informed Consent«, in: *Hastings Center Report*, Aug. 1985, 19–25; P. S. Appelbaum,

»England's New Commitment Law«, in: *Hospital and Community Psychiatry* 36 (1985), 705–13.

106 J. W. Alderson, »An Indecent Proposal«, in: *Mother Jones,* Mai 1985, 52–56; Ann Todd, »Prophylactic Mastectomy«, in: *American Journal of Nursing,* Sept. 1977, 1447–49.

107 Vgl. Francome/P .J. Huntingford, »Births by Caeserean Section in the United States of America and in Britain«, in: *Journal of Biosocial Science* 12 (1980), 353–62; F. C. Notzon/P. J. Placek/S. M. Taffel, »Comparisons of National Cesarean-Section Rates«, in: *New England Journal of Medicine* 316 (1987), 386–89;»C-Sections Continue to Increase in U.S.«, in: *New York Daily News,* 26. Jan. 1987, 7 extra. S. B. Thacker/H. D. Banta, »Benefits and Risks of Episiotomy: An Interpretative Review of the English Language Literature, 1860–1980«, in: *Obstetrical and Gynecological Survey* 38 (1983), 322–38; W. A. Knaus et al., »A Comparison of Intensive Care in the U.S.A. and in France«, in: *The Lancet,* 18. Sept. 1982, 642–46; S. A. Schroeder, »A Comparison of Western European and U.S. University Hospitals: A Case Report from Leuven, West Berlin, Leiden, London and San Francisco«, in: *Journal of the American Medical Association* 252 (1984), 240–46; P. J. DiSaia/W. T. Creasman, *Clinical Gynecologic Oncology,* St. Louis/Toronto/Princeton 1984. Trotz der großen Publizität, die organerhaltenden Behandlungen von Brustkrebs zuteil wurde, stellte die radikale Mastektomie in leicht modifizierter Version in den Vereinigten Staaten noch zu Beginn der achtziger Jahre die gängigste Methode zur Behandlung von Brustkrebs dar: *Health United States,* Washington D. C., U.S. Government Printing Office 1985.

108 G. N. Marsh/R. B. Wallace/J. Whewell, »Anglo-American Contrasts in General Practice«, in: *British Medical Journal,* 29. Mai 1976, 1321–25; Eleanor Moskovic, »Massachusetts General Hospital«, in: *British Medical Journal* 283 (1981), 1242–44. Die Standard-Dosis für Rh Immunglobuline beträgt in Nordamerika 300 Mikrogramm, in anderen Teilen der Welt dagegen 100 bis 125 Mikrogramm. J. M. Bowman, »Controversies in Rh Prophylaxis«, in: *American Journal of Obstetrics and Gynecology* 141 (1985), 289–94; Olga Lechky, »Many MDs Exceeding Anticoagulant Guidelines«, in: *The Medical Post,* 12. Nov. 1985, 26; R. Faizallah et al., »Is There a Place in the United Kingdom for Intensive Antacid Treatment for Chronic Peptic Ulceration?« in: *British Medical Journal* 289 (1984), 869–71; »Hyperkinetic Kids Getting 4 Times Too Many Stimulants«, in: *The Medical Post,* 10. Apr. 1979.

109 H.-U. Fisch/J. S. Gillis/R. Daguet, »A Cross-National Study of Drug Treatment Decisions in Psychiatry«, in: *Medical Decision Making* 2 (1982), 167–77; Dava Sobel, »Something Nasty at the Bottom of the Psychiatric Drug Bottle«, in: *The New York Times,* 8. Juni 1980.

110 Vgl. Centers for Disease Control, »Surgical Sterilization Surveillance: Hysterectomy in Women Aged 15–44, 1976–78«, März 1981; E. Vayda/W. R. Mindell/I. M. Rutkow, »A Decade of Surgery in Canada, England and Wales, and the United States«, in: *Archives of Surgery* 117 (1982), 846–53; Göran Larsson, »The Conization Operation and Its Predecessors«, in: *Acta Obstetrica Gynecologica Scandinavica Supplementa* 114 (1983), 7–40.
In der 1981er Ausgabe von *Novak's Textbook* hingegen wird die Hysterektomie nicht mehr unter allen Umständen befürwortet; dort heißt es: »Die Hysterektomie ist ein Eingriff, der in einigen Kreisen in Verruf geraten ist, was daran liegen mag, daß eine kleine Minderheit von übereifrigen Chirurgen (meist sind es keine Gynäkologen) der Ansicht zu sein scheint, die Entfernung der Gebärmutter stelle ein Allheilmittel für jedwede Beschwerden und Schmerzen dar, von denen eine Frau heimgesucht wird. Ein konstruktiver, wenngleich kritischer Bericht von D'Espopo legt nahe, daß die meisten Hysterektomien, die von Spezialisten durchgeführt werden, *ihre Rechtfertigung haben, auch wenn an der Gebärmutter keinerlei krankhafte Symptome festzustellen sind*« (Hervorhebg. L. P.). An anderer Stelle plädieren die Autoren für den Fall, daß eine Hysterektomie durchgeführt wird, »eher für den radikalen Eingriff, die Entfernung der Geschlechtsdrüsen also, wenn die Frau über 40 Jahre alt ist«.

111 R. J. C. Pearson et al., »Hospital Caseloads in Liverpool, New England and Uppsala«; »The Case Against Neonatal Circumcision«, in: *British Medical Journal,* 5. Mai 1979, 1163–64; J. L. Wirth, »Statistics on Circumcision in Canada and Australia«, in: *American Journal of Obstetrics and Gynecology* 130 (1978), 236–39.

112 Ein kritischer Überblick über verschiedene Strategien zum Umgang mit Röteln findet sich in *The Lancet,* 23. Juni 1979, 1329–31.

113 G. E. Thomson et al., »High Blood Pressure Diagnosis and Treatment: Consensus Redommendations vs. Actual Practice«, in: *American Journal of Public Health* 71 (1981), 413–16; Hypertension Detection and Follow-up Program Cooperative Group, »Five-year Findings of the Hypertension Detection and Follow-up Program. Reduction in Mortality of Persons with High Blood Pressure, Including Mild Hypertension«, in: »*Journal of the American Medical Association* 242 (1979), 2562–71; Jean McCann,

»New Guidelines May Mean Half U. S. Has High BP«, in: *The Medical Post,* 19. Okt. 1982, 33.

114 »Hyperlipidemia Should Be Aggessively Treated«, in: *The Medical Post,* 12. Juni 1984, 22. Howard Morgan, Präsident der »American Heart Association«, benutzte in einer Rede vor dem »American Heart Association's Delegate Assembly« am 21. Juni 1987 in Dallas, Texas, fünfmal das Wort »aggressiv«. Als im New York State Hospital ein geistig zurückgebliebener Mann starb, nachdem die Ärzte ihm ohne Zustimmung seine gesunden Beine amputiert hatten, um seine durchgelegenen Stellen mit Hauttransplantaten zu behandeln, soll eine Sprecherin des Krankenhauses gesagt haben, sie seien »sogar stolz auf die aggressiven Maßnahmen, die ergriffen wurden, um das Leben des Patienten zu retten.« K. Kerr, *New York Daily News,* 9. Juni 1987, 6.

115 Vgl. auch R. C. Toth, »What Makes Americans Different? Study Lists 10 Significant – and Lasting – Traits«, in: *International Herald Tribune,* 3. Okt. 1977, 9.

116 Diese Einstellung findet sich nicht nur unter männlichen Gynäkologen. In ihrer Rede auf dem 33. Jahrestreffen der »South Atlantic Association of Obstetricians and Gynecologists« nannte die Gynäkologin Eleanor B. Easley z. B. folgende typisch amerikanischen Argumente für die Hysterektomie: »Die Hysterektomie kommt den gegenwärtigen Bedürfnissen der Frauen in vielerlei Hinsicht entgegen. Sie stellt ein ausgezeichnetes Verfahren für die Sterilisation dar. Eine Frau, die eine Hysterektomie hinter sich hat, ist bei der Arbeit ausgeglichener und zuverlässiger. Und die Hysterektomie hat Vorteile im Hinblick auf die Menopause, und sei es auch nur, daß die Östrogentherapie dadurch vereinfacht wird. Ich gehe davon aus und sage dies auch schon seit einiger Zeit meinen Patientinnen, daß die Hysterektomie in etwa 20 Jahren zum Zeitpunkt der Menopause routinemäßig durchgeführt werden wird.« E. E. Easley, »The Dilemma of Women in Our Culture: Gynecologic Repercussions: Part II«, in: *American Journal of Obstetrics and Gynecology* 110 (1971), 858–64.
Ein weiteres Beispiel für die amerikanische Einstellung, daß man sich die Natur gefügig machen müsse: Anders als in Großbritannien, der Bundesrepublik Deutschland und Skandinavien werden in den Vereinigten Staaten beim Aufstellen der Zeitpläne für Piloten die Biorhythmen nicht berücksichtigt. Joseph G. Constantino, Vorsitzender der International Air Transport Association und medizinischer Direktor bei Pan American meint: »Piloten reisen berufsmäßig und haben gelernt, mit dem Jetlag umzugehen, sie richten sich nach ihrer eigenen inneren Uhr. »Nancy J. Perry,

sie richten sich nach ihrer eigenen inneren Uhr.« Nancy J. Perry, »Industrial Time Clocks – Often at Odds with Those Inside a Worker's Body«, in: *The New York Times,* 28. Nov. 1982, F8–F9. Analog ist die Einstellung gegenüber Studien, die zeigen, daß bestimmte Medikamente zu bestimmten Tageszeiten eingenommen werden müssen. Lisa Davis, »Timing ist Everything«, in: *Hippocrates,* Juli/Aug. 1987, 22.

117 Charcot zit. nach Pierre Pichot, *A Century of Psychiatry,* Paris 1983. In einem 1984 von Philip Hendrix an der Emory University erstellten Bericht wurden 40 Prozent der amerikanischen Bevölkerung als »gehetzt« eingestuft.

118 Ronald Gelfand/Frank Kline, »Differences in Diagnostic Patterns in Britain and America«, in: *Comprehensive Psychiatry* 19 (1978), 551–55. Medicare, die staatliche amerikanische Krankenversicherung, sollte eigentlich nur gegen solche Krankheiten einen Versicherungsschutz bieten, die aktiv behandelt wurden. L. Saxe, »The Effectiveness and Costs of Alcoholism Treatment«, Washington D. C.: Office of Technology Assessment, Health Technology Case Study 22.

119 Hypertension Detection and Follow-up Program Cooperative Group, »Five-year Findings . . . Reduction of Mortality«; T. G. Pickering, »Treatment of Mild Hypertension and the Reduction of Cardiovascular mortality: The ›of or by‹ dilemma«, in: *Journal of the American Medical Association* 249 (1983), 399–400.

120 Vgl. z. B. H. Eisenberg, »A Doctor on Trial«, in: *New York Times Magazine,* 20. Juli 1986, 26–42; dort wird von einem Geburtshelfer berichtet, den eine Jury schuldig gesprochen hatte, weil er während einer schwierigen Geburt dem Kind nicht das Schlüsselbein gebrochen hatte, was die Entbindung u. U. erleichtert hätte. Zum Thema der ärztlichen Fahrlässigkeit bzw. der Behandlungsfehler vgl. auch Ferris J. Ritchey, »Medical Rationalization, Cultural Lag and the Malpractice Crisis«, in: *Human Organization* 40 (1981), 97–111; Lois Quam/Robert Dingwall/Paul Fenn, »Medical Malpractice in Perspective: The American Experience«, in: *British Medical Journal* 294 (1987), 1529–32; Eric E. Fortess/Marshall B. Kapp, »Medical Uncertainty, Diagnostic Testing, and Legal Liability«, in: *Law, Medicine and Health Care* 13 (1985), 213–18.

121 K. Steel et al., »Iatrogenic Illness on a General Medical Service at a University Hospital«, in: *New England Journal of Medicine* 304 (1981), 638–42; J. R. A. Mitchell, »First We Debilitate, Then We Rehabilitate«, in: *British Medical Journal,* 3. Nov. 1979, 1132–33. Eine Untersuchung an der University of Miami School of Medicine ergab, daß etwa ein Drittel der ischämischen Anfälle, die sich

im Krankenhaus ereigneten, als iatrogen eingestuft werden konnten, wofür in der Hauptsache die übertrieben aggressive akute Behandlung von Hypertonie verantwortlich zu machen war. A. Rand, »Strokes Linked to BP ›Cure‹«, in: *The Medical Post*, 28. Juni 1983, 1. Als 1976 in Los Angeles County in Kalifornien die Ärzte dazu angehalten wurden, weniger zu operieren (vor allem im Bereich der fakultativen Chirurgie), zeigte sich, daß die Sterblichkeit zurückging – und steil wieder anstieg, als die Ärzte wieder häufiger zu operieren begannen. M. I. Roemer, »More Data on Post-Surgical Deaths Related to the 1976 Los Angeles Doctor Slowdown«, in: *Social Science and Medicine* 14C (1981), 161–63. Die in einigen amerikanischen Krankenhäusern nach Operationen routinemäßig durchgeführte intravenöse Therapie soll bei einigen Patienten zum Tod oder zu Gehirnschäden geführt haben, weil sie dem Körper Salz entzieht: Sandra Blakeslee, »Low Salt Levels Linked to Death«, in: *The New York Times*, 12. Juni 1986. D. H. Lawson und H. Jick fanden bei einem Vergleich nordamerikanischer und schottischer Patienten heraus, daß die schottischen Patienten im Krankenhaus durchschnittlich halb so viele Medikamente erhielten wie die amerikanischen. 28 Prozent der amerikanischen und 21 Prozent der schottischen Patienten zeigten gefährliche Nebenwirkungen, die auf Medikamente zurückgeführt wurden. Zwei kalifornische Wissenschaftler schätzten 1974, daß sich in den Vereinigten Staaten jährlich etwa 60000 bis 140000 Todesfälle in Krankenhäusern aufgrund von gefährlichen Nebenwirkungen von Medikamenten ereignen. Morton Mintz, »U.S. Experts Boost Estimate on Drug Deaths in Hospitals«, in: *The Washington Post*, 21. Mai 1974.

122 P. M. Boffey, »Cancer Survival Rate Progress Is Reported, But Skeptics Object«, in: *The New York Times*, 27. Nov. 1984, C1. »NIH Questioned over Cancer Research«, in: *IMS Pharmaceutical Marketletter*, 19. Juni 1978, 3; A. Geddes, »Measles May Be Unbeatable, Congress Is Told«, in: *The Medical Post*, 16. Okt. 1984; J. C. Jacobs, »Letters: Much Ado About Pupils' Immunization«, in: *The New York Times*, 17. Okt. 1981, 154; P. J. Imperato, »Letters: The High Cost of Attempting to Rid America of Measles«, in: *The New York Times*, 28. Okt. 1981, 152.

123 Annette Oestreicher, »ACOG Backs Fetal Monitoring Despite Tie to More Cesareans«, in: *Medical Tribune*, 18. Juni 1980, 3; Edward Edelson, »Breast Cancer Study Disputes Diet Theory«, in: *New York Daily News*, 5. Jan. 1987, 12 extra; Edward Edelson, »Cancer Experts Chew the Fat – and Call for Lots Less«, in: *New York Daily News*, 26. März 1987, 38.

124 P. J. Strauss, »Letter: Alzheimer's Is Bankrupting U.S. Families«, in: *The New York Times,* 19. Sept. 1985; J. Haas, »Rehabilitation: No Organ to Stand On«, in: *Hastings Center Report,* Aug. 1986, 46–47; S. Kaufman/G. Becker, »Stroke: Health Care on the Periphery«, in: *Social Science and Medicine* 22 (1986), 983–89; »Studies Show U.S. Arthritis Sufferers Not Receiving Good Care«, in: *The Medical Post,* 14. Sept. 1976, 24; Robin Herman, »Geriatric Psychiatry Is Much Enfeebled«, in: *The New York Times,* 27. Jan. 1980.

125 Richard Lyons, »How Release of Mental Patients Began«, in: *The New York Times,* 30. Okt. 1984, C1; W. T. Carpenter/T. H. McGlashan/J. S. Strauss, »The Treatment of Acute Schizophrenia Without Drugs: An Investigation of Some Current Assumptions«, in: *American Journal of Psychiatry* 134 (1977), 14–20.

126 H. M. Cameron/Euphemia McGoogan/Helen Watson, »Necropsy: A Yardstick for Clinical Diagnoses«, in: *British Medical Journal* 281 (1980), 985–88; Tobias Kircher/Judith Nelson/Harold Burdo, »The Autopsy as a Measure of Accuracy of the Death Certificate«, in: *New England Journal of Medicine* 313 (1985), 1263–69.

127 Marsh et al., »Anglo-American Contrasts in General Practice«, in: *British Medical Journal,* 29. Mai 1976, 1321–25; L. S. Linn et al., »Differences in the Numbers and Costs of Tests Ordered by Internists, Physicians and Psychiatrists«, in: *Inquiry* 21 (Herbst 1984), 266–75.

128 Während mein eigener Gynäkologe dazu rät, den Test einmal pro Jahr machen zu lassen, versendet das Labor, mit dem er zusammenarbeitet, in regelmäßigen Abständen Karten mit der Ermahnung: »Der letzte Abstrich liegt *mindestens* ein halbes Jahr zurück« und gibt einem damit zu verstehen, daß es schlimme Konsequenzen haben wird, wenn man der impliziten Aufforderung nicht sofort nachkommt. Vgl. auch Göran Larsson, »The Conization Operation and Its Predecessors«, in: *Acta Obstetrica Gynecologica Scandinavica Supplementa* 114 (1983), 7–40.

129 D. Cassels, »Population Up 11 Percent – Antibiotic Use Up 300 Percent«, in: *The Medical Post,* 6. Juni 1978, 1. Vgl. auch G. J. Jogerst/S. E. Dippe, »Antibiotic Use Among Medical Specialties in a Community Hospital«, in: *Journal of the American Medical Association* 245 (1981), 842–46; D. H. Lawson/H. Jick, Vortrag auf dem Siebten Internationalen Pharmakologenkongress, Paris 1978; O'Brien, *Patterns of European Diagnoses;* Jean McCann, »Antibiotic Overload May Spell Doom for Medical Use«, in: *The Medical Post,* 1. Aug. 1978, 16.

130 »8 Ways to Strengthen Your Immune System«, in: *Healthline,* Apr. 1984, 20–21; R. Trubo, »Toilet Terrors: What You Can/Can't Catch in Bathrooms«, in: *Self,* Sept. 1983, 122.

131 P. de Vries, »Patients Bring on ENT Complaints with Commercial Home Remedies«, in: *The Medical Post,* 20. Jan. 1976, 8; »Intermenstrual Tampon Use Linked to Vaginal Ulcers«, in: *The Medical Post,* 19. Mai 1981, 45; Novak et al., *Novak's Textbook;* Robert B. McLaren, »Circumcision: The Most Unneeded Surgery of All«, in: *Medical Month,* Dez. 1983, 50–54; Cynthia Rand/Carol-Ann Emmons/J. W. C. Johnson, »The Effect of an Educational Intervention on the Rate of Neonatal Circumcision«, in: *Obstetrics and Gynecology* 62 (1983), 64–68.

132 »Pregnant Women Shouldn't Drink At All: Panel«, in: *The Journal,* 1. Dez. 1977; Edward Edelson, »2 Drinks No Pregnancy Risk?«, in: *New York Daily News,* 4. Okt. 1983; K. Jenkins, »Four Drinks Will Not Harm Unborn Baby«, in: *The Medical Post,* 12. Mai 1987, 1; Harvey McConnell, »Effects of Alcohol on Fetus Exaggerated«, in: *The Medical Post,* 21. Jan. 1986.

133 Robert F. Capon, »In Praise of Salt, a Friend Maligned«, in: *The New York Times,* 8. Sept. 1982, 6C; *Consumer Product Safety Network Newsletter* 2, Nr. 2 (Mai/Juni 1984); S. Roy III, »Perspectives on Adverse Effects of Milks and Infant Formulas Used in Infant Feeding«, in: *Journal of the American Dietetic Association* 82 (1983), 373–77.

134 Vgl. John Kelly, »Bridging America's Drug Gap«, in: *The New York Times Magazine,* 13. Sept. 1981, 100ff.; Information des U.S. General Accounting Office (1975), zit. von der Upjohn Company.

135 Vgl. auch H. Bloom, Rezension von Janet Malcolms *In the Freud Archives,* in: *The New York Times Book Review,* 27. Mai 1984, 3ff.; Janet Malcolm (1981).

136 T. A. Preston, *Coronary Artery Surgery: A Critical Review,* New York 1977; J. Schaefer, »The Case Against Coronary Artery Surgery: A Paradigm for Studying the Nature of a So-called Scientific Controversy in the Field of Cardiology«, in: *Metamedicine* 1 (1980), 155–76; das Bild des therapeutischen »Abflußfrei« benutzte z. B. Thomas J. Ryan, in: »Heart Disease Deaths Are Dropping, But Why?« in: *The New York Times,* 18. Nov. 1984.

137 »Live Longer, Maybe; Live Better, Yes«, in: *The Medical Post,* 13. Dez. 1983, 18; G. B. Kolata, »Consensus on Bypass Surgery«, in: *Science* 211 (1981), 42–43.

Danksagung

Zehn Jahre ist es nun her, daß ich beschloß, ein Buch über das nicht eben klar umrissene Thema der unterschiedlichen medizinischen Behandlungsweisen in den Industrienationen zu schreiben. Meiner Agentin Eleanor Wood, die dieses Projekt von Anfang an betreute, schulde ich den allerherzlichsten Dank dafür, daß sie mir jedes Mal wieder zur Seite stand, wenn meine vage Idee eine neue Gestalt annahm. Ich möchte außerdem Peter Weed danken, der schon frühzeitig erkannte, daß aus dieser Idee ein Buch werden könnte, und meiner Verlegerin Channa Taub, die mir half, tatsächlich eines daraus zu machen.

Einer ganzen Reihe von Menschen verdanke ich wertvolle Ratschläge und Anregungen; zu besonderem Dank bin ich den Medizinern Kerr White, Zoltan Zarday, Marcel-Francis Kahn, John P. Bunker, Thomas Pickering, Cecil Helman, Jean-Pierre Benhamou, Herbert Viefhues, F.M. Hull, Graham Dukes, Per Knut Lunde und dem verstorbenen Manfred Pflanz verpflichtet. Vielen von ihnen gab ich zudem in verschiedenen Phasen der Entstehung meines Buches das Manuskript zu lesen, und ich danke ihnen sowie den Medizinern Peter Robra, Mack Lipkin Jr., Jean-Pierre Armand und Ilse King für ihre konstruktive Kritik. Darüber hinaus möchte ich all den Ärzten danken, die freundlicherweise bereit waren, mir einige Fragen zu beantworten, vor allem David Winstanley, der für mich den Kontakt zu anderen Mitgliedern der *Anglo-German Medical Society* herstellte. Selbstverständlich bin ich für die Richtigkeit all dessen, was ich zitiere, allein verantwortlich.

Weiterhin gilt mein Dank einigen Nicht-Medizinern, die das Manuskript lasen, darunter Gerald Geison vom Seminar für Wissenschaftsgeschichte der Princeton University, Shelley Frisch vom germanistischen Seminar der Columbia University sowie verschiedenen Dozenten am Deutschen Haus in New York. Dank ebenfalls an einige meiner Freunde, die das Manuskript lasen, vor allem an Tom Reed, Nancy Festinger, Bertram Schwarzschild und Carole Lazio, deren Hinweise besonders hilfreich waren.

Zu großem Dank bin ich der Abteilung für Medizinische Ökonomie am *Centre de Recherches et de Documentation sur la Consommation* CREDOC (jetzt Credes) verpflichtet, vor allem Thérèse Lecomte und Simone Sandier, die mir Zugang zu zahlreichen Dokumenten verschafften. Auch den Mitarbeitern der Augustus C. Long Library des Columbia University Health Sciences Center möchte ich für ihre Freundlichkeit und Hilfsbereitschaft während der vielen Stunden danken, die ich dort zubrachte.

Dank an Peggy und Buddy Weiss vom *International Herald Tribune*, die mir auf ihre Weise halfen, das Buch zu schreiben, indem sie mich als Redakteurin beschäftigten. Anstellungen wie diese sowie ein verständnisvoller Vater bedeuteten neben dem Vorschuß, den ich vom Verlag erhielt, die einzige finanzielle Unterstützung, die ich für dieses Projekt hatte, da es (und damit ich) die merkwürdige Eigenschaft hatte, immer wieder zwischen den Maschen der für die Vergabe von Stipendien geltenden Kriterien hindurchzufallen.

Dank an meine Freunde in Europa, insbesondere an Josephine Markham, Annie Deprez Bouanchaud, Annie Bailleul, Anne Hoffman, Tom und Putzi Lucey sowie Darrell Delamaide und Veronika Hass, durch deren Gastfreundschaft mein Aufenthalt drüben erschwinglich wurde. Dank an Evelyn Jacobs, die mir half, das Thema schärfer zu umreißen. Dank an meine Schwester Cheryl, deren Beispiel mich ermutigte, ihr nachzueifern. Und Dank an alle meine Freunde, die mir nie die Frage stellten: »Wirst du denn nie fertig mit diesem Buch?«

Glossar

Amniozentese: Punktion der Fruchtblase zur Fruchtwasserentnahme für die Fruchtwasserdiagnostik

Anämie, perniziöse: schwere Blutkrankheit, die durch den Mangel an einem in der Magenwand produzierten Enzym hervorgerufen wird

Arrhythmie: Störung einer rhythmischen Tätigkeit; im engeren Sinne die Störung der regelmäßigen Herzschlagfolge oder der Atmung

Claudicatio: »Hinken«: die Unregelmäßigkeit des Gehens bzw. einer anderen Körperfunktion

Dilatation: Erweiterung. 1. Hohlorganaufdehnung zu diagnostischen oder prophylaktisch-therapeutischen Zwecken mittels eines Dilatators oder mit den Fingern. 2. *physiol.*, Die Weitstellung eines Hohlorgans

Dyspepsie: die (vor allem nicht organisch bedingten) Verdauungsstörungen infolge Veränderung der Enzymproduktion bzw. Störung der Darmmotilität und -flora

Endokarditis: die Entzündung der Herzinnenhaut (abakteriell, infektiös bzw. bakteriell oder Mischform)

Endometriose: gutartige Wucherung der Gebärmutterschleimhaut, die außerhalb der zusammenhängenden Innenschicht der Gebärmutter (Endometriumschicht) gelegen ist

Gastroenterologie: Teilgebiet der Inneren Medizin, das sich mit der Anatomie, Physiologie und den Krankheiten des Verdauungsapparates befaßt

Hepatologie: Spezialgebiet der Inneren Medizin, dessen Bereich die Leber und die Gallenwege umfaßt

Herzkatheterismus: invasives Diagnostik-Verfahren durch Einführen bzw. Einschwemmen eines Herzkatheters in die Herzhöhlen und die herznahen großen Gefäße unter Röntgenkontrolle

Hyperästhesie: gesteigerte Empfindlichkeit für Sinnesreize, im engeren Sinne für Berührungsreize, die als Schmerz empfunden werden

Hyperplasie, glandulär-zystische: Verdickung der Gebärmutterschleimhaut mit vermehrter und zystischer Drüsenbildung; verursacht verstärkte und verlängerte Blutungen; tritt insbesondere als juvenile oder klimakterische Blutung auf

Hypertonie: Bluthochdruck

Hyperventilation: vertiefte und/oder beschleunigte Atmung

Hypotonie: niedriger Blutdruck

Hysterektomie: subtotale bis totale operative Entfernung der Gebärmutter

    abdominale H.: von der Bauchdecke

    vaginale H.: von der Scheide

Ilealer Bypass: die vorübergehende Ausschaltung des unteren Dünndarms bei bestimmten Fettsuchtformen

Kardiotokographie: die gleichzeitige Aufzeichnung der Herztöne des Feten und der Wehentätigkeit

Kinetose: Reise- und Bewegungskrankheit: Krankheitsgeschehen, das durch starke Reizung des Gleichgewichtsorgans hervorgerufen wird; z. B. als Autofahr-, Eisenbahn-, Luft-, See- oder Karussellkrankheit (Symptome: Schwindel, Erbrechen, Schweißausbruch, Durchfälle, Apathie u. a.)

Koronare Herzkrankheit: Sammelbegriff für Krankheitsbilder, bei denen überwiegend die Verengung der Herzkranzgefäße die eigentliche Krankheitsursache ist: Angina pectoris, Koronarinsuffizienz, Herzinfarkt u. a.

Koronarer Bypass: operativer Eingriff zur Verbesserung der Herzdurchblutung bei krankhafter Enge der Koronararterien

Kortikosteroide: die ca. 50 in der Nebennierenrinde aus Progesteron gebildeten Steroidhormone

Kürettage: Auskratzung des Uterus mit der Kürette (= scharfer Löffel) aus diagnostischen oder therapeutischen Gründen

Lamaze-Methode: Geburtsvorbereitung auf eine schmerzlose Geburt nach Fernand Lamaze

Laparoskopie: diagnostische Betrachtung des Bauchraumes und seiner Organe mithilfe eines speziellen Gerätes, des Laparoskops; wird mit örtlicher Betäubung zur Klärung von Lage, Größe, Farbe und Beschaffenheit u. a. von Leber, Gallenblase, Milz, Magen, Beckenorganen durchgeführt

Lumpektomie: (= Thylektomie) bei Brustkrebs die alleinige Entfernung des Tumors mit Sicherheitsabstand des angrenzenden Gewebes und der darüber gelegenen Haut

Mastektomie: operative Entfernung der weiblichen Brust

Melanom: Bezeichnung für gut- oder bösartige Geschwulstbildungen der Haut/Schleimhäute, ausgehend von pigmentbildenden Geweben

Menolyse: Ausschaltung der Menstruationsblutungen

Myom: gutartige Geschwulst; allgemein auch Kurzbezeichnung für Uterusmyom

Myomektomie: operative Myomentfernung

Nephritis: Nierenentzündung

Nephrose: ursprüngliche Bezeichnung für Nierenparenchymkrankheiten rein degenerativer oder nicht sicher entzündlicher Natur; ferner klinische Bezeichnung für das nephrotische Syndrom

Neurasthenie: Schwächung oder Erschöpfung der Funktion des (an sich gesunden) Nervensystems

Obstruktion: totaler Verschluß eines Hohlorgans (auch Gang, Gefäß etc.), insbesondere seines Zu- oder Ausgangs, durch Verlegung oder Verstopfung

Osteoporose: unzureichende Bildung von Knochengrundsubstanz; Mangel an Knochengewebe

Phytotherapie: therapeutische Anwendung von Pflanzen oder aus Pflanzen gewonnenen Arzneimitteln

Portiokappe: auf den Gebärmutterhals aufzusetzende Plastikkappe zur mechanischen Empfängnisverhütung

Prostatektomie: teilweise oder vollständige operative Entfernung der Prostata

Rash: flüchtiger Hautausschlag, z. B. bei Masern, Windpocken, ferner bei Meningitis, Sepsis

Proliferation: Gewebswucherungen durch Zellvermehrung (z. B. bei Entzündungen, Geschwülsten)

Simultanprobe: gleichzeitige Anwendung mehrerer Labortests für die Differenzierung einer Krankheit

Synovektomie: operative Entfernung der Gelenkinnenhaut (Synovialis)

Toxoplasmose: Infektionskrankheit, die u. a. durch den Verzehr von infiziertem rohen Fleisch übertragen wird

Tubenligatur: operative Unterbindung der Eileiter zwecks Sterilisation der Frau

»Typ-A«-Persönlichkeit: Von der Medizinsoziologie beschriebener Persönlichkeitstypus, der auf Leistung, Wettbewerb, Konkurrenz ausgerichtet ist und sich durch eine zwanghafte Tendenz zur Aktivität auszeichnet.

Literatur

Abberman, W. (1984), »Letter: Victors Over Cancer«, in: *The New York Times Magazin,* 11. März

Ackerknecht, Erwin H. (1957), *Rudolf Virchow. Arzt, Politiker, Anthropologe.* Stuttgart

Adams, Henry (1931), *The Education of Henry Adams* (1907), Wiederaufl. New York (Die Erziehung des Henry Adams. Von ihm selbst erzählt. Zürich 1953)

Altman, L. K. (1984), »New Bacterium Linked to Painful Stomach ills«, in: *The New York Times,* 31. Juli, C1

Anderson, E. G. (1980), »The Perpetual Patient«, in: *Physician East,* Okt.

Andrieu, Jean Marie (1986), »Cyclosporine A Used to Stop AIDS Evolution«, in: *The Medical Post,* 7. Jan.

Annas, G. J. (1984), »Prisoner in the ICU: The Tragedy of William Bartling«, in: *Hastings Center Report,* Dez., 28–29

anon. (1977), »An Overabundance of Drugs«, in: *The Lancet,* 8. Okt.

anon. (1978), »Synovectomy for Rheumatoid Arthritis: Pretesting New Substances for Toxicity«, in: *Journal of the American Medical Association* 240

anon. (1980), »Editorial: Investigating Constipation«, in: *British Medical Journal,* 8. Mai, 669–70

anon. (1982), »Editorial: A Stone from Around the Neck«, in: *The Medical Post,* 12. Jan.

anon. (1982a), »British Patients Fear They'll Annoy MDs«, in: *The Medical Post,* 24. Aug.

anon. (1982b), »Comment: Foetal Biophysic Monitoring: Its Effects on the Cesarean Section and Perinatal Mortality Frequency«, in: *Obstetrical and Gynecological Survey* 37, März, 179–80

anon. (1982c), »Editorial: In Delay There Lies No Plenty«, in: *The Lancet,* 20. März

anon. (1984), »Acidophilus: Milky Bane to Cholesterol«, in: *Science News,* 25. August, 18 anon. (1984a), »Sortie précoce de l'hôpital après l'accouchement: les femmes peu favorables«, in: *Le Concours Médical,* 4. Feb., 353–54

Arlot, S. et al. (1983), »Contraception chez la diabétique«, in: *La Presse Médicale* 12, 9–16

Aron-Brunetière, L. (1974), *La Beauté et la médecine,* Paris (Das Geschäft mit der Schönheit. Gefahren falscher Kosmetik. Wien/Hamburg 1975)

Atkins, Hedley et al. (1972), »Treatment of Early Breast Cancer«, in: *British Medical Journal,* 20. Mai, 423–29

Bardelay, Gilles (1987), »Posologie du paracetamol, qui a raison?«, in: *La Revue Prescrire,* April, 224–26

Barzini, Luigi (1983), *The Europeans,* New York

Batta, Lauren Julia (1986), *Les Mythes Médicaux Français: Alcoolisme, Thermalisme, et la Crise de Foie,* Diss., Princeton University

Beaumont, D. (1981), »Lifelike Hands Are Not for Everyone«, in: *The Medical Post,* 3. Nov.

Begg, C. B./Carbone, P. P. (1983), »Clinical Trials and Drug Toxicity in the Elderly: The Experience of the Eastern Cooperative Oncology Group«, in: *Cancer* 52, 1986–92

Begg, C. B./Carbone, P. P. (1984), »Minerva«, in: *British Medical Journal* 228, 153

Bettelheim, Bruno (1982), *Freud and Man's Soul,* New York (Freud und die Seele des Menschen. Düsseldorf 1984)

Béraud, Claude (1983), *Le Foie des français,* Paris

Birenbaum, R. (1981), »Psychotropic Prescriptions a GP Timesaver?« in: *The Journal,* 1. Jan.

Bisler, H. et al. (1986), »Wirkung von Rosskastaniensamenextrakt auf die transkapilläre Filtration bei chronischer venöser Insuffizienz«, in: *Deutsche Medizinische Wochenschrift* 111, 1321–29

Blakeslee, Sandra (1985), »Folklore Mirrors Life's Key Themes«, in: *The New York Times,* 14. Aug.

Boffey, P. M. (1984), »U. S. Seeks to Curb Reliance on Drugs for Blood Pressure«, in: *The New York Times,* 1. Mai, A1

Boyle, C. M. (1970), »Differences Between Patients' and Doctors' Interpretation of Some Common Medical Terms«, in: *British Medical Journal,* 2. Mai, 286–89

Brigand, H. le (1973), in: *La Tuberculose – une victoire thérapeutique oui mais...,* Paris: Collection Prospective et Santé Publique Groupe 9

Brinkley, J. (1987), »More Risk in Surgery of Prostate«, in: *The New York Times,* 6. Jan., A1

Brooks, Andree (1983), »Childbearing Centers Are Increasing in Popularity«, in: *The New York Times,* 18. Juni

Brüggemann, W. (1980), *Kneipp Vademecum Pro Medico,* Würzburg

Burkitt, Denis P. (1984), »Etiology and Prevention of Colorectal Cancer«, in: *Hospital Practice,* Feb., 67–77

Clendening, Logan (1931), *The Care and Feeding of Adults,* New York

Cochrane, Archibald (1971), *Effectiveness and Efficiency,* Nuffield Provincial Hospitals Trust

Cooke, Alistair (1981), »The Doctor in Society«, in: *British Medical Journal* 283, 19–26

Couch, N. P. et al. (1981), »The High Cost of Low-Frequency Events«, in: *New England Journal of Medicine* 304, 634–37

Darnton, Robert (1984) *The Great Cat Massacre and Other Episodes in French Cultural History,* New York

Davies, N. E./Davies, G. H./Sanders, E. D. (1983), »William Cobbett, Benjamin Rush and the Death of General Washington«, in: *Journal of the American Medical Association* 249, 912–15

Davitz, L. L./Davitz, J. R./Higuchi, Y. (1977), »Cross-cultural Inferences of Physical Pain and Psychological Distress«, in: *Nursing Times,* 14. April 1977, 521–58 und 21. April, 556–58

Department of Health and Social Security (1980), »Medical Personnel in the United Kingdom: Analysis of Hospital Doctors by Specialty and Grade«, United Kingdom

Duffy, John (1976), *The Healers: A History of American Medicine,* New York

Dukes, M. N. G. (1973), »Personal View«, in: *British Medical Journal,* 1. Sept.

Dyson, J. A./Hollmann, C. (1979), »Anthroposophical Medicine«, in: *A Visual Encyclopedia of Unconventional Medicine,* New York

Eckholm, Eric (1987), »Gentle Method Proves Better for Premature Babies' Lungs«, in: *The New York Times,* 6. Jan., C3

Escoffier-Lambiotte, Claudine (1973), »Victoire sur la grippe à l'Institut Pasteur«, in: *Le Monde de la Médecine,* 7. Feb.

— (1979), »La Contraception vingt ans après: le coeur et les vaisseaux: de nécessaires précautions«, in: *Le Monde de la Médecine,* 7. März

Eurohealth Handbook (1985), White Plains, New York

Freibel, H. (1982), »Arzneimittelverbrauch«, in: *Deutsche Apotheker Zeitung,* 15, Nr. 15, April, 815–18

Garmaise, Freda (1984), »Bold Bosoms«, in: *Village Voice,* 25. Dez.

Garrison, F. H. (1931), »Editorial: The Romantic Episode in the History of German Medicine«, in: *Bulletin of the New York Academy of Medicine* 7, 841–64

Gerolami, A. (1987), »Dyskinésies Biliaires«, in: Godeau et al. 1987

Glaser, E. M. (1977), »Letter: Acceptable and Unacceptable Risks«, in: *British Medical Journal,* 15. Okt., 1028–29

Godeau, Pierre/Herson, Serge/Piette, Jean-Charles (1987), *Traité de médecine,* 2. Aufl., Paris

Gramont, Sanche de (1969), *The French: Portrait of a People,* New York

Haggard, Howard W. (1929), *Devils, Drugs and Doctors,* New York

Harding T. W./Adserballe, H. (1983), »Assessments of Dangerousness: Observations in Six Countries: A Summary of Results from a WHO Coordinated Study«, in: *International Journal of Law and Psychiatry* 6, 391–98

Harmanowicz, M. et al. (1987), »Cancers du pénis: Technique d'amputation limitée au glans«, in: *La Presse Médicale,* 12. Sept., 1430–31

Heal, Christianne (1984), »Letter: Anatomy Quiz«, in: *Self Health* 3, Juni

Helman, Cecil G. (1978), »›Feed a Cold, Starve a Fever‹ – Folk Models of Infection in an English Suburban Community, and their Relation to Medical Treatment«, in: *Culture, Medicine and Psychiatry* 2, 107–37

Helman, Cecil G. (1981), »Patients' Perceptions of Psychotropic Drugs«, in: *Journal of the Royal College of General Practitioners* 31, 107–12

Helman, Cecil G. (1981a), »General Practitioner as Social Anthropologist«, in: *British Medical Journal* 282, 787–88

Hill, Thomas (1979), »Pap Smear Controversy Splits World Congress«, in: *The Medical Post,* 16. Jan.

Hincky, M./Hincky, J.-M./Fouillet, X. (1977), »Shampooings et séborrhées du cuir chevelu«, in: *Le Concours Médical,* 25. Juni, 4297–310

Hodges, Robert (1980), *Nutrition in Medical Practice,* Philadelphia

Hojgaard, Liselotte, et al. (1981), »Tea Consumption: A Cause of Constipation?«, in: *British Medical Journal* 282

Holland, W. W. (1977), »Prospects for Change in Health Services: Reflections on Visits to European Countries«, in: *World Hospitals* 13, Nr. 3, 113–17

Holmes, Oliver Wendell (1888), *Medical Essays, 1842–1882,* Boston

Hull, F. M. (1976), »Quality and Quantity in Primary Medical Care«, in: *Update,* Juni, 1287–91

— (1979), »A Day with the Doctor: France«, in: *Update,* 1. Apr.

— (1980), »A Day with the Doctor: Germany«, in: *Update,* 15. Sept., 607–12

Johnson, T. M. (1986), »Medical Education and Practice on the Periphery: Consultation Psychiatry and the Psychosocial Tradition in American Medicine«, in: *Social Science and Medicine* 22, 963–71

Jones, R V. H. (1974), »A Week with a French Country Doctor«, in: *Journal of the Royal College of General Practitioners* 24, 689–93

Junge, B. (1985), »Decline in Mortality in Japan, USA, and the Federal Republic of Germany – the Contribution of the Specific Causes of Death«, in: *Klinische Wochenschrift* 63, 793–801

Kahn, Marcel-Francis (1982), »Letter: Vertebral Osteomyelitis and Bacterial Endocarditis«, in: *Arthritis and Rheumatism* 25

Keller, M. S. (1982), »Letter: Rx: Garlic and Onion«, in: *Fortune,* 5. Apr.; 3. Mai

Kessner, D. M. (1981), »Diffusion of New Medical Information«, in: *American Journal of Public Health* 71, 367–68

Klass, Perri (1984), »Bearing a Child in Medical School«, in: *The New York Times Magazine,* 11. Nov.

Knaus, W. A. et al. (1982), »A Comparison of Intensive Care in the U.S.A. and in France«, in: *The Lancet,* 18. Sept., 642–46

Kohn, Robert/White, Kerr (Hg.) (1976), *World Health Organization International Collaborative Study of Medical Care Utilization,* London/New York

Kolata, G. B. (1981), »Consensus on Bypass Surgery«, in: *Science* 211, 42–43

Lamberts, Edward, C. (1978), *Modern Medical Mistakes,* Bloomington

Lecomte, Thérèse/Bienenfeld, G. (1983), *Evolution de la morbidité déclarée, France 1970–80,* Paris

Lenoir, Charles/Sandier, Simone (1976), *La Consommation pharmaceutique en France et aux U.S.A.,* Paris, CREDOC

Leulliette, Pierre (1976), »Au Nom de la Loi«, in: *Le Monde,* 10./11. Okt.

Liebson, Philip R. /Davidson, Michael H. (1987), »Mitral Valve Prolapse: Recent Advances in Diagnosis and Therapy«, in: *Comprehensive Therapy,* Juni, 21–32

Lindhardt, George E. Jr./Moore, Robert/Hill, Laurence J. (1982), »Comparison of Health Care Delivery in Britain and the United States«, in: *Maryland State Medical Journal,* Juli, 41–45

Madariaga, Salvador de (1930a), *Americans,* London

— (1930b), *Englishmen, Frenchmen and Spaniards,* New York

Malcolm, Janet (1981), *Psychoanalysis: The Impossible Profession,* New York

— (1984), *In the Freud Archives,* New York (Vater, lieber Vater . . .: aus dem Sigmund-Freud-Archiv, Frankfurt 1986)

McRae, K. (1978), »Geriatrics a Growing Specialty in UK«, in: *The Medical Post,* 1. Aug.

Mead, Margaret (1953), »Some Problems of Cross-Cultural Communications between Britain and the United States: Based upon Lecturing in Britain and the United States during World War II«, in: *Study of Culture at a Distance,* hg. von M. Mead/R. Métraux, Chicago

Mercadier, Maurice (1985), »Surgery, an International Discipline«, in: *American Journal of Surgery* 150, 237–38

Messerschmitt, Jacques (1982), *La Médecine contre la santé,* Paris

Miller, Jonathan (1978), *The Body in Question,* New York

Missirliu, C. (1972), »Le Prépuce de l'enfant«, in: *Cercle d'études pédiatriques, Le Pédiatre* 8, Nr. 40, 351–59

Mont-Servan, Nathalie (1978), »Les Shampooings passés au peigne fin«, in: *Le Monde,* 7. Jan.

Moskovic, Eleanor (1981), »Massachusetts General Hospital«, in: *British Medical Journal* 283, 1242–44

Munnell, E. W. (1947), »Total Hysterectomy«, in: *American Journal of Obstetrics and Gynecology,* Juli, 31–39

Murray, Robin M. (1979), »A Reappraisal of American Psychiatry«, in: *The Lancet,* 3. Feb., 255–58

Nelkin, D. (1987), *Selling Science,* New York

Novak, E. R./Jones, G. S./Jones, H. W. Jr. (1975), *Novak's Textbook of Gynecology,* 9. Aufl., Baltimore

O'Brien, Bernie (1984), *Patterns of European Diagnoses and Prescribing,* London, Office of Health Economics

O'Brien, James V. (1979), »It's into the Deep End in the UK«, in: *The Medical Post,* 9. Okt.

O'Donnell, Michael (1982), »It's the American Dream That's in Need of a Facelift«, in: *The Medical Post,* 23. März

— (1986), »The Health Trait that marks an Englishman«, in: *The Medical Post,* 18. Feb.

Oppenheim, Mike (1980), »Healers«, in: *New England Journal of Medicine* 303, 1117–20

Percy, Constance/Dolman, A. (1978), »Comparison of the Coding of Death Certificates Related to Cancer in Seven Countries«, in: *Public Health Reports* 93, Nr. 4, 335–50

Pernick, M. S. (1983), »The Calculus of Suffering Nineteenth-Century Surgery«, in: *Hastings Center Report,* April, 26–36

Pflanz, Manfred (1976), »Problems and Methods in Cross-National Comparisons of Diagnoses and Diseases«, in: Pflanz, Manfred/Schach, Elisabeth (1976)

Pflanz, Manfred/Schach, Elisabeth (Hg.) (1976), *Cross-National Sociomedical Research: Concepts Methods, Practice,* Stuttgart

Pichot, Pierre (1982), »The Diagnoses and Classification of Mental Disorders in French-Speaking Countries: Background, Current Views and Comparison with Other Nomenclatures«, in: *Psychological Medicine* 12, 475–92

Pichot, Pierre (1983), *A Century of Psychiatry,* Paris

Pickering, Thomas (1981), »The Future of Cardiology and Psychogeriatrics«, in: *British Medical Journal* 283, 377, 494–96, 671–72, 791

Pines, Maya (1981), »Unlearning Blind Obedience in German Schools«, in: *Psychology Today,* Mai

Plas, F. (1982), »La Rééducation postobstétricale«, in: *Concours Médicaux* 104, Nr. 24, 12. Juni, 3929–30

Poriss, M. (1971), *How to Live Cheap But Good,* New York

Porter, A. M. W. (1980), »Three Threats to Standards of Medical Practice«, in: *The Lancet,* 17. Mai, 1071–73

Preston, T. A. (1977), *Coronary Artery Surgery: A Critical Review,* New York

Punkett, R. B. jr. (1985), »Sex Organs, Breasts, Called Non $\$\$$ Productive«, in: *New York Daily News,* 18. Dez.

Reiser, Stanley J. (1978), *Medicine and the Reign of Technology,* New York

Rivière, J. (1977), »Quatre points de vue sur les laxatifs, les levures et les fortifiants: Le microbiologiste: une microflore intestinale«, in: *Le Monde de la Médecine,* 2. März, 17–18

Robertson, A. S. et al. (1985), »Comparison of Health Problems Related to Work and Environmental Measurements in Two Office Buildings with Different Ventilation Systems«, in: *British Medical Journal* 291, 373–76

Robinson, Derek (1977), »Primary Medical Practice in the United Kingdom and the United States«, in: *New England Journal of Medicine* 297, 188–93

Rosch, P. J. (1985), »Letter: Can an Artificial Heart Have Its Reasons?«, in: *The New York Times,* 7. Jan.

Rote Liste (1984), Bundesverband der Pharmazeutischen Industrie e. V., Aulendorf

Saltman, Paul (1973), »Iron Deficiency Laid to Fewer Iron Pots, Pans«, in: *International Herald Tribune,* 31. Aug.

Sandelowski, Margarete (1984), *Pain, Pleasure, and American Childbirth: From the Twilight Sleep to the Read Method, 1914–1960,* Westport, Conn.

Sandhu, B. S. (1982), »Personal View«, in: *British Medical Journal* 285

Schaefer, J. (1980), »The Case Against Coronary Artery Surgery: A Paradigm for Studying the Nature of a So-called Scientific Controversy in the Field of Cardiology«, in: *Metamedicine* 1, 155–76

Schoen, L. A. (Hg.) (1978), *A. M. A. Book of Skin and Hair Care,* New York

Schroeder, Steven A. (1984), »A Comparison of Western European and U.S. University Hospitals: A Case Report from Leuven, West Berlin, Leiden, London and San Francisco«, in: *Journal of the American Medical Association* 252, 240–46

Schwartz, D. /Mayaux, M. J. (1982), »Female Fecundity as a Function of Age«, in: *New England Journal of Medicine* 306, 404–6

Schwarzbaum, L. (1984), »Letter: Maintaining the Body«, in: *The New York Times Magazine,* 19. Feb.

Searle, M. (1981), »Obsessive-Compulsive Behaviour in American Medicine«, in: *Social Science and Medicine* 15E, 185–93

Shaw, George B. (1946 [1906]), *Der Arzt am Scheideweg,* Gesammelte Werke, Bd. 5, Zürich

Shem, Samuel (1979), *The House of God,* New York

Shurlock, B. (1985), »In England, the Royal Homeopath Helps Keep Unorthodox Medicine Respectable«, in: *The Medical Post,* 5. März

Singer, M. V. (1985), »Low Concentration of Ethanol Stimulate Gastric Acid Secretion Independent of Gastrin Release in Humans«, in: *Gastroenterology* 86

Smith, D. H./Granbois, J. A. (1982), »The American Way of Hospice«, in: *Hastings Center Report,* April, 8–10

Sournia, J. C. (1977), *Ces malades qu'on fabrique: la médecine gaspillée,* Paris

Spencer, K. (1984), »Letter: Anatomy Quiz«, in: *Self Health* 3, Juni

Taylor, P. J. /Cumming, D. C./Hill, P. J. (1981), »Significance of Intrauterine Adhesions Detected Hysteroscopically in Eumenorrheic Infertile Women and Role of Antecedent Curettage in their Formation«, in: *American Journal of Obstetrics and Gynecology* 139, 239–42

Temkin, Owsei (1977), »German Concepts of Ontogeny and History Around 1800«, in: *The Double Face of Janus and Other Essays in the History of Medicine,* Baltimore

Tenenbaum, S. (1984), *Le Guide pratique des médecines douces,* Paris

Thompson, Ralph L. (1908), *Glimpses of Medical Europe,* Philadelphia und London

Turk, J. L./Allen, Elizabeth (1983), »Bleeding and Cupping«, in: *Annals of the Royal College of Surgeons of England* 65, 128–31

Turkle, Sherry (1978), *Psychoanalytic Politics: Freud's French Revolution,* New York

Tyrer, P. (1978), »Drug Treatment of Psychiatric Patients in General Practice«, in: *British Medical Journal,* 7. Okt., 1008–10

Unschuld, P. U. (1980), »The Issue of Structured Coexistence of Scientific and Alternative Medical Systems: A Comparison of East and West German Legislation«, in: *Social Science and Medicine* 14B, 15–24

van Eimeren, W./Engelbrecht, R./Flagle, Ch. D. (1984), EVaS Study 1981/82, Zentral-Institut für die kassenärztliche Versorgung in der Bundesrepublik Deutschland, Köln, in: *Third International Conference on System Science in Health Care,* Berlin

Velimirovic, B. (1976), »Editorial: Do We Still Need International Health Regulations?« in: *Journal of Infectious Diseases* 133, 478–82

Veronesi, Umberto (1983), Vortrag bei einem Symposium über Krebsforschung in Venedig, zit. in: *Medical Month,* Dez.

»Views« (1984), in: *British Medical Journal* 288

von Cranach, M. (1976), »The Cross-National Comparability of Psychiatric Diagnoses«, in: Pflanz, Manfred/Schach, Elisabeth (1976)

WHO (1967), »The Accuracy and Comparability of Death Statistics«, in: WHO Chronicle 21

Williams, Rory (1983), »Concepts of Health: An Analysis of Lay Logic«, in: *Sociology* 17, 185–205

Willoughby, L. A. (1930), *The Romantic Movement in Germany,* Oxford

Wisdo, L. L. (1983) »Je Suis Américaine – Especially in Paris«, in: *Columbia Magazine,* Nov., 21–26

Wright, R. C. (1969), »Editorial: Hysterectomy: Past, Present and Future«, in: *Obstetrics and Gynecology* 35, 560–63

Young, Donald (1979), »More Physician Probing, Fewer Lab Tests for Diagnoses Urged«, in: *The Medical Post,* 27. Feb.

Register

---

* Kursiv gesetzte Seitenangaben verweisen auf Erklärungen des entsprechenden Begriffs im Glossar.

Hannes Friedrich, Jürgen Wilhelm

Nachwort

Als wir zuerst das Buch von Lynn Payer in die Hand nahmen, gefiel uns dessen interessantes Thema, seine unbefangene Frische und anekdotische Illustrierung. Zwar waren wir etwas enttäuscht über das deutsche Kapitel, in dem uns die Beschreibung der Verhältnisse, insbesondere des ambivalenten Gegensatzes zwischen Schulmedizin, Medizinkritik und »Alternativmedizin« nicht genügte; es schien uns gegenüber der farbigeren Schilderung der französischen, amerikanischen und englischen Medizin zu kurz gekommen. Dennoch waren wir von den Beobachtungen und Schlüssen der Autorin angezogen. Wir versöhnten uns mit dem farblosen Portrait über die westdeutsche Situation, als wir entdeckten, daß hier eine Frau auch etwas über sich selbst und ihr eigenes Werden im Verhältnis zu ihrem Herkunftsland aussagte. Uns gefiel ihre ungenierte Liebe zu Frankreich, der Blick zurück im Zorn auf das eigene Land (USA), die Distanz der Amerikanerin gegenüber Großbritannien. Allerdings ließ die Nähe der Darstellung zu Populärwissenschaft und Journalismus, zwei in Deutschland heimlich geliebten und wissenschaftsoffiziös verurteilten Sphären, ein ungutes Gefühl aufkommen: Fehlte dem Buch nicht der wissenschaftliche Geist, die ausgefeilte Theorie, die strenge Systematik und Gedankenführung?

Als wir unserem »unguten Gefühl« nachspürten, erinnerten wir uns, in wie vielem verwandt Sozialwissenschaft und Journalismus sind und wieviel die Gesellschaftskritik einer freien Presse verdankte. Sowohl in den Methoden (Interview, Befragung, Beobachtung) als auch in den praktischen Darstellungsmitteln – Reportage, Enquete, Expertise – sind beide artverwandt. Im vielschichtigen Interessenkampf müssen Journalisten, wenn sie nicht ständig widerrufen oder in Rechtshändel verwickelt werden wollen, ihre Berichte gut absichern. Sie sind hierbei manchmal schärferer Überprüfung ausgesetzt als ein Wissenschaftler, der sich Genielegende und Aura zunutzemachen und sich hinter Fachterminologie, unverständlicher Methodologie und komplizierter Theorie verschanzen kann, vor allem wenn die innerwissenschaftlichen Kontrollen vor Macht, Einfluß in Verbundsystemen der Wissenschaft und Hierarchie der Glaubwürdigkeit zurückweichen.

Lynn Payer hat ein bemerkenswertes Buch geschrieben, als sie ganz darauf zu verzichten scheint, es wissenschaftlich in irgendeiner Weise an eine Disziplin, Theorien oder andere geistige Ordnungen anzubinden. Dies tut sie bewußt: sie will beschreiben und darstellen, ohne den unangenehmen Ballast theoretischer Einordnungen und Erörterungen, disziplinärer Anbindungen und Vergewisserungen von Forschungsstand und weißen Flecken.

Ihre Quellen sind denen der wissenschaftlichen Forschung durchaus ebenbürtig, wenngleich sie sich in der Verarbeitung der Fakten von dieser willentlich unterscheidet. Beeindruckend ist die Leichtigkeit, mit der Zahlen unauffällig, aber aussagekräftig eingefügt werden. Ihre Fakten erhebt Lynn Payer nicht punktuell oder nach Art zeitlich begrenzter Forschungskampagnen. Sie wählt ein kontinuierliches Verfahren, mit dem sie erhaltene Informationen überprüft, vergleicht und damit deren Faktizität ständig erhärtet. Wann immer sie auf Unterschiede oder erklärungsbedürftige Fakten stößt, fragt sie Ärzte, Medizinhistoriker und gebildete Laien nach den Gründen. Nie bedient sie sich nur einer Quelle, sondern kontrolliert deren Informationsgehalt nach Möglichkeit im Lichte anderer. Vergleichend wertet sie viele medizinische Fachzeitschriften, Statistiken, Berichte, nationale wie internationale Studien aus und klärt die so zugänglichen Fakten in Gesprächen mit Medizinern und Nicht-Medizinern. Die nationalen

Unterschiede in den medzinisch-wissenschaftlichen Denkweisen und Praktiken sucht sie adäquat zu dokumentieren und in ihrer kulturellen Bedeutung zu erfassen.

In ihrer Erkenntnis geht Lynn Payer von einem wichtigen Fund aus: die Medizin der verschiedenen im Buch dargestellten Länder verfährt unterschiedlich in der Beachtung und Deutung von Symptomen und Zeichen von Krankheiten, ihrer Verarbeitung zu Diagnosen, in der Bestimmung kritischer, zum Eingreifen berechtigter Befindlichkeitsstörungen, der Behandlung von Krankheiten und den Lösungen von Problemen, denen mit Mitteln der Medizin allein nicht zu begegnen ist. Sie sieht, wie sich die unterschiedliche Bewertung von Symptomen, Befindlichkeitsstörungen und Krankheiten sowohl in den Erwartungen der Patienten wie in den ihnen aufgenötigten Haltungen bei Untersuchung und Therapie fortsetzt. Kulturbedingte Anschauungen lassen die Menschen bestimmte Handlungsweisen in der einen Kultur klaglos hinnehmen, die in einer anderen weder erprobter Praxis noch gebilligtem Denken entsprechen.

Aus diesem Befund wird die zentrale Fragestellung abgeleitet: wie kommt es, daß – entgegen behaupteter Wissenschaftlichkeit, Internationalität, Fortschrittlichkeit und Rationalität wissenschaftlicher Medizin – dennoch Spielarten medizinischen Denkens und Handelns existieren, die im interkulturellen Vergleich als nationale, ja ethnozentrische Lösungen von Gesundheitsproblemen gelten müssen?

Die Autorin geht dieser Frage nach, indem sie aus dem Lebensprozeß einer Kultur die vorherrschenden Leitmotive des Denkens und Handelns in ihrer wechselseitigen Verschränkung, historischen Verwurzelung und Entwicklung aufspürt. Der Stoff, aus dem sie schöpft, bezieht sich auf schriftliche Produkte, Diskussionen mit Praktikern und Gesundheitsexperten, es werden Mythen und Rituale des Alltags herangezogen, die Ideale und Lebensstile einer Nation, z.B. ihre Vision des guten Lebens – Sinnesreize, Gaumenfreuden, Zerstreuungen – und Ansichten über Krankheit und Tod werden analysiert. Dadurch macht Lynn Payer deutlich, was in jeder Nation als helfend, stützend, humanitär erlebt wird.

Sie gibt damit den Lesern und Leserinnen die Möglichkeit zu überlegen, was an einer anderen Kultur so bemerkenswert ist oder so gut gefällt, daß es dem eigenen Verständnis und Handeln eingepaßt werden könnte.

Der große Wert des Buches besteht in der konkreten Beschreibung der ärztlichen Kunst und ihrer Einbettung in die Grundannahmen der jeweiligen Kultur, in dem Aufdecken der Modeanfälligkeit von Denken und Handeln in der Medizin und der Beharrlichkeit bestimmter ärztlicher Annahmen, die rational eigentlich auszuschließen wären. Bei Lynn Payer gibt es hierbei weder Täter noch Opfer, sie nimmt auch keine Schuldzuweisungen vor. Wenn sie aufmerksam macht auf die Beteiligung der Patienten an medizinischen Entscheidungsprozessen, die ihrer Meinung nach entschieden verbessert werden müßte, so verbindet sie damit keine Ärztekritik, weil sie sieht, wie im Wechselspiel gesellschaftlicher Interaktion sich Erwartungen, Wünsche, Forderungen, Hoffnungen der Patienten mit ihrem Pendant, den Überzeugungen, Praktiken und Signaturen wirkungsmächtigen Handelns der Ärzte zu *einem* Image von Medizin verbinden. Sie weist darauf hin, daß die Abwägung von Vor- und Nachteilen bestimmter Behandlungen immer auch von kulturgeprägten Wertentscheidungen abhängt und daß Wertvorstellungen in der Medizin eine größere Rolle spielen, als dies im allgemeinen angenommen wird.

Bei der Entdeckung solcher Leitmotive und Schlüsselthemen einer Kultur wird überdies deutlich, daß unser Denken immer auch im »Gegensinn der Urworte« (Freud) mitdeterminiert, indem Irrationales, Magisches und in langer Übung eingekerbte Gewohnheiten mitlaufen, in denen die Macht der historischen Vorprägungen erkennbar wird. Dies prägt sich auch in den Bildern und Annahmen der Ärzte aus, die hinsichtlich Körper, Gesundheit, Behandeln und Helfen bestehen, und bestätigt einmal mehr die These des amerikanischen Soziologen Cicourel von den »primitiven« Annahmen, die sich selbst in den methodisch verfeinerten und komplexen sozialwissenschaftlichen Analysen bezüglich der Deutung individuellen und gesellschaftlichen Handelns finden.

In der Interpretation ihrer Befunde bedient sich Lynn Payer verschiedener Denkansätze, die allerdings nicht systematisch entwickelt, sondern eher impliziert sind: Sie benutzt erstens einen ethnologisch-soziologischen Kulturbegriff, der zweitens durch eine nicht unproblematische Denkfigur vom Nationalcharakter erweitert wird. Drittens sind in ihrer Darstellung wissenschaftssoziologische Ansätze enthalten.

Mit ihrer Auffassung, daß kulturbedingte Vorstellungen großen Einfluß auf medizinisches Denken und Handeln nehmen und diese auch über Aufnahme von und Widerstand gegen Behandlungsweisen entscheiden, bezieht sich Lynn Payer auf kulturelle Inhalte und normative Wirkungen, die ein bestimmtes soziales Erbe beinhalten. In diesem Ansatz von kulturbedingten Vorstellungen ist auch jene Idee enthalten, die unter dem Namen *culture lag* besagt, daß jede Gegenwart durch die Gleichzeitigkeit ungleichzeitig entstandener Kulturelemente zu charakterisieren ist. Die These vom Nachwirken der Romantik in der besonderen Betonung des Herzens als dem sprechenden und gefährdeten Organ der Deutschen kann in dieser Richtung gesehen werden. In ihrem Kulturbegriff ist auch jene besondere kulturanthropologische Auffassung enthalten, die z.B. Marcel Mauss stammeskulturell bedeutsame bzw. nationale Körpertechniken (z.B. Schanzen, Marschieren, Schwimmen, Stillen, Gebären u.a.m.) studieren und die elementaren Unterschiede hervorheben ließ.

Mit der Denkfigur des Nationalcharakters, eines auch für die Verfasserin heiklen Begriffs, soll »eine Mischung aus Wertvorstellungen, Prioritäten, die ein Land setzt, und Handlungsmustern, die sich alle, wenn auch nur langsam, mit der Zeit verändern«, erfaßt werden. Im Nationalcharakter wird eine mentalitätsbestimmende, traditionsfixierende und strukturbildende Beharrungskraft erkennbar, die allen modernen Überlagerungen zum Trotz fortwirkt, Empfindungen, Haltungen und Handlungen zu bestimmen. Als sozialhistorischer Ort der Überlieferung gelten die stilbestimmenden Ausbildungs- und Arbeitsstätten der Schulmedizin, die auch über Anziehung und Auslese bezüglich des zu fördernden Studententyps entscheiden.

Diesem Nationalcharakter haftet weder die Selbstgerechtigkeit noch Verbissenheit in der Hervorhebung von Tugenden und Wesen an, noch werden damit besondere Untugenden betont, wie sie etwa bei der Erklärung des »autoritären« Charakters herangezogen wurden. Lynn Payer bezieht Ausprägungen kulturbedingter Unterschiede und dominante Mentalitätsmuster, gewissermaßen Leitmotive des Nationalcharakters, wechselseitig so aufeinander, daß mittels der im Kulturvergleich auffallenden »Kernwahrheiten«, die sich aus den in jedem Land beobachteten Phänomenen herausschälen lassen, plausible Erklärungen der Fakten und Spekulationen über die Art des Zusammenhanges zwischen Medizin und Kultur gewonnen werden. Diese Kernwahrheiten sind grundlegende Ideen, die eine Kultur vom Menschen, seinen Zielen und Bedürfnissen und seiner Lebenswelt entwickelt hat.

In den Leitvorstellungen medizinischen Denkens sind sie ebenso aufzufinden, wie in der Behandlung der Patienten, in den therapeutischen Arrangements und Prozeduren Grundthemen von Körperempfinden und Wohlbefinden, Angst und Lebensgenuß sichtbar werden, die eine Kultur entwickelt. Medizin, Krankheitsbilder und Gesundheitssystem sind in besonderer Weise von solchen Leitmotiven nationaler Kultur und Grundmentalitäten nationalen Charakters geprägt. Hierbei kann es sich um Unterschiede in der Wundversorgung (Nähte), um voneinander abweichende Behandlungsweisen ein- und derselben Erkrankung, um die Bestimmung von Vor- und Nachteilen bestimmter Therapieschemata oder um Art, Umfang und Intensität der Medikamentierung handeln. Es mag eine je anders geartete Aufmerksamkeit bestimmten Organen, ihren Befindlichkeiten und Erkrankungen zugewendet werden, wie z.B. der Herznot (Kurzform für einen durch Herzbeschwerden ausgelösten Einsatz für Rettungssanitäter) in Deutschland oder der Leber in Frankreich. Es zeigen sich stets bestimmte Stile und Traditionen im medizinischen Denken (Diagnoseschemata, Fehlersuche und Prüfverfahren, Wert und Aufbau der Statistik, Methodik klinischer Forschung usw.), im Handeln (Behandeln, Operieren, ärztliche Arbeit), in Patientenorientierung und Mitempfinden (Gefühlsarbeit), in der Prioritätensetzung, im Ausmaß von Behutsamkeit und Radikalität getroffener Maßnahmen, die allesamt Ausdruck bestimmter kultureller Leitmotive und »Kernwahrheiten« sind. Das romantische Gemüt der Deutschen, ihre Besorgnis um Herz und Kreislauf, der romanische Augen- und Sinnesmensch mit seinem Hang zum cartesianischen a priori, der pragmatische, nüchterne, sparsame, kontrollierte Engländer und der Grenzenlosigkeit verkörpernde, aktive, mobile Amerikaner sind sprachliche Kürzel für die Engramme des Nationalcharakters.

In der Erklärung der Fakten wird deutlich, wie Wissenschaft und Medizin soziale Phänomene enthüllen, die den Einfluß kultureller Grundannahmen, gesellschaftlicher Strukturen und ökonomischer Bedingungen (Gesundheitssystem und Honorierung) reflektieren. Der Blick, der solcherart auf Wissenschaft und Medizin gerichtet wird, greift wunde Punkte der Selbstdarstellung an und läßt Leserinnen und Lesern eine anders geartete und gar nicht so rational gestaltete Wirklichkeit erkennen. Hier greift Lynn Payer auf einen dritten Denkansatz zurück, der ihr erklären hilft, wie es in den vier Ländern zu derart unterschiedlichen Prioritäten, Praktiken, Anschauungen und Attitüden kommen kann. Indem sie Medizin und Wissenschaft als soziale Gebilde mit je eigenen Beschränkungen begreift, verweist sie auf eine ältere wissenssoziologische Einsicht von deren Beständigkeit und Langsamkeit, Gruppengebundenheit und Innovationsresistenz, wonach der Fortgang des menschlichen Geistes »eher dem Kriechen einer Schnecke als dem stolzen Fluge des Adlers gleicht« (Vierkandt).

Was hat uns die Verfasserin an wissenschaftskritischen Erkenntnissen zu bieten, die der offiziösen Selbstdarstellung widersprechen?

Sie zeigt, daß Medizin nicht Wissenschaft, sondern ein Handlungssystem ist; damit nimmt sie den Medizinern die Möglichkeit, sich bei ethischen Fragen oder Mitentscheidungswünschen der Patienten hinter »wissenschaftlicher Medizin« zu verschanzen. Diagnostik und Therapie sind ihr keine »wissenschaftlichen« Tätigkeiten. Auch da, wo Medizin als Wissenschaft erscheint, wirken ökonomische Momente, Interessen, kulturbedingte Vorstellungen zusammen.

Medizin ist nicht so international, wie wir zu denken gewohnt sind. In den verschiedenen Industrieländern ist sie nicht identisch, auch wenn dies mit dem Blick auf gern verwendete Internationalitätsindices (Statistiken, internationaler Austausch und Reiseverkehr, Kongreßwesen) behauptet werden könnte. Medizin ist an nationale Grenzen, kulturelle und sprachliche Barrieren gebunden und an den Lokalismus ihrer Betätigung, der sich zum Ethnozentrismus steigern kann.

Trotz ihres Bekenntnisses zum Journalismus leistet Lynn Payer mehr für die Wissenschaft, als man dem Buch auf den ersten Blick ansieht. Die weißen, unbearbeiteten Felder der Wissenschaft werden von ihr im Grundriß deutlicher markiert als in solchen Studien, wo ein Forschungsbedarf explizit festgestellt wird. Mit ihren Erkenntnissen über die Kulturgebundenheit, Konvenienz, Selektivität und Irrationalität wissenschaftlichen Denkens und medizinischen Handelns enthüllt sie zugleich wichtige Formgesetze menschlichen Handelns überhaupt. Neben jener oft übersehenen Tatsache der Kulturrelativität und nationaler Stile in Wissenschaft und Medizin deutet sie den Nutzen ihrer Vergleiche an: die Anregungen, die jede Medizin dadurch erhält, daß sie Praktiken und Werthaltungen schätzen lernt, die den Patienten begünstigen, ferner daß sie selbstkritisch zu erkennen vermag, wo sie den Patienten nachweislich schlechter behandelt, als es nötig ist. Durch systematische Vergleiche der kulturbedingten Werte und der von ihnen inspirierten Praktiken ließen sich Verbesserungen erreichen, die Einführung humaner Behandlungsweisen verbreitern und die mentalen und sozialen Widerstände gezielter abbauen. Indem Lynn Payer zeigt, daß die Bandbreite akzeptabler, effektiver und patientenfreundlicher Behandlungsmethoden interkulturell sehr viel größer ist, als es die jeweiligen nationalen Stile erkennen lassen, stellt sie die Frage, wie eine kulturgemäße Erweiterung nationaler Medizin im Interesse der Patienten und ihrer Lebensqualität möglich sei.

Aus ihrer oft amüsanten, mitunter auch betroffen stimmenden

Einsicht folgt keine Attacke auf Medizin und Ärzte, weil sie schließlich weiß, daß letztere auch auf Wünsche und Forderungen ihrer Patienten reagieren, also auf kulturelle Desiderate, die beiden gleichermaßen den Blick trüben können. Sie weist auch darauf hin, wie kulturelle Besonderheiten international kenntlicher und nutzbar gemacht werden können, ohne dabei einer Maxime des einzig richtigen Weges zu verfallen. Ihr Buch plädiert für einen grenzüberschreitenden, weltoffenen, geistigen Austausch, ohne damit den Nationalcharakter ganz relativieren zu wollen. Die Rezeption guter Ideen und Methoden und ihre kulturverträgliche Einfügung setzen erfindungsreiche Wissenschaft voraus, die nicht engstirnig oder nach den Regeln der Verbundwirtschaft durchorganisierter Wissenschafts-Kartelle selektiert, sondern Medizin auch im Hinblick auf die impliziten Wertsetzungen einer Gesellschaft beurteilt. So wie die englischen Mediziner ihre klinisch kontrollierten Studien auf nahezu jedem Kongreß propagieren, so sollten genuin vergleichende Untersuchungen die Regel werden. Schließlich müßte auch die Entstehungsgeschichte der jeweiligen Behandlungsweisen und Denkmuster aufgeklärt und gefragt werden, ob diese nicht doch zum Vorteil für Patient und Arzt verändert werden könnten. Die Offenheit für »Fremdes« setzt die Überprüfung der eigenen Prämissen und Maxime voraus, die Denken und Handeln leiten.

Lynn Payer macht in ihrem Buch eine Idee von Wissenschaft und »rationaler Medicin« (J. Henle) sichtbar, die einerseits die kulturelle Einbettung und soziale Gestalt wahrnimmt, sie auch nicht verurteilt, andererseits gegen deren Bodenständigkeit, Trägheit und Kulturprägung auffordert: zu mehr Lernbereitschaft und Innovationswillen, zu mehr Verständnis und Verständigung, zu mehr Vergleich und Austausch.

Arend Jan Dunning

Bruder Esel

oder: Die sterbliche Hülle
Mythos und Wirklichkeit
der Medizin

Aus dem Niederländischen
von Helmut Mennicken
1989. 263 Seiten. Gebunden
ISBN 3-593-34070-4

Bruder Esel – so bezeichnete Franz von Assisi den menschlichen Körper: er war das geduldige, gebrechliche und ungelehrige Transportmittel des Menschen in die Ewigkeit. Doch mit dem Verlust des religiösen Weltbildes ist der Mensch, einst Krone der Schöpfung, ein biologisches Zufallsprodukt in einem kalten Universum geworden.

Diese neue Sicht auf den menschlichen Körper hat im Laufe der Zeit sowohl Angebot wie Nachfrage der medizinischen Profession beeinflußt und verändert. In einer Art kleinen Philosophie der Medizin und ihres Gegenstandes, des Körpers, denkt Dunning darüber nach, welche Ängste, Hoffnungen und Illusionen die Menschen bezüglich Krankheit und Tod haben, was geheilt werden kann und was nicht, was die Medizin selbst jetzt und zukünftig zu vermögen glaubt.

»Mythos und Wirklichkeit der Medizin werden in *Bruder Esel* faszinierend thematisiert. Ein präzise und gut geschriebenes Buch für alle Ärzte und alle Patienten – und die, die es noch werden können.«   *Het Parool*

Campus Verlag · Frankfurt am Main

Emily Martin

Die Frau im Körper

Weibliches Bewußtsein, Gynäkologie
und die Reproduktion des Lebens

Aus dem Englischen von Walmot Möller-Falkenberg
1989. 290 Seiten. 40 Abbildungen
ISBN 3-593-34135-2

Menstruation, Gebären, Menopause: wie erleben und interpretieren Frauen diese körperlichen Vorgänge, und was erleben sie, wenn sie sich dem professionellen Blick der Mediziner und deren Behandlungsmethoden aussetzen?

In der Medizin wird der Körper der Frau vor allem unter dem Aspekt der Fortpflanzungsfähigkeit gesehen: Er wird als Reproduktionsmaschine aufgefaßt, Menstruation ist eine mißlungene Schwangerschaft oder auch ein Produktionsausfall; die Wechseljahre stellen einen Prozeß des Niedergangs und Zusammenbruchs dar; mit der Menopause wird der weibliche Körper funktionslos, nutzlos, wertlos. Schwangerschaft und Geburt werden in der ärztlichen Sprache zu einem industriellen Produktionsprozeß, den der Gynäkologe beherrscht und steuert.

Diese Beschreibung konfrontiert Emily Martin mit den Vorstellungen, die Frauen selbst von ihrem Körper haben. In ihren Aussagen sprechen die Frauen davon, wie sie sich selbst und ihrem Körper entfremdet sowie den Ärzten ausgeliefert fühlen; aber es werden auch Stimmen laut, die von den Schwierigkeiten und Erfolgen berichten, eigene Vorstellungen und Definitionen zu entwickeln.

»... Anregend, erschütternd und faszinierend wird diese Studie nicht nur für Anthropologen, Biologen, Mediziner, Beschäftigte im Gesundheitswesen, Philosophen, Historiker und Soziologen interessant sein, sondern ebenso für alle, die einen weiblichen Körper haben oder denen er wichtig ist.«

Sandra Harding, University of Delaware

Campus Verlag · Frankfurt am Main